U1012911

高等院校财经类规划教材

基础会计学

JICHU KUAIJIXUE

主 编 章新蓉

副主编 李 倩 刘贤州 杨瑞丽 韩佳佚 鲍晓敏

西南大学出版社

SWUP 国家一级出版社 全国百佳图书出版单位

图书在版编目(CIP)数据
基础会计学 / 章新蓉主编. — 重庆 : 西南大学出版社, 2024. 8. — ISBN 978-7-5697-2469-1
Ⅰ. F230
中国国家版本馆 CIP 数据核字第 2024KY6434 号

基础会计学

主　编　章新蓉
副主编　李　倩　刘贤州　杨瑞丽　韩佳佚　鲍晓敏

责任编辑:扶　瑶
责任校对:李　炎
封面设计:尚品视觉 CASTALY 周　娟　廖明媛
排　　版:杨建华
出版发行:西南大学出版社(原西南师范大学出版社)
地址:重庆市北碚区天生路 2 号　邮政编码:400715
市场营销部:023-68253705　68254350(传真)
印　　刷:重庆长虹印务有限公司
成品尺寸:185 mm×260 mm
印　　张:14.25
字　　数:338 千字
版　　次:2024 年 8 月　第 1 版
印　　次:2024 年 8 月　第 1 次印刷
书　　号:ISBN 978-7-5697-2469-1

定　　价:49.00 元

前　言

“基础会计学”是我国高等院校会计类专业学生必修的专业基础课程，其教材是针对高校会计学、财务管理、审计学等会计类专业的学生编写的，用以引导会计类专业学生对经济活动中产生的会计问题进行思考，要求学生在了解会计信息生成的基本理论和方法后，重点掌握会计信息的生成方法，并为培养学生解读和利用会计信息的综合能力打下基础。同时，随着智能化在会计行业的应用，本教材增加了智能会计基础的教学内容，为培养学生会计智能化的运用能力打下基础。教材在明确“三大”目标（即知识能力目标、应用能力目标、职业素养目标）的基础上，主要内容涵盖“会计的基本理论和基本方法”“会计基本理论和方法的运用”“智能会计基础”三大模块。其中，第一大模块为基础会计知识，主要包括：总论、会计信息生成方法；第二大模块为会计实务的内容，即会计基本理论和方法的运用，主要以制造业的经济活动为例说明会计核算方法的运用，包括：资金筹集业务、生产准备阶段业务、产品生产业务、产品销售业务、财务成果业务等内容的核算、财务报告及财务会计报表的编制等；第三大模块为智能会计的基本知识，主要包括智能会计的含义及发展、功能、特征、业务流程及应用。本教材吸收了近年来会计理论发展、我国会计准则及财税改革的最新内容、智能会计概念及发展的最新内容，以及专业知识与职业素养相融合的内容等，知识涵盖面广，突出实务，具有新颖性、适用性、实践性和可操作性。各章均配有典型的例题及案例思考题，便于学生掌握和理解所学内容。

在本教材的编写过程中，编者力求体现以下特色：

1.新颖性。其一，随着会计准则和制度以及财税政策的陆续颁布，紧密结合我国会计及财税改革中出现的若干新规则及新举措进行内容更新和知识拓展，严格遵循最新颁布的相关会计准则，以具体会计准则的主要精神进行阐释；其二，按照教育部《高等学校课程思政建设指导纲要》的要求，解决专业教育与思政教育“两张皮”的问题，明确会计专业职业素养目标及内容。

2.模块化。结构合理，重点突出。本教材以培养会计类专业学生分析、解决会计问题的综合能力为目标，设计和安排“会计的基本理论和基本方法”“会计基本理论和方法的运用”“智能会计基础”三大模块内容，体系结构完整，具有前瞻性，且重点突出。

3. 适用性。处理好会计理论与会计实务的关系。本教材对理论的阐述简明扼要，对业务方法运用的说明具体详细，让学生在掌握会计基本理论的基础上，重点培养学生的实务能力，使学生获得会计应用能力、学习能力。

4. 继承性。按照会计类专业学生的培养方案，本课程为会计类专业学生的专业基础课程，与后续课程联系紧密。考虑到与其他专业课的衔接，本教材强调的是基本理论和方法，培养学生基本的技能，把握好难易程度，为学生后续专业课的学习打下坚实的基础。

本教材由章新蓉主编，章新蓉负责大纲的编写并对全书进行了总纂和审定。各章的执笔人如下：第一章由章新蓉执笔，第二、三章由刘贤州执笔，第四章由李倩执笔，第五、六章由杨瑞丽执笔，第七、八章由鲍晓敏执笔，第九、十章由韩佳佚执笔。

我们希望本教材能够使主讲教师充分发挥主观能动性，增加课堂信息量，同时帮助读者学到实用的理论知识和会计实务技能。由于会计改革依然在不断深化的过程中，并且编写时间紧，作者的水平有限，书中难免存在不足和疏漏，恳请读者批评指正。

编者

2024 年 1 月

目　录

第一章　概　论

【本章学习目标】本章是会计学的基础理论部分，是以后各章节内容的理论基础，主要讲述会计的定义、会计目标、会计基本前提、会计信息质量要求、会计职能、会计对象及要素、会计等式、会计确认基础和计量属性等核心定义及基本理论，以及会计核算方法框架等相关内容。本章的知识目标在于理解会计的概念、目标、对象和会计核算的基本前提，掌握资产、负债、所有者权益、收入、费用和利润六大会计要素的定义及其主要分类，理解会计信息质量要求、会计确认基础和计量属性，并对会计核算方法与会计循环等内容有所了解；本章的能力目标在于通过会计学基本概念及基本理论的学习，提高学生运用基本概念及基本理论解决会计问题的能力；本章的素养目标在于通过对会计信息质量要求等基本理论的学习，培养学生独立诚信、客观公正、不做假账的职业道德。

第一节　会计目标

会计目标是指会计工作所要达到的目的。会计是以货币为主要计量单位，并利用专门的方法和程序，对企业和行政事业单位的经济活动进行完整的、连续的、系统的核算和监督，旨在考核受托人的责任，并为有关决策人提供会计信息的一项管理活动。在了解会计产生与发展的基础上，首先需要明确会计的本质和职能，以便正确地理解会计目标。

一、会计的产生与发展

会计起源于生产实践。人们在经济活动中，总是希望用较少的劳动耗费取得尽可能多的劳动成果，这就需要对耗费和所得进行计算、记录、分析和比较，会计应运而生。随着生产活动的不断发展，人们更加关心生产活动的经济效益，会计的内容和形式也不断地变化和逐步完善，因此，会计是社会生产发展到一定阶段的产物。客观实践证明，经济越发展，会计越重要。

会计自产生以来经历了由低级到高级、由简单到复杂的发展过程。在人类发展的最初阶段，原始社会早期，人们仅凭大脑记忆劳动成果，随着生产活动及劳动成果的逐渐增加，人们又创造了简单的符号用于记录劳动成果，如“结绳记事”“刻契记数”。据考证，反映经济活动的某些记录和计算，最早可以追溯到公元前3600年至公元前1000年左右，当时，一些较发达的国家出现了专职会计，会计“从生产职能中分离出来，成为特殊的、专门委托的当事人的职能”。据《周礼》记载，我国古代西周就出现了“会计”一词，并专门设有“司会”一职，专门核算周王朝财赋收支，对宫廷的收支实行“月计岁会”，即每月的零星计算称之为“计”，年终的总合计算称之为“会”。我国唐宋时期，出现了“四柱清册”。所谓“四柱”是指旧管、新收、开除和实在，相当于现代会计中的上期结存、本期收入、本期支出和本期结存，通过“四柱清册”的计算，分类汇总日常会计记录，检查会计记录的正确性。

尽管早期的会计概念已经孕育了现代会计的思想，但并非现代意义的会计，现代会计产生的标志是复式簿记的产生。13世纪，意大利的佛罗伦萨银行，已经开始采用借贷复式簿记进行会计核算。1494年，意大利数学家卢卡·巴其阿勒在《算术、几何与比例概要》中，第一次系统地论述了复式簿记，卢卡·巴其阿勒被公认为“现代会计之父”，复式簿记被公认为会计发展历史上的一个重要里程碑。18～19世纪，英国爆发的工业革命使大工厂逐步取代了手工作坊，产品的商品化程度提高，要求对批量生产的产品进行成本计算，成本会计应运而生。在生产力发展的同时，企业组织形式也经历了从独资、合伙到公司的演变，股份公司的发展使所有权与经营权分离，加快了从簿记发展为会计的进程。进入20世纪后，随着股份公司逐渐占据企业组织形式的主导地位，所有权与经营权进一步分离，会计不再局限于为企业主服务，而还要满足企业外部相关利益者的要求。传统会计逐渐发展为主要向外部利益相关者提供财务会计信息的财务会计。第二次世界大战后，市场竞争更加激烈，企业为了避免在竞争中被淘汰，力图从企业内部挖掘潜力，要求会计不仅要反映过去，更重要的是控制现在、预测未来，因此，在会计实践中逐步形成了与财务会计相对应的管理会计。财务会计与管理会计的分化，是会计进入成熟期的标志。

自新中国成立以来，我国的会计工作经历了一段不平凡的发展历程。在计划经济时期，财政部先后制定了多种统一的会计制度，建立了一套适合计划经济管理体制的会计制度体系。党的十一届三中全会后，我国进入了有计划的市场经济时期，20世纪90年代，我国对财务会计制度进行了重大改革，财政部于1992年先后颁布了《企业会计准则》和《企业财务通则》，这是我国会计理论与实务发展的一个重要里程碑，标志着我国会计模式的转变，并开始与国际惯例接轨。进入21世纪后，随着我国经济体制改革的深入，我国经济的市场化和全球化程度的加深，股份有限公司上市的进程加快，财政部加快了我国会计准则与国际会计准则趋同的步伐，2000年出台了《企业会计制度》，2006年出台了新的企业会计准则体系，包括1个基本准则和38项具体准则，标志着我国会计准则规范体系建设从逐步发展走向成熟，对提高我国会计信息质量产生了深远的意义。2007年12月6日，内地与香港签署了两地会计准则等效的联合声明，实现了两地会计准则的等效。2008年11月14日，由欧盟成员国代表组成的欧盟证券委员会就第三国会计准则等效问题投票决定，自2009年至2011年底前的过渡时期，欧盟将允许中国证券发行者在进入欧洲市场时使用中国会计准则。欧盟的这一决定，表明其已认可中国会计准则与国际财务报告准则等效。

二、会计本质

会计本质是指会计本身所固有的、决定会计性质和发展的根本属性，即对“会计是什么”的认识。主要从以下两个视角来理解。

一是从企业管理活动范畴来看，会计是一项管理活动。在生产活动中，为了获得一定的劳动成果，必然要耗费一定的人力、财力和物力，人们既关心劳动成果的多少，又注重劳动耗费的高低。因此，人们在不断革新生产技术的同时，也对劳动耗费和劳动成果进行着记录、计算，并加以比较和分析，从而有效地组织和管理生产。会计就是产生于人们对经济活动进行管理的客观需要，并随着加强经济管理、提高经济效益的要求而发展。因此，基于上述含义的“管理活动本质论”，可以将会计定义为：会计是以货币为主要计量单位，反映和监督单位经济活动的一种经济管理工作。

二是从会计生成财务信息的环节、过程、结果与目标的系统化过程来看，会计是一个信息系统。会计信息是企事业单位最重要的经济信息，它能够连续、系统、全面、综合地反映和监督企业的经营状况，并为投资者、债权人等外部利益相关者，以及企业管理层等内部利益相关者提供决策依据。因此，可以将会计理解为一个信息系统，这种观点被称为“信息系统本质论”。在现代科学技术的背景下，会计信息系统的作用主要是以计算机、网络为主要工具，对各种经营业务数据进行收集、记录、存储、处理与输出，并完成对会计信息的分析，向使用者提供相关可靠的会计信息，辅助他们管理、预测和决策，提高企业管理水平和经济效益。

此外，会计按其服务的主要对象不同，又有财务会计与管理会计之分。财务会计主要向企业外部关系人提供有关企业的财务状况、经营成果和现金流量等信息，即财务会计侧重于过去信息，主要为外部有关各方提供投资决策等所需的财务数据。管理会计主要向企业内部管理者提供进行经营规划、经营管理、预测决策等所需的相关信息，但管理会计侧重于未来信息，主要为内部管理部门提供管理决策所需的财务数据。

对会计基本理论的理解，要求我们思考这样几个具有递进逻辑关系的问题：会计到底为哪些人提供信息，即主要有哪些群体会关注企业的财务报告？企业要提供会计信息，客观上要受到一些条件的限制，那么企业应当在什么样的前提下提供这些会计信息？提供的这些会计信息需要满足哪些质量要求才能保证对信息使用者的决策是有用的？企业具体又能够提供哪些内容的会计信息？这些信息又是如何加工出来并报送出去的？上述五个问题依次对应着会计目标、会计核算的基本前提、会计信息质量要求、会计要素、会计要素的确认与计量及报告等核心概念，这些概念基于上述逻辑关系形成了一个有机的框架体系，这一体系被称为财务会计概念框架。

三、会计职能

会计的本质决定了会计具有区别于其他学科的特殊职能。会计的职能是会计在经济管理过程中所具有的功能。会计的基本职能包括会计核算和会计监督两个方面。

（一）会计核算职能

会计核算贯穿于经济活动的全过程，是会计最基本的职能，也称反映职能。它是指会计以货币为主要计量单位，对特定主体的经济活动进行确认、计量、记录和报告，为有关各方提供会计信息。会计核算职能具有以下三个特点。

1. 以货币为主要计量尺度，具有综合性

会计对核算的内容需要运用到多种计量尺度，包括实物尺度（如千克、吨、件等）、劳动尺度（如工时、工日等）和货币尺度，但是以货币尺度为主。实物尺度和劳动尺度能够具体反映各项财产物资的增减变动和生产过程中的劳动消耗，对核算和经济管理都是必要的，但这两种尺度都不能综合反映会计的内容，而综合是会计的一个主要特点。会计以货币作为综合计量尺度，通过会计的记录就可以全面地、系统地反映和监督企业、行政单位和事业单位的财产物资收支、生产过程中的劳动消耗和成果，并计算出最终财务成果。所以，在会计核算过程中不仅要运用实物尺度和劳动尺度进行记录，还必须以货币尺度综合地加以反映。例如，在会计实务中数量金额式明细账的运用、财务报告中同时列示财务报表内的项目金额和财务报表外的实物附注等都体现了这一特点。

2. 具有完整性、连续性和系统性

会计对经济业务的核算必须是完整、连续和系统的。所谓完整是指会计核算对属于会计内容的全部经济业务都必须加以记录，不允许遗漏其中的任何一项。所谓连续是指对各种经济业务应按其发生的时间，有序地、不间断地进行记录和核算。所谓系统是指对各种经济业务要进行分类核算和综合核算，并对会计资料进行加工整理，以取得系统的会计信息。在经济业务发生后，会计需要完整、连续和系统地填制原始凭证、记账凭证，编制会计报表等，都体现了这一特点。

3. 严格遵循会计规范

会计记录和会计信息讲求真实性、可靠性和可比性，这就要求企业、行政单位和事业单位发生的一切经济业务，都必须取得或填制合法的凭证，以凭证为依据进行核算。在会计核算的各个阶段都必须严格遵循会计规范，包括会计准则和会计制度，以保证会计记录和会计信息的真实性、可靠性和可比性。

（二）会计监督职能

会计监督职能也称控制职能，是指对特定主体经济活动和相关会计核算的合法性、合理性进行审查，即以一定的标准和要求利用会计所提供的信息对各单位的经济活动进行有效的指导、控制和调节，以达到预期的目的。会计监督职能具有以下三个特点。

1. 会计监督与会计核算同时进行，因此具有基础性、完整性和连续性

会计监督贯穿于企业经济活动全过程，不但反映企业发生的各项经济活动，还审查它们是否符合法律、制度、规定和计划，从而全面完整地监督每一项经济活动，它是外部监督的基础，其他监督形式都是在会计监督之后借助会计已监督过的资料进行再监督。

2. 会计监督主要利用各种价值指标，以财务活动为主，具有综合性

会计主要使用货币计量，并利用资产、负债、所有者权益、收入、费用和利润等指标，

综合反映经济活动的过程和结果，还可以利用这些指标总体监督经济活动。

3.以国家的财经纪律和法规为约束，具有强制性和严肃性

会计监督是借助国家的财经法规和财经纪律所赋予的权力，因此，这种监督具有强制性。《中华人民共和国会计法》（以下简称《会计法》）不仅赋予了会计人员实行监督的权力，而且规定了被检查单位必须如实提供会计凭证、会计账簿、财务会计报告、其他会计资料以及有关情况，如有拒绝、隐匿、谎报等情况，则属违法行为，应当承担相应的法律责任。

会计核算与会计监督这两项基本会计职能是相辅相成、辩证统一的关系。会计核算是会计监督的基础，没有核算所提供的各种信息，监督就失去了依据，而会计监督又是会计核算的保障，如果只有核算而没有监督，就难以保证核算所提供会计信息的合法性、真实性与可靠性。

除具有核算和监督两项基本职能外，会计还具有预测经济前景，参与经济决策、计划组织，以及评价绩效等其他职能。随着生产水平的日益提高、社会经济关系的日益复杂和会计理论的不断深化，会计所发挥的作用日益重要，其职能也在不断地丰富和发展，会计的职能将随着经济的发展而不断发展变化。

四、会计目标

会计目标是会计信息系统整体运行和发挥其职能的方向和归宿，是整个会计工作的目的所在。我国《企业会计准则——基本准则》第四条规定：财务会计报告的目标是向财务会计报告使用者提供与企业财务状况、经营成果和现金流量等有关的会计信息，反映企业管理层受托责任履行情况，有助于财务会计报告使用者做出经济决策。前半句表明我国企业会计准则是以会计信息系统论为主要观点，后半句表明我国会计准则也适当兼顾了管理活动论要求会计对企业所有者履行会计受托责任的观点。从会计是一个信息系统的角度来看，会计的目标就是向会计信息使用者提供有助于其做出经济决策的会计信息。这就涉及与会计目标直接相关的一个重要问题：谁是会计信息的使用者？一般而言，会计信息的使用者或者说是企业的利益相关者主要包括以下几类。

（一）投资者或潜在投资者

投资者即为企业的所有者。就上市公司而言，投资者是现有股东，潜在投资者是那些有意愿购买公司股票的个人或机构。投资者或潜在投资者在做出投资决策时，需要了解和掌握企业的经营状况、投资回报、企业发展前景等有关信息。假定你持有某公司20 000股股票，买入价每股8元，那么你就是该公司的投资者，你关心这只股票的涨跌吗？如果某交易日为每股6元，你是卖掉再买入另外一家的股票，还是继续持有一段时间？对这些问题做出决策需要多方面的信息，包括国家宏观经济政策、投资者心理预期等。其中，上市公司的财务报表所披露的信息是投资者评价上市公司业绩最主要的信息来源。

通过分析会计报表信息，投资者可以了解和掌握管理当局所保管及运用的经济资源的情况、企业支付股息红利及还本付息的能力、企业资产的增值及现金流量的大小，以便

评估管理当局达到经营目标的能力、投资的内在风险和投资报酬，适时改变投资方向或更换经理人。一个理性的投资者应主要借助会计信息做出决策。现在许多证券分析师和咨询机构通过综合分析，往往可以从财务报告中获取更多有用的信息，并在进行行情分析时加入他们的咨询意见或看法，为普通投资者的决策提供参考。

（二）债权人或潜在债权人

银行和供应商（赊销商）等债权人为企业提供贷款和其他信用，需要了解和掌握企业是否能够定期付息，是否能够偿还到期贷款本金和商业债务等有关财务信息。例如，某公司拟新建一条生产线，扩大生产规模，开发新的产品，需要借入一笔资金。经公司董事会批准，该公司拟向商业银行借款 1 000 万元，期限 3 年。商业银行在接到该公司的贷款申请后，就需要对其经营状况进行评估，通常会考虑以下问题：公司的财务状况是否良好？公司的经营能力如何？贷款到期时，公司是否有足够的现金用于偿债？可见，银行和赊销商等债权人需要了解企业的短期偿债能力和长期偿债能力，需要评价企业的未来现金流量信息。原因在于，虽然有时企业获利情况良好，但因企业扩张过度，资金冻结在非流动资产上，或企业的现金流入虽超过现金流出，也可能会产生资金周转困难。企业资产若失去流动性，债权人的权益将受到影响。这些都需要债权人借助会计信息来进行分析。

（三）政府机构

政府机构包括中央政府和地方政府及其职能部门，它们要进行宏观管理和调控，要对产品、金融和资本等各类市场进行监督和调节。这种宏观调控作用主要表现在：政府相关机构要考核和监督国民经济的总体运行情况，从而制定正确、合理、有效的调控和管理措施，促进国民经济协调有序发展。例如，税务部门要以会计信息为依据向企业征税，保证国家的财政收入；统计部门要汇总分析各单位、各行业、各地区的经营情况和发展趋势，保证国民经济数据的完整性与真实性；工商部门要对企业的生产经营进行定期核查，保证企业合法经营；等等。这些在很大程度上需要会计信息系统提供的信息，由政府相关部门进行汇总分析，为宏观经济决策服务。

（四）公司管理层

公司管理层在经营中需要随时了解和掌握企业的财务信息，包括资产运用与分布、成本发生、经济效益实现、资本运营、对外投资、经营业绩等方面的信息。公司管理层不仅需要借助于会计信息对日常经营活动进行管理和控制，还需要借助会计信息进行科学的经营决策和管理决策。例如，在上述某公司拟新建一条生产线的案例中，该公司管理层在决定开发这一项目之前，就必须对以下问题进行科学分析：这条生产线项目的前期开发成本是多少？这条生产线的生产能力如何？市场潜力有多大？需要多长时间才能使公司盈利？可能的盈利水平有多高？到期处置收益如何？这些问题的有效解决主要取决于对会计信息的充分运用。

（五）供应商与客户

任何企业都处在至少一条供应链中的某个环节。对于一个企业的供应商来说，企业经营的稳定持久显然具有重要意义，这不仅保证了企业有了一个稳定的客户群，同时也保证了销售资金的回笼。因此供应商往往需要借助于会计信息了解企业的经营状况，以便制订其产销计划和赊销制度等。而对于企业的客户来说，需要借助会计信息来确定企业的产品供应是否稳定，特别是需要借助会计信息确定企业的财务状况是否可靠。对于客户而言，关注企业的会计信息非常重要，如果企业因经营不善突然停产或因其他原因不能再采购其生产的材料，那么这种突然中断采购的行为极有可能导致生产活动的瘫痪。近年来我国东部地区发生的民营企业资金链断裂、无力偿还债务、企业经营困难等问题就与此有关。

（六）企业职工和其他利益相关者

企业职工和其他利益相关者依赖于企业或与企业有一定的联系，需要获得企业稳健发展和获利能力的资料。具体来讲，企业职工需要了解企业目标的实现、能提供的报酬、企业发展的前景、对职工的吸引力等。社会公众关心企业可能以哪种方式对当地做出贡献，如给当地提供就业机会的能力、对环境的保护情况等。

综上所述，可以将会计目标进一步理解为：会计目标是利用会计信息系统加工与生成的会计信息，向企业的投资者、债权人、政府机构等利益相关者提供有关企业财务状况、经营成果、现金流量、所有者权益变动状况等方面的对决策有用的会计信息，并客观地反映企业管理层受托责任的履行情况。

第二节　会计核算的基本前提

会计核算的基本前提常被称为会计假设，它是企业会计确认、计量和报告的基本前提，是对会计核算所处时间、空间环境等所做的合理假设。会计信息只能在这些假设条件下才可能合理提供。在我国，会计核算的基本前提包括会计主体、持续经营、会计分期和货币计量，它们分别对会计核算的空间范围、时间长度、具体时段与计量手段四个方面做出了合理假设。

（一）会计主体

会计主体，是指企业会计确认、计量和报告的空间范围。为了向财务报告使用者反映企业财务状况、经营成果和现金流量，提供对其决策有用的信息，会计核算和财务报告的编制应当集中反映特定对象的活动，并将其与其他经济实体区别开来。这样才能实现会计目标。

在会计主体假设下，企业应当对其本身发生的交易或者事项进行会计确认、计量和报告，反映企业本身所从事的各项生产经营活动。明确会计主体是开展会计确认、计量和报告工作的重要前提。

明确会计主体，才能划定会计所要处理的各项交易或事项的范围。在会计工作中，只有那些影响企业本身经济利益的各项交易或事项才能加以确认、计量和报告，那些不影响企业本身经济利益的各项交易或事项则不能加以确认、计量和报告。会计中所讲的资产与负债的确认、收入的实现、费用的发生等，都是针对特定会计主体而言的。

明确会计主体，才能将会计主体的交易或者事项与会计主体所有者的交易或者事项，以及其他会计主体的交易或者事项区分开来。例如，企业所有者的经济交易或者事项是属于企业所有者主体所发生的，不应纳入企业会计核算的范围，但是企业所有者投入企业的资本或者企业向所有者分配的利润，则属于企业主体所发生的交易或者事项，应当纳入企业会计核算的范围。

明确会计主体，才能正确地区分会计主体和法律主体。一般来说，法律主体必然是一个会计主体。例如，一个企业作为一个法律主体，应当建立财务会计系统，独立反映其财务状况、经营成果和现金流量。但是，会计主体不一定是法律主体。例如，在企业集团中，一个母公司拥有若干子公司，母、子公司虽然是不同的法律主体，但是母公司对子公司拥有控制权。为了全面反映企业集团的财务状况、经营成果和现金流量，就有必要将企业集团作为一个会计主体，编制合并财务报表，反映整个集团的会计信息。

（二）持续经营

持续经营，是指在可以预见的将来，企业将会按当前的规模和状态继续经营下去，不会停业，也不会大规模地削减业务。在持续经营前提下，会计确认、计量和报告应当以企业持续、正常的生产经营活动为前提。

企业是否会持续经营，在会计原则、会计方法的选择上有很大差别。一般情况下，应当假定企业将会按照当前的规模和状态继续经营下去。明确这个基本假设，就意味着会计主体将按照既定用途使用资产，按照既定的合约条件清偿债务，会计人员就可以在此基础上选择会计原则和会计方法。

如果判断企业会持续经营，就可以假定企业的固定资产会在持续经营的生产经营过程中长期发挥作用，并服务于生产经营过程，机器设备等固定资产就可以根据实际发生的成本（历史成本）进行记录，并采用折旧的方法进行分期摊销，将历史成本分摊到各个会计期间或相关产品的成本中；如果判断企业不会持续经营，固定资产就不应采用历史成本进行记录并按期计提折旧。

例如，某企业购入一条生产线，预计使用寿命为10年，考虑到企业将会持续经营下去，因此可以假定企业的固定资产会在持续的生产经营过程中长期发挥作用，并服务于生产经营过程，即不断地为企业生产产品，直至生产线使用寿命结束。因此，该生产线就应当根据历史成本进行记录，并采用适当的折旧方法，将实际成本分摊到预计使用寿命期间所生产的相关产品成本中去。

需要说明的是，如果一个企业在不能持续经营时还假定企业能够持续经营，并按持续经营基本假设选择会计确认、计量和报告原则与方法，就不能客观地反映企业的财务状况、经营成果和现金流量，会误导会计信息使用者的经济决策。

（三）会计分期

根据上述持续经营假设，一个企业将按当前的规模和状态持续经营下去。但是，无论是企业的生产经营决策还是投资者、债权人等的决策都需要及时的信息，都需要将企业持续的生产经营活动划分为一个个连续的、长短相同的期间，分期确认、计量和报告企业的财务状况、经营成果和现金流量。这就需要进行会计分期假设。

会计分期，是指将一个企业持续经营的生产经营活动划分为一个个连续的、长短相同的期间。会计分期的目的，在于通过会计期间的划分，将持续经营的生产经营活动划分成连续、相等的期间，据以结算盈亏，按期编制财务报告，从而及时向财务报告使用者提供有关企业财务状况、经营成果和现金流量的信息。

在会计分期假设下，企业应当划分会计期间，分期结算账目和编制财务报告。会计期间通常分为年度和中期。中期，是指短于一个完整的会计年度的报告期间，如月度、季度、半年度或其他短于一年的会计期间。

进行会计分期假设意义重大。由于会计分期，才产生了当期与以前期间、以后期间的差别，才使不同类型的会计主体有了记账的基准，进而出现了折旧、摊销、计提等会计处理方法。

（四）货币计量

货币计量，是指会计主体在财务会计确认、计量和报告时以货币计量反映会计主体的生产经营活动。

在会计的确认、计量和报告过程中之所以选择货币为基础进行计量，是由货币的本质决定的。货币是固定地充当一般等价物的特殊商品，是衡量和表现一般商品价值的共同尺度，具有价值尺度、流通手段、贮藏手段、支付手段和世界货币的职能。其他计量单位，如重量、长度、容积、台、件等，只能从一个侧面反映企业的生产经营情况，无法在量上进行汇总和比较，不便于会计计量和经营管理。只有选择货币尺度进行计量才能充分反映企业的生产经营情况，所以，我国《企业会计准则——基本准则》规定，会计确认、计量和报告都要选择货币作为计量单位。

货币计量假设的目的在于保障会计计量手段的统一性和便于汇总的特点，因此，除了要求以货币为计量单位之外，还要求假定币值不变。例如，假定2000年的1元库存现金与2019年的1元库存现金的购买力是相同的，即二者一样值钱，未受到通货膨胀的影响。

国内大多数企业的经济业务主要是以人民币结算的，因此应当以人民币作为记账货币，会计上称为本位币。在有些情况下，统一采用货币计量也有缺陷，某些影响企业财务状况和经营成果的因素，如企业经营战略、研发能力、市场竞争力等，往往难以用货币来计量，但这些信息对使用者的决策也很重要，企业可以在财务报告中通过补充披露有关非财务信息来弥补上述缺陷。

第三节　会计信息质量特征

会计信息质量特征是对企业财务报告中所提供会计信息质量的基本要求，是使财务报告中所提供的会计信息有助于信息使用者进行决策所应具备的基本特征。目前我国《企业会计准则——基本准则》规定的会计信息质量特征有八个：可靠性、相关性、可理解性、可比性、实质重于形式、重要性、谨慎性和及时性。

一、可靠性

可靠性要求企业应当以实际发生的交易或者事项为依据进行会计确认、计量和报告，如实反映符合确认和计量要求的各项会计要素及其他相关信息，保证会计信息真实可靠，内容完整。

会计信息要有用，必须以可靠为基础，如果财务报告所提供的会计信息是不可靠的，就会误导信息使用者的决策，甚至造成损失。为了贯彻可靠性要求，企业应当做到：

一是以实际发生的交易或者事项为依据进行确认、计量，将符合会计要素定义及其确认条件的资产、负债、所有者权益、收入、费用和利润等如实反映在财务报表中，不得根据虚构的、没有发生的或者尚未发生的交易或者事项进行确认、计量和报告。

二是尽可能保证会计信息的完整性，其中包括应当编制的报表及其附注内容等应当保持完整，不能随意遗漏或者减少应予披露的信息，与使用者决策相关的有用信息都应当充分披露等。

三是财务报告中包括的会计信息应当是中立的、无偏倚的。如果企业在财务报告中为了达到事先设定的结果或效果，通过选择或列示有关会计信息以影响决策和判断，这样的财务报告信息就不是中立的。

例如，某公司于 2013 年末发现公司销售萎缩，无法实现年初确定的销售收入目标，但考虑到在 2014 年春节前后，公司销售可能会出现较大幅度的增长，公司为此提前预计库存商品销售，在 2013 年末编制了若干存货出库凭证，并确认了销售收入。公司这种处理不是以其实际发生的交易事项为依据，而是以虚构的交易事项为依据，违背了会计信息质量要求的可靠性原则，也违背了我国会计法规的规定。

二、相关性

相关性要求企业提供的会计信息应当与财务会计报告使用者的经济决策需要相关，有助于财务会计报告使用者对企业过去、现在或者未来的情况做出评价或者预测。

会计信息是否有用，是否具有价值，关键是看其与使用者的决策需要是否相关，是否有助于决策或者提高决策水平。相关的会计信息应当能够有助于使用者评价企业过去的决策，证实或者修正过去的有关预测，因而具有反馈价值。相关的会计信息还应当具有预测价值，有助于使用者根据财务报告所提供的会计信息预测企业未来的财务状况、经营成果和现金流量。例如，区分流动资产和非流动资产、流动负债和非流动负债，以及适度引入公允价值等，都可以提高会计信息的预测价值，进而提升会计信息的相关性。

会计信息质量的相关性要求，需要企业在确认、计量和报告会计信息的过程中，充分考虑使用者的决策模式和信息需求。

三、可理解性

可理解性要求企业提供的会计信息应当清晰明了，便于财务会计报告使用者理解和使用。

企业编制财务报告、提供会计信息的目的在于使用，而要让使用者有效使用会计信息，应当先让其了解会计信息的内涵，弄懂会计信息的内容。这就要求财务会计报告所提供的会计信息应当清晰明了，易于理解。只有这样，才能提高会计信息的有用性，实现财务会计报告的目标，满足向财务会计报告使用者提供对决策有用信息的要求。

会计信息毕竟是一种专业性较强的信息产品，在强调会计信息的可理解性的同时，还应假定使用者具有一定的有关企业经营活动和会计方面的知识，并且愿意付出努力去研究这些信息。对于某些复杂的信息，如交易本身较为复杂或者会计处理较为复杂，但其与使用者的经济决策相关的，企业就应当在财务报告中予以充分披露。

四、可比性

可比性要求企业提供的会计信息应当相互可比。这包括两层含义：

一是同一企业不同时期可比。为了便于财务报告使用者了解企业财务状况、经营成果和现金流量的变化趋势，比较企业在不同时期的财务报告信息，全面、客观地评价过去，预测未来，从而做出决策，同一企业不同时期发生的相同或者相似的交易或者事项，应当采用一致的会计政策，不得随意变更。但是，满足会计信息可比性要求，并非表明企业不得变更会计政策，如果按照规定或者在会计政策变更后能够提供更可靠、更相关的会计信息，那么可以变更会计政策。有关会计政策变更的情况，应当在附注中予以说明。

二是不同企业相同会计期间可比。为了便于财务报告使用者评价不同企业的财务状况、经营成果和现金流量及其财务状况变动情况，会计信息质量的可比性要求不同企业同一会计期间发生的相同或者相似的交易或者事项，应当采用规定的会计政策，确保会计信息口径一致、相互可比，以使不同企业按照一致的确认、计量和报告要求提供有关会计信息。

五、实质重于形式

实质重于形式要求企业应当按照交易或者事项的经济实质进行会计确认、计量和报告，不应仅以交易或者事项的法律形式为依据。

企业发生的交易或事项在多数情况下，其经济实质和法律形式是一致的。但在有些情况下，会出现不一致。例如，以融资租赁方式租入的资产虽然从法律形式来讲企业并不拥有其所有权，但是由于租赁合同中规定的租赁期相当长，接近该资产的使用寿命；租赁期结束时承租企业有优先购买该资产的选择权，在租赁期内承租企业有权支配该资产并从中受益等，因而从其经济实质来看，企业能够控制融资租入资产所创造的未来经济利益，在会计确认、计量和报告时就应当将以融资租赁方式租入的资产视为企业的资产，列入企业的资产负债表。又如，企业按照销售合同销售商品但又签订了售后回购协议，虽然从法律形式上实现了收入，但如果企业没有将商品所有权的主要风险和报酬转移给购货方，没有满足收入确认的各项条件，即使签订了商品销售合同或者已将商品交付给购货方，也不应当确认销售收入。

六、重要性

重要性要求企业提供的会计信息应当反映与企业财务状况、经营成果和现金流量有关的所有重要交易或者事项。

在实务中,如果会计信息的省略或者错报会影响财务报告使用者据此做出决策,该信息就具有重要性。重要性的应用需要依赖职业判断,企业应当根据其所处环境和实际情况,从项目的性质和金额大小两个方面加以判断。

例如,我国上市公司要求对外提供季度财务报告,考虑到季度财务报告披露的时间较短,从成本效益原则来考虑,季度财务报告没有必要像年度财务报告那样披露详细的附注信息。因此,中期财务报告准则规定,公司季度财务报告附注应当以年初至本中期末为基础编制,披露上年度资产负债表日之后发生的、有助于理解企业财务状况、经营成果和现金流量变化情况的重要交易或者事项。这种附注披露,就体现了会计信息质量的重要性要求。

七、谨慎性

谨慎性要求企业对交易或者事项进行会计确认、计量和报告时应当保持应有的谨慎,不应高估资产或者收益,低估负债或者费用。

在市场经济环境下,企业的生产经营活动面临许多风险和不确定性,如应收款项的可收回性、固定资产的使用寿命、无形资产的使用寿命、售出存货可能发生的退货或者返修等。会计信息质量的谨慎性要求,需要企业在面对不确定性因素时做出的职业判断,应当保持应有的谨慎,充分估计到各种风险和损失,既不高估资产或者收益,也不低估负债或者费用。例如,谨慎性要求企业对可能发生的资产减值损失计提资产减值准备、对售出商品可能发生的保修义务等确认预计负债等,就体现了会计信息质量的谨慎性要求。

谨慎性要求不允许企业通过计提减值准备人为调节利润,如果企业故意低估资产或者收益,或故意高估负债或者费用,将不符合会计信息的可靠性和相关性要求,损害会计信息质量,扭曲企业实际的财务状况和经营成果,从而对使用者的决策产生误导。这是不符合会计准则要求的。

八、及时性

及时性要求企业对于已经发生的交易或者事项,及时进行会计确认、计量和报告,不得提前或者延后。

会计信息的价值在于帮助所有者或者其他相关人员做出经济决策,具有时效性。即使是可靠的、相关的会计信息,如果不及时提供,也会失去时效性。这样,它对于使用者的效用就大大降低,甚至不再具有实际意义。在会计确认、计量和报告过程中贯彻及时性,一是要求企业及时收集会计信息,即在经济交易或者事项发生后,及时收集整理各种原始单据或者凭证;二是要求企业及时处理会计信息,即按照会计准则的规定,及时对经济交易或者事项进行确认、计量，并编制出财务报告；三是要求及时传递会计信息，即按照国家规定的有关时限，及时地将编制的财务报告传递给财务报告使用者，便于其及时使用和决策。

在实务中，为了及时提供会计信息，可能需要在有关交易或者事项的信息全部获得之前进行会计处理，这样就满足了会计信息的及时性要求，但可能会影响会计信息的可靠性；反之，如果企业等到与交易或者事项有关的全部信息获得之后再进行会计处理，这样的信息披露可能会由于时效性问题，对财务报告使用者的决策有用性大大降低。这就需要在及时性和可靠性之间做相应权衡，最大限度满足财务报告使用者的经济决策需要。

第四节　会计要素

理解会计要素应当首先明确会计对象，因为会计要素是对会计对象从静态和动态两个方面所做的具体分类。

一、会计对象

会计对象是指会计核算和监督的内容。会计需要以货币为主要计量单位，对特定主体的经济活动进行核算与监督。从宏观上来说，会计对象是再生产过程中的资金运动；从微观上来说，会计对象是一个单位能够用货币表现的经济活动。因此，会计对象是指会计所核算和监督的内容，即特定主体能够以货币表现的经济活动。以货币表现的经济活动通常又称为价值运动或资金运动。资金运动包括各特定主体的资金投入、资金运用和资金退出等过程，而具体到企业、事业单位、行政单位又有较大差异。即便同样是企业，工业、农业、商业、交通运输业、建筑业及金融业等也均有各自资金运动的特点，其中尤以工业企业最具代表性。

工业企业是从事工业产品生产和销售的营利性经济组织。为了从事产品的生产与销售活动，企业必须拥有一定数量的资金，用于建造厂房、购买机器设备、购买材料、支付职工工资、支付经营管理中必要的开支等，生产出的产品经过销售后，收回的货款还要补偿生产中的垫付资金、偿还各项债务、上缴各项税费等。由此可见，工业企业的资金运动包括资金的投入、资金的循环与周转（包括供应过程、生产过程、销售过程三个阶段），以及资金的退出三个部分，既有一定时期内的显著运动状态（表现为收入、费用、利润），又有一定日期的相对静止状态（表现为资产、负债、所有者权益）。

资金的循环和周转分为供应、生产、销售三个阶段。在供应过程中，企业要购买材料等劳动对象，发生材料买价、运输费、装卸费等材料采购成本，与供应单位发生货款结算关系。在生产过程中，劳动者借助于劳动手段将劳动对象加工成特定的产品，发生材料消耗的材料费、固定资产磨损的折旧费、生产工人劳动耗费的人工费等，构成产品使用价值与价值的统一体，同时，还将发生企业与工人之间的工资结算关系、与有关单位之间的劳务结算关系等。在销售过程中，将生产的产品销售出去，发生有关销售费用、收回货款、缴纳税金等业务活动,并同购货单位发生货款结算关系,同税务机关发生税务结算关系等。企业获得的销售收入,扣除各项费用后的利润,还要提取盈余公积并向所有者分配利润。

资金的退出包括偿还各项债务、上缴各项税费、向所有者分配利润等。这部分资金以上述形式离开本企业,退出本企业的资金循环与周转。

上述资金运动的三个阶段,构成了开放式的运动形式,是相互支撑、相互制约的统一体。没有资金的投入,就不会有资金的循环与周转;没有资金的循环与周转,就不会有债务的偿还、税费的上缴和利润的分配等;没有这类资金的退出,就不会有新一轮的资金投入,就不会有企业进一步的发展。

上述资金运动呈现出显著的运动状态,同时也具有某一时点上的相对静止状态。仍以工业企业为例:一方面,为了维持生产经营活动,企业必须拥有一定量的经济资源(即资产),它们分布在企业生产经营过程的不同阶段(供应、生产、销售等阶段)和不同方面(表现为厂房、机器设备、原材料、在产品、库存商品及货币资金等),我们称之为资金占用;另一方面,这些经济资源的取得需要通过一定的途径,包括来自投资者投入的资金或是债权人提供的借款等,我们称之为资金的来源。从任一时点上看,资金运动总处于相对静止的状态,即企业的资金在任一时点上均表现为资金占用和资金来源两个方面,这两个方面既相互联系,又相互制约。

二、会计要素

(一)会计要素的概念

为了具体实施会计核算,需要对会计核算和监督的内容进行分类。会计要素是指会计对象是由哪些部分所构成的,是会计对象按经济特征所做的最基本分类,也是会计核算对象的具体化。划分会计要素,有利于清晰地反映产权关系和其他经济关系。企业会计要素分为六大类,即资产、负债、所有者权益、收入、费用和利润。其中,资产、负债和所有者权益三项会计要素主要反映企业的静态财务状况;收入、费用和利润三项会计要素主要反映企业的动态经营成果。

前已述及,资金运动具有显著运动状态和相对静止状态。在相对静止状态,企业的资金表现为资金占用和资金来源两个方面,其中资金占用的具体表现形式就是企业的资产,资金来源又可分为企业所有者投入资金和债权人投入资金两类。债权人对投入资产的求偿权称为债权人权益,表现为企业的负债;企业所有者对净资产(资产与负债的差额)的所有权称为所有者权益。从一定日期这一相对静止状态来看,资产总额与负债和所有者权益的合计必然相等,由此分离出资产、负债及所有者权益三项表现资金运动相对静止状态的会计要素。

另一方面,企业的各项资产经过一定时期的营运,将发生一定的耗费,生产出特定种类和数量的产品,产品销售后获得货币收入,收支相抵后确认当期损益,由此分离出收入、费用及利润三项表现资金运动状态的会计要素。

上述资产、负债及所有者权益构成资产负债表的基本框架,收入、费用及利润构成利润表的基本框架,因而这六项会计要素又称为财务报表要素。

（二）反映财务状况的会计要素

财务状况是指企业一定时期的资产及权益情况，是资金运动相对静止状态时的表现。反映财务状况的会计要素包括资产、负债、所有者权益三项。

1. 资产

资产是指企业过去的交易或者事项形成的、由企业拥有或者控制的、预期会给企业带来经济利益的资源。其中，企业过去的交易或者事项包括购买、生产、建造行为或其他交易或者事项，但预期在未来发生的交易或者事项不形成资产；由企业拥有或者控制，是指企业享有某项资源的所有权，或者虽然不享有某项资源的所有权，但该资源能被企业所控制；预期会给企业带来经济利益，是指直接或者间接导致现金或现金等价物流入企业的能力。从现实中看，企业从事生产经营活动必须具备一定的物质资源，如货币资金、厂房场地、机器设备、原材料等，这些都是企业从事生产经营的物质基础，都属于企业的资产。此外，像专利权、商标权、数据资源等不具有实物形态，但却有助于生产经营活动进行的无形资产，以及企业对其他单位的投资等，也都属于资产。

(1)资产的特征

一是资产预期会给企业带来经济利益。所谓经济利益，是指直接或间接地流入企业的现金或现金等价物。资产都应能够为企业带来经济利益，企业通过收回应收账款、出售库存商品等直接获得经济利益，也可通过对外投资以获得股利或参与分配利润的方式间接获得经济利益。按照这一特征，那些已经没有经济价值，不能给企业带来经济利益的项目，就不能继续确认为企业的资产。

例如，某企业的某工序上有两台机床，其中 A 机床设备较陈旧，自 B 机床投入使用后，一直未再使用；B 机床是 A 机床的替代产品，目前承担该工序的全部生产任务。A、B 机床是否都是企业的资产？该企业原有的 A 机床已长期闲置不用，不能给企业带来经济利益，因此不应作为资产反映在资产负债表中，但 B 机床是企业的资产。

二是资产是为企业拥有的，或者即使不为企业拥有，也是企业所控制的。一项资源要作为企业资产予以确认，企业应该拥有此项资源的所有权，可以按照自己的意愿使用或处置资产。

例如，甲企业的加工车间有一台设备。该设备从乙企业融资租入获得，该设备已投入使用，为企业产生经济利益。该设备是否为甲企业的资产？这种情况下，甲企业并未拥有该资产的所有权，但由于租赁合同的规定，租赁方能够控制这项资产，且通过使用产生经济效益。因此尽管所有权属于乙企业，根据实质重于形式的原则，这台设备应作为甲企业的资产予以确认。

三是资产是由过去的交易或者事项形成的。也就是说，资产是过去已经发生的交易或者事项所产生的结果，资产必须是现实的资产，而不能是预期的资产。未来交易或者事项可能产生的结果不能作为资产确认。

例如，企业计划在年底购买一批机器设备，8 月份与销售方谈判了购买意向，但实际购买行为发生在 12 月份，则企业不能在 8 月份将该批设备确认为资产。

(2)资产的分类

资产按其流动性不同,分为流动资产和非流动资产。

流动资产是指预计在一个正常营业周期中变现、出售或耗用,或者主要为交易目的而持有,或者预计在资产负债表日起1年内(含1年)变现的资产,以及自资产负债表日起1年内交换其他资产或清偿负债的能力不受限制的现金或现金等价物。流动资产主要包括货币资金、交易性金融资产、应收票据、应收账款、预付账款、应收利息、应收股利、其他应收款、存货等。

非流动资产是指流动资产以外的资产,也称为长期资产,主要包括长期股权投资、固定资产、在建工程、工程物资、无形资产等。

2. 负债

负债是指企业过去的交易或者事项形成的,预期会导致经济利益流出企业的现时义务。其中,现时义务是指企业在现行条件下已承担的义务,未来发生的交易或者事项形成的义务,不属于现时义务,不应当确认为负债;过去的交易或者事项与相关经济利益的含义与资产要素相同。

(1)负债的特征

一是负债的清偿预期会导致经济利益流出企业。负债通常是在未来某一时日通过交付资产(包括现金和其他资产)或提供劳务来清偿。例如,企业赊购一批材料,材料已验收入库,但尚未付款,该笔业务所形成的应付账款应确认为企业的负债,需要在未来某一时日通过交付现金或银行存款来清偿。有时,企业可以通过承诺新的负债或转化为所有者权益来了结一项现有的负债(债转股),或借新债还旧债等,但最终一般都会导致企业经济利益的流出。

二是负债是由过去的交易或事项形成的现时义务。也就是说,导致负债的交易或事项必须已经发生,例如,购置货物或使用劳务会产生应付账款,接受银行贷款则会产生偿还贷款的义务。只有源于已经发生的交易或事项,会计上才有可能确认为负债。所谓现时义务是指企业在现行条件下已承担的义务。对于企业正在筹划的未来交易或事项,如企业的业务计划等,并不构成企业的负债。

(2)负债的分类

负债按其流动性不同,分为流动负债和非流动负债。

流动负债是指预计在一个正常营业周期中清偿,或者主要为交易目的而持有,或者自资产负债表日起1年内(含1年)到期应予以清偿,或者企业无权自主地将清偿期限推迟资产负债表日后1年以上的负债。流动负债主要包括短期借款、应付票据、应付账款、预收账款、应付职工薪酬、应交税费、应付利息、应付股利、其他应付款等。

非流动负债是指流动负债以外的负债,也称为长期负债,主要包括长期借款、应付债券、长期应付款等。

3. 所有者权益

所有者权益是指企业资产扣除负债后由所有者享有的剩余权益。股份有限公司的所有者权益又称为股东权益。

企业资产的提供者有债权人和所有者。债权人对企业资产的要求权形成企业的负债,所有者对企业资产的要求权形成企业的所有者权益。所有者权益的来源包括所有者投入的资本、直接计入所有者权益的利得和损失、留存收益等。所有者权益具有以下特征：

一是除非发生减资、清算或分派现金股利，企业不需要偿还所有者权益；

二是企业清算时，只有在清偿所有的负债后，所有者权益才返还给所有者；

三是所有者凭借所有者权益能够参与企业利润的分配。

在具体分类上，所有者权益包括实收资本（或股本）、资本公积、盈余公积和未分配利润。其中，资本公积包括企业收到投资者出资超过其在注册资本或股本中所占份额的部分，以及直接计入所有者权益的利得和损失等。盈余公积和未分配利润又合称留存收益。

（三）反映经营成果的会计要素

经营成果是企业在一定时期内从事生产经营活动所取得的最终成果，是资金运动显著变动状态的主要体现。反映经营成果的会计要素包括收入、费用、利润三项。

1. 收入

收入是指企业在日常活动中形成的、会导致所有者权益增加的、与所有者投入资本无关的经济利益的总流入。其中日常活动包括销售商品、提供劳务及让渡资产使用权等。

例如，企业出售和出租固定资产、无形资产的收入，以及出售不需要的材料的收入是否应确认为企业的营业收入？出售固定资产、无形资产并非企业的日常活动，不应确认为营业收入，而应作为营业外收入。出售不需要的材料的收入也属于企业日常活动中的收入，因此应确认为企业的营业收入，通常确认为其他业务收入。

2. 费用

费用是指企业在日常活动中发生的、会导致所有者权益减少的、与向所有者分配利润无关的经济利益的总流出。以工业企业为例，一定时期的费用通常由产品生产成本和期间费用两部分构成。产品生产成本由直接材料、直接人工和制造费用三个成本项目构成，期间费用包括销售费用、管理费用和财务费用三项。

例如，企业处置固定资产发生的净损失，是否应确认为企业的费用？处置固定资产而发生的净损失，虽然会导致所有者权益减少和经济利益的流出，但不属于企业的日常活动，因此不应确认为企业的费用（是一种损失），而应确认为营业外支出。

3. 利润

利润是指企业在一定会计期间的经营成果。利润包括收入减去费用后的净额、直接计入当期利润的利得和损失等。其中，直接计入当期利润的利得和损失包括企业当期确认的投资收益或投资损失，以及处置固定资产、债务重组等发生的利得或损失等。

利润有营业利润、利润总额和净利润三个层次的分类。营业利润是营业收入减去营业成本、税金及附加、期间费用（包括销售费用、管理费用和财务费用）、资产减值损失，加上公允价值变动净收益、投资净收益后的金额。利润总额是指营业利润加上营业外收入，减去营业外支出后的金额。净利润是指利润总额减去所得税费用后的金额。

三、会计等式

如前所述，六项会计要素从静态和动态两个方面反映了资金的运动，具有紧密的联系，它们在数量上存在着特定的平衡关系，这种平衡关系用公式来表示，就是会计等式。会计等式是反映会计要素之间平衡关系的计算公式，它是各种会计核算方法的理论基础。

（一）静态会计等式

这是最基本的会计等式。如前所述，资产是由于过去的交易或事项所引起的，能为企业带来经济利益的资源。资产来源于所有者的投入资本和债权人的借入资金及企业在生产经营中所产生效益的积累，分别归属于所有者和债权人。归属于所有者的部分形成所有者权益，归属于债权人的部分形成债权人权益（即企业的负债），即：资产＝权益（负债＋所有者权益）。

资产和权益（包括所有者权益和债权人权益）实际是企业所拥有的经济资源在同一时点上所表现的不同形式。资产表明的是资源在企业存在、分布的形态，而权益则表明了资源取得和形成的渠道。资产来源于权益，资产与权益必然相等。资产与权益的恒等关系，是复式记账法的理论基础，也是编制资产负债表的依据。

（二）动态会计等式

企业经营的目的是获得收入，实现盈利。企业在取得收入的同时，也必然要发生相应的费用。通过收入与费用的比较，才能确定企业一定时期的盈利水平。收入减去费用后等于营业利润，即：收入－费用＝利润。

动态会计等式是为了考察企业的经营成果而形成的等式关系，它表明某一会计期间的利润是这一会计期间的收入减去同一会计期间的费用而形成的，揭示了收入与利润的正比、费用与利润的反比关系。收入、费用和利润之间的上述关系，是编制利润表的基础。

（三）综合会计等式

综合会计等式，也称为扩展会计等式。如果将静态要素和动态要素结合起来考察，一定期间的经营成果必然影响一定时点的财务状况。因为收入可以导致资产的增加或负债的减少，最终导致所有者权益的增加；而费用可以导致资产的减少或费用的增加，最终导致所有者权益的减少。当收入大于费用形成利润，则所有者权益将按确定的净利润增加；反之，当收入小于费用形成亏损，则所有者权益将按确定的净亏损减少。因此在会计期间六大会计要素之间的关系可以表述或推导为：

资产＝负债＋所有者权益＋利润

资产＝负债＋所有者权益＋（收入－费用）

资产＋费用＝负债＋所有者权益＋收入

综合会计等式体现了会计六要素在会计期间的相互关系，揭示了一定期间的利润表要素的数量变化与一定时点的资产负债表要素数量变化的依存关系。

（四）经济业务类型及对会计等式的影响

资金运动的结果形成会计恒等式“资产＝负债＋所有者权益”。企业在生产经营过程中，每天都会发生多种多样错综复杂的经济业务，虽然企业的经济业务千变万化，但从经济业务发生后，对资产、负债和所有者权益的影响来看不外乎四个大类或九个小类经济业务。

(1)资产内部此增彼减，即一项资产增加，另一项资产减少。

(2)权益内部此增彼减，包括了四个小类，即：①一项负债增加，另一项负债减少；②一项所有者权益增加，另一项所有者权益减少；③负债增加，所有者权益减少；④负债减少，所有者权益增加。

(3)资产与权益同时增加，包括了两个小类，即：①资产增加，负债增加；②资产增加，所有者权益增加。

(4)资产与权益同时减少，包括了两个小类，即：①资产减少，负债减少；②资产减少，所有者权益减少。

下面通过分析 A 企业 1 月份发生的几项经济业务，说明资产与权益的恒等关系。

(1)经济业务的发生引起等式左边即资产内部项目此增彼减，增减的金额相同，变动后资产的总额不变，等式仍保持平衡。

例如，1 月 15 日，A 企业用银行存款 80 000 元购买一台生产设备，设备已交付使用。这项经济业务使企业的固定资产增加了 80 000 元，但同时银行存款减少了 80 000 元，也就是说企业的资产内部发生增减变动，但资产总额不变。

(2)经济业务的发生引起等式右边负债内部项目此增彼减，或所有者权益内部项目此增彼减，或负债与所有者权益项目之间此增彼减，增减的金额相同，变动后等式右边总额不变，等式仍保持平衡。

例如，A 企业向银行借入 100 000 元直接用于归还拖欠的货款。这项经济业务使企业的应付账款减少了 100 000 元，同时短期借款增加了 100 000 元，即企业的负债内部发生增减变动，但负债总额不变。如果 A 企业经批准同意以资本公积 10 000 000 元转增实收资本。这项经济业务使企业的资本公积减少了 10 000 000 元，同时实收资本增加了 10 000 000 元，即企业的所有者权益内部发生增减变动，但所有者权益总额不变。

(3)经济业务的发生引起等式两边金额同时增加，即资产和权益的金额同时增加，增加金额相等，变动后等式仍保持平衡。

例如，A 企业收到所有者追加的投资 500 000 元，款项存入银行。这项经济业务使银行存款增加了 500 000 元，即等式左边的资产增加了 500 000 元，同时等式右边的所有者权益也增加 500 000 元，因此并没有改变等式的平衡关系。

(4)经济业务的发生引起等式两边金额同时减少，即资产和权益的金额同时减少，减少金额相等，变动后等式仍保持平衡。

例如，A 企业用银行存款归还所欠 B 企业的货款 20 000 元。这项经济业务使企业的银行存款(即资产)减少了 20 000 元，同时应付账款(即负债)也减少了 20 000 元，也就是说等式两边同时减少 20 000 元，等式依然成立。

从四种类型经济业务对会计恒等式的影响来看，永远都不会破坏资产总额等于负债和所有者权益总额的平衡关系。在实际工作中，企业每天发生的经济业务要复杂得多，但无论其引起会计要素如何变动，都不会破坏资产与权益的恒等关系（即会计等式的平衡），这种资产、负债及所有者权益之间的平衡关系是复式记账法和编制资产负债表的理论依据。

第五节　会计确认基础与计量属性

一、会计确认基础

（一）权责发生制

权责发生制又称应计制，以应收、应付为标准来确定本期收入和费用，并作为计算本期盈亏的会计处理基础。即凡是当期已经实现的收入和已经发生或应当负担的费用，不论款项是否收付，都应作为当期的收入或费用处理；凡是不属于当期的收入和费用，即使款项已经在当期收付，都不作为当期的收入和费用。

企业运用权责发生制进行会计确认的优点在于：首先，它能够准确核算企业收入，因为在这种核算制度下收入的实现是以发生为标准，而不是以是否收到款项为标准，发生了即确认为收入；其次，能够正确反映所应负担的费用，并与本期收入相配比；再次，能够正确确定各期的收益，反映当期会计期间的利润；最后，采用权责发生制能够向决策者提供过去发生的关于现金收付的事项和将要收付的现金来源信息。

（二）收付实现制

收付实现制又称现金制，是以款项的实际收付为标准来确定本期收入和费用，并作为计算本期盈亏的会计处理基础。在现金收付的基础上，凡在本期实际以现款付出的费用，不论其应否在本期收入中获得补偿，均应作为本期应计费用处理；凡在本期实际收到的现款收入，不论其是否属于本期，均应作为本期应计的收入处理。

例如，以下是甲公司 8 月份发生的部分经济业务，要求分别按权责发生制、收付实现制确认本月收入和费用。如表 1-1 所示。

1 日，销售产品一批，共计价款 58 000 元，货款存入银行；

10 日，用银行存款支付下年度的仓库租金 90 000 元；

15 日，收回上月销售商品的应收账款 50 000 元，已存入银行；

20 日，用银行存款支付办公费 3 000 元；

25 日，用银行存款支付上月借款利息 2 200 元；

30 日，销售产品一批，共计价款 62 000 元，货款尚未收到。

表 1-1　权责发生制与收付实现制的比较实例　　单位:元

业务发生时间	权责发生制		收付实现制	
	收入	费用	收入	费用
1 日	58 000		58 000	
10 日				90 000
15 日			50 000	
20 日		3 000		3 000
25 日				2 200
30 日	62 000			
合计	120 000	3 000	108 000	95 200

目前,我国企业会计是运用权责发生制进行会计处理的。根据《企业会计准则——基本准则》第九条,企业应当以权责发生制为基础进行会计确认、计量和报告。但有一个特殊之处是,企业现金流量表的编制基础是收付实现制,而非权责发生制,这是会计系统向信息使用者决策需要企业收付实现制下的现金流量情况妥协的一种选择。

二、会计计量属性

会计计量属性是指从某一特定方面对经济业务进行的会计计量。我国的会计计量属性有历史成本、重置成本、可变现净值、现值和公允价值五种。

(一)历史成本

历史成本也称实际成本,是指取得时或制造某项财产物资时所实际支付的现金或现金等价物。历史成本是一种最常用、最基本的计量属性,它是从实际发生的支出方面对经济业务进行的一种会计计量。对于资产的计量,例如某企业采购一批原材料,发生的实际购价为 10 000 元,另支付保险费 1 000 元、装卸费 100 元,假定没有发生其他税费,则购入这批原材料的历史成本是多少? 答案是 11 100 元。

(二)重置成本

重置成本又称现行成本,是指按照当前市场条件,重新取得同样一项资产需支付的现金或现金等价物。在重置成本计量下,资产按照现在购买相同或者相似资产所需支付的现金或现金等价物的金额计量,负债按照现在偿付该项债务所需支付的现金或现金等价物的金额计量。

(三)可变现净值

可变现净值是指在正常生产经营过程中,以预计售价减去进一步加工成本和销售所必需的预计税金、费用后的净额。在可变现净值计量下,资产按照其正常对外销售所能收到的现金或现金等价物的金额扣减该资产至完工时估计将要发生的成本、估计的销售费用及相关税金后的金额计量。

（四）现值

现值是指对未来现金流量以恰当的折现率进行折现后的价值，是考虑货币时间价值等因素的一种计量属性。在现值计量下，资产按照预计其持续使用和最终处置中所产生的未来净现金流入量的折现金额计量，负债按照预计期限内需要偿还的未来净现金流出量的折现金额计量。

（五）公允价值

公允价值是指市场参与者在计量日发生的有序交易中，出售一项资产所能收到或者转移一项负债所需支付的价格。企业以公允价值计量相关资产或负债，应当假定市场参与者在计量日出售资产或者转移负债的交易，是在当前市场条件下进行的有序交易。

历史成本由于是按财产物资取得时双方认可的实际成本计价，反映的是资产或负债过去的价值，通常以原始凭证为依据，具有客观性、可验证性等优点。但从会计目标在于满足信息使用者的决策需要，会计信息质量要求与信息使用者的决策相关的要求出发，在会计工作中还需要采用其他计量属性，包括重置成本、可变现净值、现值和公允价值，这些计量属性通常反映的是资产或者负债的现实成本或现实价值。

第六节　会计核算方法与会计循环

发挥会计职能，需要通过一系列的会计核算方法，实现对企业、行政事业单位资金运动的核算和监督。采用这些会计核算方法对经济业务进行处理，形成会计实际工作流程，以保证会计工作有条不紊地进行，并构成会计信息生成的一般程序。

一、会计核算方法

会计核算方法是对会计对象进行连续、系统、全面、综合的核算及监督所运用的一系列专门方法，包括设置账户、复式记账、审核和填制凭证、登记账簿、成本计算、财产清查和编制会计报表。

（一）设置账户

设置账户是连续分类记录经济业务的各项数据，对零星的、分散的数据进行系统归类，从而提供各个会计要素动态和静态资料所使用的专门方法。

（二）复式记账

复式记账是对发生的每一项经济业务，都要在两个或两个以上相互联系的账户中全面记录的一种记账方法。在实际工作中，发生的经济业务都不是孤立的，都有来龙去脉，为了真实地反映经济业务的来龙去脉及其所引起的变化，不仅要求对一切变化了的会计要素项目进行记录，而且要对同一经济业务引起的变化项目联系起来记录。这种核算方法，不仅可以相互联系地反映经济业务的全貌，而且还可以通过账户的这种相互联系来检查会计记录的正确性。

（三）审核和填制凭证

审核和填制凭证是初步记录经济业务，并保证经济业务合理性和合法性所使用的专门方法。企业发生经济业务，首先要取得证明经济业务发生或完成的原始凭证，经过审核认定后，才能作为记账的依据，因此，审核和填制凭证是保证会计记录完整、可靠的第一步。

（四）登记账簿

登记账簿是根据审核无误的会计凭证，采用复式记账的方法，将经济业务内容连续、系统地记录在账页上的一种专门方法。通过账簿登记，将分散处理的经济业务进行系统分类汇总，能够连续、系统地提供各类经济活动的完整信息，更加适应信息使用者决策的需要，也是编制会计报表的重要依据。

（五）成本计算

成本计算是对生产经营过程中发生的耗费，按照成本计算对象，计算总成本及单位成本的一种专门方法。按主要经营活动过程，需要计算材料采购成本、产品生产成本、商品销售成本等，以此来考核成本计划完成情况，挖掘降低成本的潜力。

（六）财产清查

财产清查是核实各项财产物资、货币资金等账实是否相符的一种专门方法。单位的各项财产物资的增减变化虽然都有账簿记录，但由于自然或人为的原因，可能导致账实不符，因此需要采用财产清查方法进行核实，并查明原因决定处理，以保证账实相符，提高会计记录的可靠性和正确性。

（七）编制会计报表

编制会计报表是总括和系统地提供会计信息的一种专门方法。编制会计报表是在日常账簿记录的基础上对会计信息资料的进一步加工整理，以便于更加集中、深刻并且全面地将会计信息传输给使用者。同时，会计报表提供的资料是进行会计分析、会计检查的重要依据。

会计核算的七种方法是既独立存在，又相互联系的一个完整的方法体系。在会计的日常工作和期末汇总的工作中通过相互联系地使用这七种核算方法，来实现会计工作目标，完成会计核算任务。

二、会计循环

（一）会计循环的意义

会计从经济业务发生到运用记账方法在账户中登记，并汇总编制会计报表，这一整个会计信息的生成过程要经历一定的程序，而每一会计期间的会计工作都要按照这一基本程序有步骤、连续不断、周而复始地进行。因此，会计上就把在一定会计期间内依次完成的工作程序称为会计循环，又称会计工作程序。

正确确定会计循环流程对于建立正常的会计工作秩序，保证会计工作有步骤地进行和会计数据处理的连贯性，提高会计工作质量和效率都具有重要意义。

（二）会计循环流程

会计循环的流程包括会计期间业务处理流程和会计期末业务处理流程。主要流程及工作内容包括：

1. 会计期间业务处理流程

(1)审核和编制凭证

首先，经济业务发生后，应填制或取得发票、单据等各种原始凭证，然后，以审核无误的原始凭证为依据编制记账凭证。在记账凭证中，应指出每笔业务应记账户的名称、方向和金额，并以此作为记账的依据。

(2)登记账簿

登记账簿是指会计人员根据记账凭证在日记账和分类账中进行登记。

2. 会计期末业务处理流程

(1)调整账户记录

会计期末，按权责发生制和配比原则的要求，对应属于本期的收入和费用在本期的日常记录中未能登记入账的经济业务（如应确认本期实现的应收收入和预收收入、应摊销的预付款项、应预先计提的费用及固定资产折旧、无形资产摊销等）应在期末进行调整。

(2)核对账簿记录

会计期末，对账簿记录进行核对，包括账证核对、账账核对和账实核对，以保证账簿记录的正确性。

(3)试算平衡

会计期末，在进行对账工作的基础上，编制试算表，以检查账簿记录是否平衡，发现错误应及时查明更改。

(4)结清账户记录

在保证账簿记录正确后，可根据账户的不同性质进行结账。属于资产、负债和所有者权益性质的账户，都要结出期末余额，转入下期；属于收入、费用性质账户的金额，转入“本年利润”账户以确定本期损益，最后结平账户。

(5)编制会计报表

结账后的数据虽然可以反映企业会计期间的财务状况和经营成果，但这些数据是零星分散的，不便于对会计信息的分析利用。因此应根据总账和明细账记录的结果编制资产负债表、利润表、现金流量表等会计报表，以总括反映企业的财务状况、经营成果和现金流量。

案例思考

资料

加美公司为我国一家民营性质的有限责任公司，该企业执行企业会计准则，试分析以下经济业务的处理是否遵循了会计的相关规则。

1. 该公司赵董事长将个人旅游的机票款及餐宿费共 3 500 元作为差旅费报销，他觉得企业是他自己的，所以个人支出可以由企业来负担。

2. 该公司有一个建筑项目，从 20×8 年 2 月 10 日开始，至 20×8 年 7 月 1 日结束，该公司因此编制了从 2 月 10 日至 7 月 10 日的会计报表。

3. 6 月 20 日，该公司收到某外资企业支付的 3 000 美元款项，会计人员没有将其折算为人民币反映，而直接以美元作为货币计量单位在账户中记录。

4. 6 月 30 日，该公司计提固定资产折旧，采用年数总和法，而此前计提折旧均采用直线法。

5. 6 月 30 日，该公司购买了一台计算机，价值 12 000 元，为了少计利润，少缴税，该公司会计人员将 12 000 元一次性全部计入当期管理费用。

6. 6 月 30 日，该公司收到达成公司的预付货款 30 000 元，会计人员将其作为 6 月份的收入处理。

7. 6 月 30 日，预付下季度报刊费 900 元，会计人员将其作为 6 月份的管理费用处理。

8. 在加美公司编制的对外报表中显示“应收账款”60 000 元，但没有“坏账准备”项目。

思考题

1. 案例中的加美公司在进行会计处理时，需要遵循哪些会计规则？为什么？

2. 加美公司违反了哪些会计假设？作为内资企业，根据货币计量假设，可以用美元作为加美公司的记账本位币吗？如果加美公司是境外企业，是否可以用美元作为公司的记账本位币？

3. 加美公司的会计处理与哪些会计信息特征相背离？其中最主要是哪一种信息质量特征？

4. 加美公司的会计处理违反了哪些会计确认基础和会计计量属性？

5. 作为一名会计专业人士，请你从会计职业道德和专业技术角度说明应该如何提高会计信息的可靠性及相关性。

第二章　会计科目与账户

【本章学习目标】本章主要讲述会计信息生成的一种专门方法。首先介绍对会计对象进行分类核算的重要意义，在此基础上，重点介绍会计科目和设置会计账户进行会计记录。本章的知识目标在于理解分类核算经济业务的重要意义，掌握会计科目的分类标志及名称，熟练掌握设置和运用会计账户的方法；本章的能力目标在于通过对会计科目和会计账户的学习，提高学生运用会计核算方法正确设置和运用账户的能力；本章的素养目标在于通过科学设置和运用账户，培养学生正确地反映资金运动客观情况的意识，树立高度责任感。

第一节　会计科目

会计信息生成的手段是指会计确认、计量及报告的一系列方法，包括设置会计账户、复式记账、填制凭证、登记账簿、成本计算、财产清查和编制财务报表等。在会计信息生成系统中，设置会计科目和账户是一项重要的基础工作，它对于系统、高效地提供会计信息和科学地组织会计工作具有至关重要的作用。

一、会计科目的定义

会计科目是对会计要素进一步分类的具体项目。如前所述，会计要素分为资产、负债、所有者权益、收入、费用、利润，而这六大会计要素各自又包含很多内容，例如资产分为流动资产和非流动资产，流动资产中有库存现金、银行存款、存货等，非流动资产中有固定资产、无形资产等；负债中有短期借款、长期借款、应付账款等；所有者权益中有实收资本、资本公积等；收入中有主营业务收入、其他业务收入等；费用中有销售费用、管理费用、财务费用等。所以，要实现会计系统提供会计信息的科学性，强化企业经济管理的基本目标，需要对会计要素进行分类，这种分类规定的名称就是会计科目。

在我国，会计科目设置一直采用集中统一控制的方法，即由财政部统一颁布会计科目，并统一规定其编号。统一规定会计科目编号有利于会计凭证的编制、账簿的登记、账目的查阅，以及会计智能化的实施。

二、会计科目的分类

（一）按经济内容分类

会计科目按经济内容分类与会计要素按具体内容分类既有联系又有区别。会计科目分为资产、负债、所有者权益、成本和损益五类。需要说明的是，利润要素涉及的内容并入所有者权益类会计科目，这是因为利润留存于企业的部分即盈余公积和未分配利润属于所有者权益。收入、费用两个会计要素涉及的科目并为一类科目，称为损益类科目。同时单列了成本类科目。

为了便于会计科目的分类、查找，便于运用计算机处理会计业务，进行统计分析等，会计科目需采用科学方法加以编号。这五类会计科目的第一位编码分别是：1、2、4、5、6（第 3 类为共同类，略），同时分别用一组数字对同类科目进行编号。一般企业常用会计科目如表 2-1 所示。

表 2-1　一般企业常用会计科目表

顺序号	编号	名称	顺序号	编号	名称
		一、资产类			二、负债类
1	1001	库存现金	45	2001	短期借款
2	1002	银行存款	46	2201	应付票据
3	1012	其他货币资金	47	2202	应付账款
4	1101	交易性金融资产	48	2203	预收账款
5	1121	应收票据	49	2211	应付职工薪酬
6	1122	应收账款	50	2221	应交税费
7	1123	预付账款	51	2231	应付利息
8	1131	应收股利	52	2232	应付股利
9	1132	应收利息	53	2241	其他应付款
10	1221	其他应收款	54	2501	长期借款
11	1231	坏账准备	55	2502	应付债券
12	1401	材料采购	56	2701	长期应付款
13	1402	在途物资	57	2801	预计负债
14	1403	原材料	58	2901	递延所得税负债
15	1405	库存商品			三、所有者权益
16	1406	发出商品	59	4001	实收资本（或股本）
17	1408	委托加工物资	60	4002	资本公积
18	1411	周转材料	61	4101	盈余公积
19	1421	消耗性生物资产	62	4103	本年利润
20	1461	融资租赁资产	63	4104	利润分配
21	1471	存货跌价准备	64	4201	库存股
22	1501	债权投资			四、成本类
23	1502	债权投资减值准备	65	5001	生产成本
24	1503	其他债权投资	66	5101	制造费用

续表

顺序号	编号	名称	顺序号	编号	名称
25	1504	其他权益工具投资	66	5101	制造费用
26	1511	长期股权投资			五、损益类
27	1512	长期股权投资减值准备	67	6001	主营业务收入
28	1521	投资性房地产	68	6051	其他业务收入
29	1531	长期应收款	69	6101	公允价值变动损益
30	1601	固定资产	70	6111	投资收益
31	1602	累计折旧	71	6301	营业外收入
32	1603	固定资产减值准备	72	6401	主营业务成本
33	1604	在建工程	73	6402	其他业务成本
34	1605	工程物资	74	6403	税金及附加
35	1606	固定资产清理	75	6601	销售费用
36	1621	生产性生物资产	76	6602	管理费用
37	1622	生产性生物资产累计折旧	77	6603	财务费用
38	1701	无形资产	78	6701	资产减值损失
39	1702	累计摊销	79	6711	营业外支出
40	1703	无形资产减值准备	80	6801	所得税费用
41	1711	商誉	81	6901	以前年度损益调整
42	1801	长期待摊费用			
43	1811	递延所得税资产			
44	1901	待处理财产损溢			

（二）按详细程度分类

会计科目按提供指标的详细程度分为总分类科目（简称总账科目、一级科目）和明细分类科目（简称明细科目）。总分类科目是对某一会计要素具体内容进行总括分类而形成的项目；明细分类科目是对某一总分类科目进一步分类规定的名称。企业可根据自身特点和实际需要，增设二级、三级明细科目。

例如：A 公司按地区和客户对“应收账款”设置的明细科目如下：

1122 应收账款——112201 重庆地区——11220101 重庆百货大楼股份有限公司
——11220102 重庆商社集团
——112202 成都地区——11220201 中百一店
——11220202 天久机电公司

B 公司销售多种建筑材料，“库存商品”设置的明细科目如下：

1405 库存商品——140501 钢材——14050101 板材
——14050102 线材——1405010201Φ3mm 线材
——1405010202Φ4mm 线材
——140502 木材——14050201 板材
——14050202 线材
——140503 水泥……

第二节　会计账户

一、会计账户的含义

会计账户是以会计科目为其名称、具有一定结构和格式的记账载体，它是分类、连续、系统地记录经济业务增减变动情况及其结果的一种会计核算工具。

如前所述，会计科目是对会计要素分类规定的名称。由于会计科目只是对经济业务分类的名称，难以对经济业务的具体数据资料进行分类、连续、系统的记录，因此，只有具有一定结构的会计账户才能完成这一核算任务。

会计科目与会计账户既有联系，又有区别。两者的联系在于：会计账户是根据会计科目开设的，两者都是对经济业务进行分类反映的工具或手段。两者的区别在于：会计科目是经济业务分类的名称或标志，可以说明不同经济业务的内容，但只有名称而无具体结构；而会计账户既有名称，又有具体结构，能够记录经济业务，可以反映会计要素各具体项目在数量上的增减变动及结果。

二、账户的基本结构

账户的结构指账户记录的格式。经济业务的发生会使会计要素各具体项目在金额上产生增减变动。账户的基本结构就是要确定会计要素增加金额、减少金额、增减后的金额分别记录在哪里。为方便教学和研究，账户的基本结构可简化为如图 2-1 所示。

图 2-1　“T”形账户结构

简化的会计账户基本结构分为左右两方，分别记录增加金额和减少金额。究竟哪一方记增加，哪一方记减少，取决于记账方法和账户性质。简化的会计账户结构形似英文字母“T”，所以被称为“T”形账户；它还形似汉字“丁”，我们也称其为“丁”字形账户。

在会计实务中，账户结构要比教学中使用的“T”形账户复杂一些，如表 2-2 所示。

表 2-2　账户名称

日期	凭证字号	摘要	借方	贷方	借或贷	余额

账户一般由以下要素组成：

(1)账户名称(会计科目)；

(2)日期和凭证字号(账户记录的日期和依据)；

(3)摘要(经济业务的概括说明)；

(4)增加金额、减少金额、余额。

账户结构中的金额有两类：一是本期发生额，即本期账户中登记的增加额和减少额，账户在会计期间内记录的增加额合计称为本期增加发生额，账户在会计期间内记录的减少额合计称为本期减少发生额；二是余额，即增加发生额和减少发生额相抵后的差额。余额按不同时点可分为期初余额、期末余额。账户余额一般与增加额在同一方向。本期期末余额即为下期期初余额。计算公式如下：

期末余额＝期初余额＋本期增加发生额－本期减少发生额

三、总分类账户与明细分类账户

账户是依据会计科目开设的。会计科目有总分类科目和明细分类科目，账户按反映会计要素增减变动及结果的详细程度相应分为总分类账户与明细分类账户。

总括反映会计要素增减变动及结果的账户称为总分类账户，简称总账账户。总分类账户能提供总括、综合的核算指标，所以，它只能以货币为计量单位。

详细反映会计要素增减变动及结果的账户称为明细分类账户，简称明细账户。明细账户能提供详细、具体的核算指标，所以，它既可以采取以货币为计量单位，也可以采取实物计量和劳动计量。例如“库存商品”是一个总分类账户，它只能总括反映所有库存商品的增减变动及结果，而不能详细地反映每种库存商品的增减变动及结果。在“库存商品”总分类账户下，按库存商品的品名、规格、等级分别设置的明细分类账户，则能详细地、具体地反映每种库存商品的增减变动及结果。

总分类账户与所属明细分类账户的核算对象是相同的，只是核算内容的详细程度有所区别。两者之间是统驭和被统驭的关系。总分类账户是明细分类账户的统驭账户，它对明细分类账户起控制作用；明细分类账户则是总分类账户的从属账户，它对总分类账户起着补充和辅助的作用。两者提供的核算资料互相补充、互相结合，既能概括反映经济业务的全貌，又能详细说明经济业务的具体情况。为此，总分类账户与明细分类账户的登记采用平行登记的方法。有关平行登记的方法详见第六章第三节。

案例思考

资料

昆仑公司是20×8年1月创立的一家新公司，现正在面向社会公开招聘会计人员，公司要求新会计为公司开设新账。该公司目前的资产、负债及所有者权益的情况如下：现金10 000元；银行存款120 000元；已预付购进材料的款项30 000元；房屋价值900 000元；办公计算机五台，价值共20 000元；汽车一辆，价值320 000元。三个投资人共计投入1 000 000元，同时，还从中国建设银行借入了期限为1年的借款400 000元。除此之外，公司要求会计人员进入会计岗位，始终秉持专业精神，勤于学习、积极进取，持续提升会计专业能力。不断适应新形势新要求，与时俱进、开拓创新，保质保量地完成会计工作。

思考题

1. 如果你到这家公司应聘，根据公司提供的资料，你需要设置哪些账户？你所使用的会计科目分别属于哪些会计要素？

2. 如果昆仑公司又从某商业银行借入6个月期限的借款200 000元，存入银行，该业务会涉及哪些会计账户？是否需要开设新账户？

3. 如果昆仑公司用银行存款购买了设备一台，价值150 000元，将引起哪些会计账户的变化？这种变化将对会计等式产生何种影响？

4. 在上述经济业务处理过程中应该如何遵循会计职业道德规范？

第三章 复式记账

【本章学习目标】本章主要讲述会计信息生成的一种专门方法。首先介绍复式记账原理，在此基础上，重点介绍借贷记账法的主要内容，包括理论依据、记账符号、账户结构、记账规则、试算平衡、会计分录等。本章的知识目标在于理解复式记账的原理，掌握借贷记账法的核心内容；本章的能力目标在于通过学习运用借贷记账法，熟练掌握会计分录的编制；本章的素养目标在于通过运用借贷记账方法的学习，培养学生通过科学反映监督资金运动客观情况，强化自身的规则意识和底线思维。

第一节 复式记账原理

在第二章中已经指出，为了详细反映会计要素的具体内容，需要设置相应的会计科目，并根据会计科目开设账户，而通过账户核算特定会计主体经济活动的增减变化过程及结果，还必须采用科学的记账方法。

一、记账方法

为了对会计对象进行核算和监督，在按一定原则设置了会计科目，并按会计科目开设了账户之后，就需要采用一定的记账方法将经济业务的增减变动按一定的规则登记在账户中。

记账方法是指在账簿中登记经济业务的方法。现代意义的记账方法应包括记录经济业务的方式、记账原理、记账符号、平衡公式、记账规则和试算平衡方法等。记账方法按记录方式的不同，分为单式记账法和复式记账法。从记账方法的发展过程来看，会计上最初采用的是单式记账法，随着经济的发展，记账方法逐渐完善，从而演变为复式记账法。

单式记账法是指对所发生的经济业务只在一个账户中记录的记账方法，重点是反映货币资金和债权债务方面发生的经济业务。单式记账法是一种比较简单的、不完整的记账方法。采用这种方法记账，往往只用一个账户，反映经济业务的一个方面，而与此相联系的另一个方面却不予反映，一般只是单方面反映货币资金和债权债务事项。因此，在账户设置上也比较简单，只设置“库存现金”“银行存款”“应收账款”和“应付账款”等账户，没有一套完整的账户体系，账户之间也未形成相互对应的关系，不能全面、完整地反映经济业务的来龙去脉，也不便于检查账户记录的正确性。

复式记账法是指对任何一笔经济业务，都以相等的金额，在两个或者两个以上的账户中全面地、相互联系地进行登记的方法。因为每一笔经济业务客观上都要引起至少两个方面的变化。例如，用银行存款购买原材料的业务，一方面是银行存款发生减少的变化；另一方面是原材料发生增加的变化。因此，为了客观地反映经济业务的本来面貌，按复式记账法的要求，不仅要在银行存款账户中记录银行存款的减少，而且要在原材料账户中记录原材料的增加，并且两个账户中所登记的金额相等。这样，在银行存款账户和原材料账户之间形成了一种相互对应的关系。

复式记账法被世界各国公认为一种科学的记账方法。它具有以下特点：

(1)对于每一项经济业务，都必须在两个或两个以上相互联系的账户中进行记录。复式记账法通过对每一项经济业务的会计处理，清晰地反映了经济业务的来龙去脉。

(2)设置了一套完整的账户体系。复式记账法不仅对每一项经济业务要进行全面的反映，而且对所发生的全部经济业务都要进行记录。复式记账法下的账户体系既有反映资产、负债和所有者权益的账户，又有反映费用、收入和利润的账户，通过账户记录不仅可以全面、清晰地反映经济业务的来龙去脉，而且能够全面、系统地反映经济活动的过程和结果。

(3)可以对一定时期所发生的全部经济业务的会计记录进行全面的试算平衡。由于复式记账法对于每一项经济业务，都采取以相等的金额在有关账户中登记的方法，因此，可以通过试算平衡的方法，检查一定时期账户记录的金额的正确性。

二、复式记账的理论依据

复式记账法是用以反映和监督资金运动，以会计恒等式为依据建立的一种记账方法。资金运动有动态和静态两种状态。资金运动总是从一种形式转化为另一种形式，前者表现为来源(从哪里来)，后者表现为去处(到哪里去)，来源和去处是矛盾的统一。复式记账法既反映资金来源和去处转化的动态，又反映资金来源等于去处的静态，从而全面反映会计对象矛盾运动的两种状态。

资金运动的结果形成会计恒等式“资产＝负债＋所有者权益”。企业的经济业务千变万化，但从经济业务发生后，对资产、负债和所有者权益的影响来看，不外乎有四大类型(或九小类型)经济业务。从四大类型经济业务对会计恒等式的影响来看，永远都不会破坏资产总额等于负债和所有者权益总额的平衡关系。复式记账法正是适应这一客观要求，把每一项经济业务引起的两个或两个以上项目的变化引申到两个或两个以上相互联系的账户中，反映了资金运动的内在规律。

复式记账法既有科学的理论依据，又具备以上特点，因而被世界各国广泛采用。目前，我国企业和行政事业单位均采用复式记账法。

第二节　借贷记账法

借贷记账法是以“借”“贷”作为记账符号，反映各项会计要素增减变动情况的一种复式记账方法。

一、借贷记账法的记账符号

借贷记账法在13世纪初创始于意大利。在这个时期，西方的商品经济有了发展，在商品交换中，为了适应借贷资本管理者的需要，逐渐形成了借贷记账法。“借”“贷”二字的含义，最初就是从借贷资本家的角度来解释的。

随着社会经济的发展，经济活动的内容日益复杂，记录的经济业务已不再局限于货币资金的借贷业务，而逐渐扩展到财产物资、经营损益等的增减变化。为了能够概括更为复杂的经济业务，并求得账簿记录的统一，对于非货币资金借贷业务，也以“借”“贷”作为记账符号来记录其增减变化。这样，“借”“贷”二字就逐渐失去了原来的字面含义，而转化为纯粹的、抽象的记账符号，用以标明记账的方向。

由于借贷记账法用“借”和“贷”两个记账符号深刻地反映了资金运动的内在规律，并因其科学性而被世界各国所普遍采用，从而使会计成为一种国际通用的商业语言。

二、借贷记账法的账户结构

在借贷记账法下，账户的基本结构是：左方为借方，右方为贷方。但哪一方登记增加，哪一方登记减少，则需要根据账户的性质决定。

（一）资产、负债、所有者权益类账户

从复式记账建立的理论依据会计恒等式来看，资产、负债及所有者权益分别属于会计恒等式的两边，具有不同的性质，用相反的符号来反映其增减变化。即用“借”表示资产增加和权益减少；用“贷”表示权益增加和资产减少。

资产类账户的期初余额登记在借方，本期增加额也登记在借方，本期减少额登记在贷方，期末余额一般在借方。在借贷记账法下资产类账户的结构如图3-1所示。

借方　　　资产类账户	贷方
期初余额 本期增加额	本期减少额
本期借方发生额 期末余额	本期贷方发生额

图3-1　资产类账户结构

资产类账户期末余额＝期初余额＋本期借方发生额－本期贷方发生额

权益(包括负债和所有者权益)类账户的期初余额登记在贷方，本期增加额也登记在贷方，本期减少额登记在借方，期末余额一般在贷方。在借贷记账法下权益类账户的结构如图 3-2 所示。

借方	权益类账户　　　　　　　　　　贷方
本期减少额	期初余额 本期增加额
本期借方发生额	本期贷方发生额 期末余额

图 3-2　权益类账户结构

权益类账户期末余额＝期初余额＋本期贷方发生额－本期借方发生额

(二)收入、费用类账户

收入、费用和利润要素是用来反映企业在一定时期内经营成果的账户，利润类账户响所有者权益，其账户结构类似于权益类账户。而收入在补偿利润之前，相当于；费用作为资产耗费的转化形态，在抵销收入之前，相当于一项资产。因此，收结构相当于权益类账户，费用类账户结构相当于资产类账户。

合格 检验

类账户的结构相当于权益类账户的结构，本期增加额登记在贷方，本期减少额登记在借方，收入类账户期末结转后无余额。其账户结构如图 3-3 所示。

借方	收入类账户　　　　　　　　　　贷方
本期减少额	本期增加额
本期借方发生额	本期贷方发生额 期末结转后无余额

图 3-3　收入类账户结构

费用类账户的结构相当于资产类账户的结构，本期增加额登记在借方，本期减少额登记在贷方，费用类账户期末结转后一般无余额，如有余额，一定在借方。其账户结构如图 3-4 所示。

借方	费用类账户　　　　　　　　　　贷方
本期增加额	本期减少额
本期借方发生额 期末结转后一般无余额	本期贷方发生额

图 3-4　费用类账户结构

"借"或"贷"作为记账符号,标示着账户记录的方向。一般来说,各类账户的期末余额与记录增加额的一方是同一方向,即资产类账户的期末余额一般在借方,负债及所有者权益类账户的期末余额一般在贷方。因此,可以根据账户余额的方向来判断账户的性质。归纳起来,全部账户的结构如图 3-5 所示。

借方　　　　　　　　账户名称　　　　　　　　贷方

期初余额 资产增加 费用增加 负债及所有者权益减少 收入转销	期初余额 资产减少 成本、费用转销 负债及所有者权益增加 收入增加
期末余额:资产余额	期末余额:负债和所有者权益余额

图 3-5　各种类型账户结构

三、借贷记账法的记账规则

记账规则是指在账户中记录经济业务的规律性,它是根据不同类型经济业务在账户中登记的结果总结而成的。

每一项经济业务都必然引起两个或者两个以上项目发生变化,经济业务的发生不外乎九种类型,运用借贷记账符号将九类经济业务登记在两个或两个以上相互联系的账户中,其记录的情况如下。

【例 3-1】用银行存款 50 000 元购买材料。

这笔经济业务的发生使原材料和银行存款账户项目一增一减。"原材料"和"银行存款"都属于资产类账户。原材料的增加应记借方,银行存款的减少应记贷方,借贷金额相等,如图 3-6 所示。

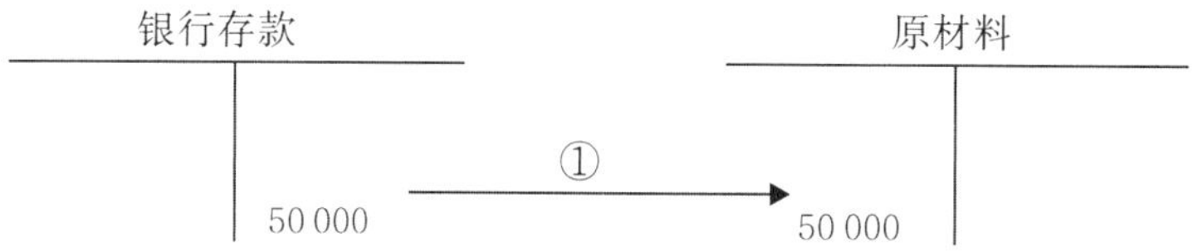

图 3-6　"银行存款""原材料""T"形账户

【例 3-2】借入短期借款偿还应付账款 20 000 元。

这笔经济业务的发生使短期借款和应付账款账户项目一增一减。"短期借款"和"应付账款"都属于负债类账户。短期借款的增加应记贷方,应付账款的减少应记借方。借贷金额相等,如图 3-7 所示。

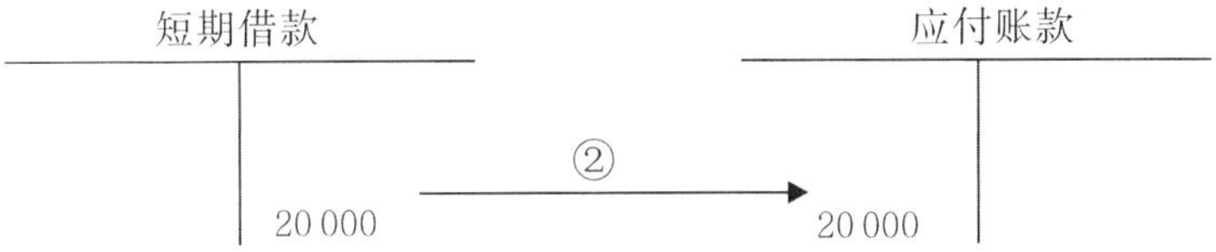

图 3-7 “短期借款”“应付账款”“T”形账户

【例 3-3】企业将资本公积 100 000 元转增实收资本。

这笔经济业务的发生使实收资本和资本公积账户项目一增一减。“实收资本”和“资本公积”都属于所有者权益类账户。实收资本增加应记贷方，资本公积的减少应记借方。借贷金额相等，如图 3-8 所示。

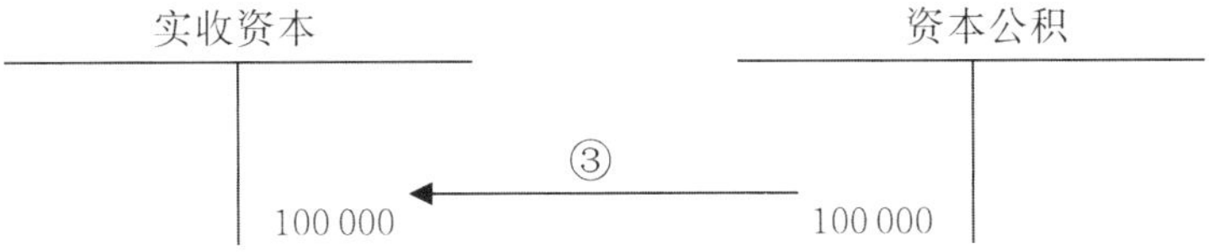

图 3-8 “实收资本”“资本公积”“T”形账户

【例 3-4】根据合同规定，甲公司将收回对企业的投资 100 000 元，并将这 100 000 元转为对本企业的长期借款。

这笔经济业务的发生使长期借款和实收资本账户项目一增一减。“长期借款”属于负债类账户，负债增加应记贷方。“实收资本”属于权益类账户，所有者权益减少应记借方。借贷金额相等，如图 3-9 所示。

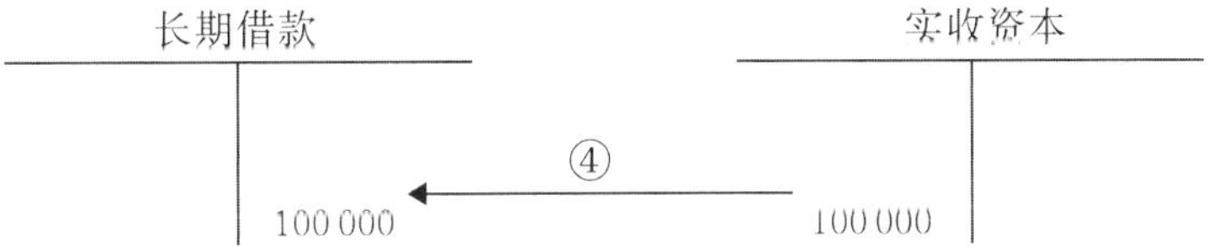

图 3-9 “长期借款”“实收资本”“T”形账户

【例 3-5】投资方乙公司把借给企业的长期借款 150 000 元转为对本企业的投资。

这笔经济业务的发生使实收资本和长期借款账户项目一增一减。“实收资本”属于所有者权益类账户，所有者权益增加应记贷方。“长期借款”属于负债类账户，负债减少应记借方。借贷金额相等，如图 3-10 所示。

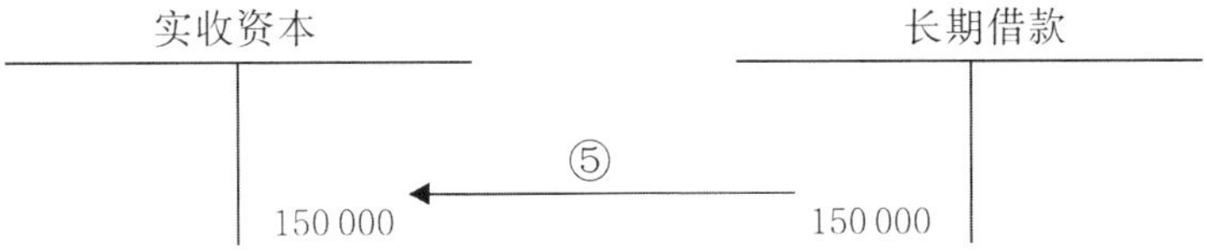

图 3-10 “实收资本”“长期借款”“T”形账户

【例 3-6】购买原材料一批，价值 31 000 元，货款尚未支付。

这笔经济业务的发生使原材料和应付账款账户项目同时增加。“原材料”属于资产类账户，资产增加应记借方。“应付账款”属于负债类账户，负债的增加应记贷方。借贷金额相等，如图 3-11 所示。

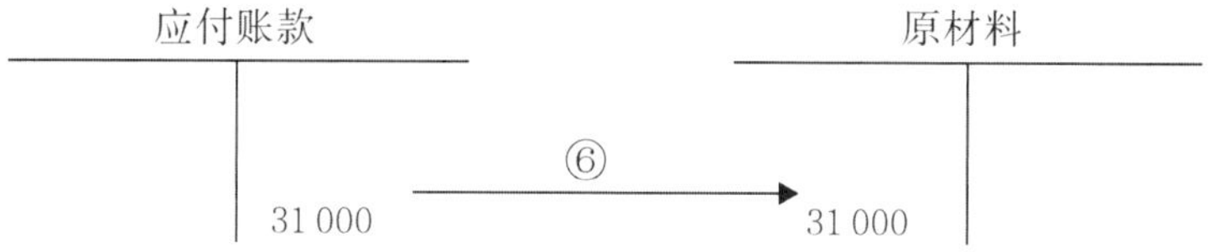

图 3-11 “应付账款”“原材料”“T”形账户

【例 3-7】用银行存款偿还长期借款 100 000 元。

这笔经济业务的发生使银行存款和长期借款账户项目同时减少。“银行存款”是资产类账户，资产的减少应记贷方。“长期借款”属于负债类账户，负债的减少应记借方。借贷金额相等，如图 3-12 所示。

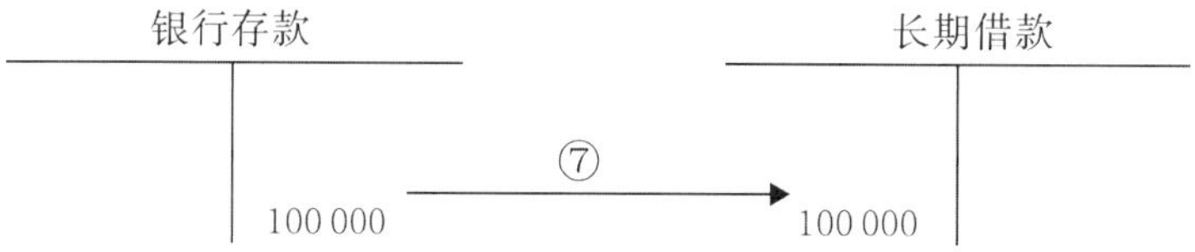

图 3-12 “银行存款”“长期借款”“T”形账户

【例 3-8】接受投资者投入新设备 1 台，价值 38 000 元。

这笔经济业务的发生使固定资产和实收资本账户项目同时增加。“固定资产”属于资产类账户，资产增加应记借方。“实收资本”属于所有者权益类账户，所有者权益增加应记贷方。借贷金额相等，如图 3-13 所示。

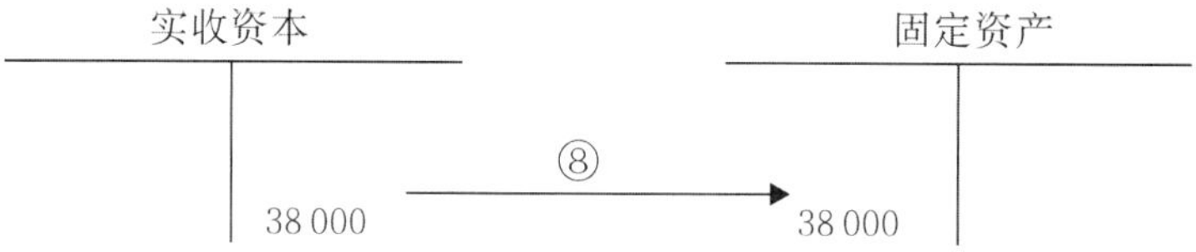

图 3-13 “实收资本”“固定资产”“T”形账户

【例 3-9】根据合营合同的规定，合营期满投资方收回对企业的投资 250 000 元，从银行存款中划出。

这笔经济业务的发生使银行存款和实收资本账户项目同时减少。“银行存款”属于资产类账户，资产减少应记贷方。“实收资本”属于所有者权益类账户，所有者权益减少应记借方。借贷金额相等，如图 3-14 所示。

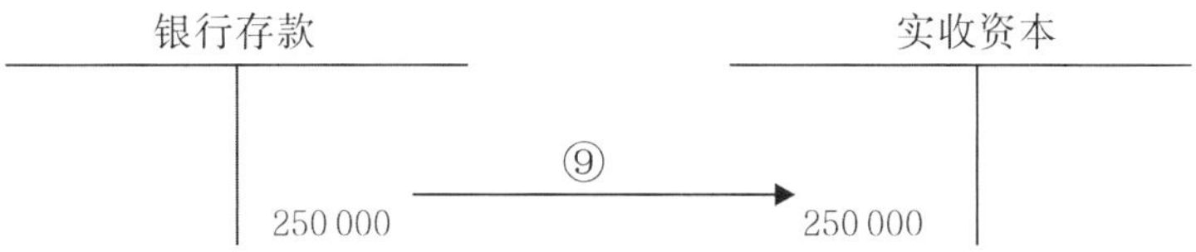

图 3-14 “银行存款”“实收资本”“T”形账户

总结九种经济业务类型借贷的规律如图 3-15 所示。当一笔经济业务发生以后，在记入一个账户借方的同时，记入另一个账户的贷方，而且记入借、贷双方的金额相等。由此，归纳出借贷记账法的记账规则是“有借必有贷，借贷必相等”。

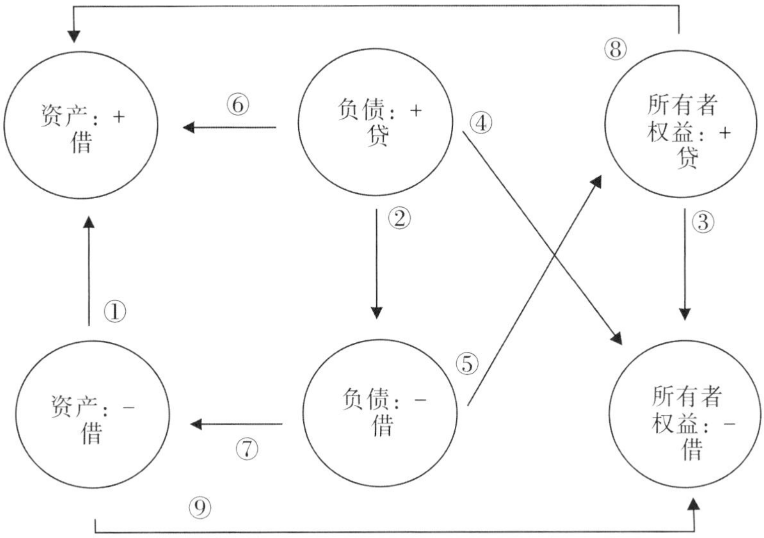

图 3-15 九种经济业务类型借贷规律图

四、会计分录

为了方便记账工作，保证账户记录的正确性，在将经济业务记入账户前，应先根据经济业务所涉及的账户名称、借贷方向和金额，编制会计分录，然后再据以登记入账。会计分录是标明某项经济业务应借、应贷账户及其金额的记录。它是记账凭证在会计教学中运用的一种简化形式。

编制会计分录的步骤：

（1）确定账户名称。分析每一项经济业务，根据会计制度规定的会计科目，对号入座，确定两个或两个以上的账户名称。

（2）分析借贷方向。根据借贷记账法记账符号的规定，在确定经济业务所涉及账户的性质后，确定借贷方向。

（3）计算金额。根据经济业务发生的实际数量和单价，计算出每个账户应记录的金额。

(4)检查借贷平衡。根据借贷记账法"有借必有贷，借贷必相等"的记账规则，检查每一笔会计分录的借贷是否平衡。这是一定时期将全部经济业务登记入账后进行试算平衡的前提条件。

仍以【例3-1】至【例3-9】所举的九类经济业务为例编制会计分录：

①借：原材料　　50 000
　　贷：银行存款　　50 000

②借：应付账款　　20 000
　　贷：短期借款　　20 000

③借：资本公积　　100 000
　　贷：实收资本　　100 000

④借：实收资本　　100 000
　　贷：长期借款　　100 000

⑤借：长期借款　　150 000
　　贷：实收资本　　150 000

⑥借：原材料　　31 000
　　贷：应付账款　　31 000

⑦借：长期借款　　100 000
　　贷：银行存款　　100 000

⑧借：固定资产　　38 000
　　贷：实收资本　　38 000

⑨借：实收资本　　250 000
　　贷：银行存款　　250 000

从以上会计分录的排列可以总结出会计分录的格式，即借方科目在上，贷方科目在下，而且借、贷方科目及金额错开一至两个字位，借方靠前，贷方靠后。这种排列方式以借贷记账法的记账规则为依据，以便于检查会计分录的借贷是否平衡。

按照每一笔会计分录所涉及的账户个数及账户之间的关系，会计分录可以分为两类：

1.简单会计分录。简单会计分录是指一个账户借方只同另一个账户贷方发生对应关系的会计分录，即一借一贷的会计分录。上述①至⑨所涉及的账户只有两个，都是简单会计分录。

2.复合会计分录。复合会计分录有一借多贷、一贷多借和多借多贷三种类型。复合会计分录可以拆分为若干个简单会计分录。

(1)一借多贷的复合会计分录。这是指一个账户借方同几个账户贷方发生对应关系的会计分录。

【例3-10】购进原材料50 000元，其中30 000元用银行存款支付，其余20 000元尚未支付。编制会计分录如下：

借：原材料　　50 000
　　贷：银行存款　　30 000
　　　　应付账款　　20 000

(2)一贷多借的复合会计分录。这是指一个账户贷方同几个账户借方发生对应关系的会计分录。

【例 3-11】收回购货单位前欠货款 62 000 元，其中 60 000 元存入银行，2 000 元为现金。编制会计分录如下：

借：银行存款　　60 000
　　库存现金　　2 000
　　贷：应收账款　　62 000

(3)多借多贷的复合会计分录。多借多贷的会计分录是指借方账户和贷方账户各包括两个或两个以上的会计分录。

【例 3-12】销售产品一批，共计货款 16 000 元，随货销售单独计价的包装物 500 元，收到全部货款，其中存入银行存款 15 500 元，收到现金 1 000 元，不考虑税费。编制会计分录如下：

借：银行存款　　15 500
　　库存现金　　1 000
　　贷：主营业务收入　　16 000
　　　　其他业务收入　　500

需要指出的是，决不能人为地将不同类型的经济业务合并编制多借多贷的复杂会计分录，否则将造成会计分录中的对应关系不清，不能明确反映经济业务的实际情况。企业是否编制多借多贷的复合会计分录，取决于如实反映经济业务的客观要求。

在会计分录中，应借、应贷账户之间的相互关系称为账户的对应关系，发生对应关系的账户称为对应账户。编制会计分录要求账户之间的对应关系明确，以正确反映经济业务之间的实际联系；反之，了解和掌握会计分录中账户的对应关系，就可以了解经济业务的具体内容，了解资金运动的来龙去脉。

五、试算平衡

试算平衡是为了保证会计账务处理的正确性，依据复式记账原理，对本期各账户的全部记录进行汇总和测算，以检查和验证账户记录正确性和完整性的方法。

借贷记账法的试算平衡包括全部账户发生额试算平衡和全部账户余额试算平衡。

（一）账户发生额试算平衡

账户发生额试算平衡以借贷记账法的记账规则为依据。当经济业务发生时，运用借贷记账法的记账规则编制会计分录，对发生的每一项经济业务分别等额地记入有关账户的借方和贷方，当一定期间内的全部会计分录都记入有关账户后，全部账户的借方发生额合计数与贷方发生额合计数也必然相等。因此，全部账户发生额试算平衡的公式为：

全部账户本期借方发生额合计数＝全部账户本期贷方发生额合计数

（二）账户余额试算平衡

账户余额试算平衡以会计恒等式为依据。在借贷记账法下，由于资产类账户的余额在借方，负债和所有者权益类账户的余额在贷方，根据“资产＝负债＋所有者权益”的等式，全部账户借方余额合计和全部账户贷方余额合计也必然相等。因此，全部账户余额试算平衡的公式为：

全部账户本期借方余额合计数＝全部账户本期贷方余额合计数

会计期末，在已经结出各个账户的本期发生额和期末余额的基础上，试算平衡通常是通过编制总分类账户试算平衡表进行的，一般在期末编制试算平衡表。试算平衡表的格式有两种：一种是总分类账户本期发生额和期末余额试算平衡表，分别编制两张表格，其格式如表 3-1 和表 3-2；另一种是将总分类账户本期发生额和总分类账户期末余额的试算平衡表合并编制在一张表格上，其格式如表 3-3。为了减少工作量，一般都采取合并编制一张试算平衡表的方法。

表 3-1　总分类账户本期发生额试算平衡表

年　　月　　　　单位：元

账户名称	借方发生额	贷方发生额
合计		

表 3-2　总分类账户本期余额试算平衡表

年　　月　　　　单位：元

账户名称	借方余额	贷方余额
合计		

表 3-3　总分类账户本期发生额和余额试算平衡表

年　　月　　　　单位：元

账户名称	期初余额		本期发生额		期末余额	
	借方	贷方	借方	贷方	借方	贷方
合计						

必须指出，试算平衡只是通过借贷金额是否平衡来检查账户记录是否正确。如果借贷不平衡，可以肯定账户记录或计算有错误，应查明原因，予以更正。但是如果试算平衡，并不能保证记账绝对没有错误，这是因为那些不影响借贷双方平衡的错误，如漏记、重记或记错了账户等错误，不能通过试算平衡来发现，还需采取其他的对账方法来检查错误，以保证记账结果的正确性。

下面举例说明：

【例 3-13】B 公司 20×8 年 3 月 1 日各账户的期初余额如下：银行存款 450 000 元，原材料 210 000 元，固定资产 930 000 元，短期借款 110 000 元，应付账款 110 000 元，长期借款 170 000 元，实收资本 1 090 000 元，资本公积 110 000 元，3 月份该公司发生的经济业务见【例 3-1】至【例 3-9】。根据上述会计分录登记“T”形账户如下：

银行存款

借方	贷方
期初余额：450 000	
	① 50 000
	⑦ 100 000
	⑨ 250 000
本期发生额：	400 000
期末余额：50 000	

原材料

借方	贷方
期初余额：210 000	
① 50 000	
⑥ 31 000	
本期发生额：81 000	
期末余额：291 000	

固定资产

借方	贷方
期初余额：930 000	
⑧ 38 000	
本期发生额：38 000	
期末余额：968 000	

短期借款

借方	贷方
	期初余额：110 000
	② 20 000
	本期发生额：20 000
	期末余额：130 000

应付账款

借方	贷方
	期初余额：110 000
② 20 000	⑥ 31 000
本期发生额：20 000	31 000
	期末余额：121 000

长期借款

借方	贷方
	期初余额：170 000
⑤ 150 000	④ 100 000
⑦ 100 000	
本期发生额：250 000	100 000
	期末余额：20 000

实收资本

借方	贷方
	期初余额：1 090 000
④ 100 000	③ 100 000
⑨ 250 000	⑤ 150 000
	⑧ 38 000
本期发生额：350 000	288 000
	期末余额：1 028 000

资本公积

借方	贷方
	期初余额：110 000
③ 100 000	
本期发生额：100 000	
	期末余额：10 000

根据上述账户结出的本期发生额和期末余额，编制本期发生额和余额试算平衡表，如表 3-4 所示。

表 3-4　总分类账户本期发生额和余额试算平衡表

20×8 年 3 月　　　　单位:元

账户名称	期初余额		本期发生额		期末余额	
	借方	贷方	借方	贷方	借方	贷方
银行存款	450 000			400 000	50 000	
原材料	210 000		81 000		291 000	
固定资产	930 000		38 000		968 000	
短期借款		110 000		20 000		130 000
应付账款		110 000	20 000	31 000		121 000
长期借款		170 000	250 000	100 000		20 000
实收资本		1 090 000	350 000	288 000		1 028 000
资本公积		110 000	100 000			10 000
合计	1 590 000	1 590 000	839 000	839 000	1 309 000	1 309 000

案例思考

资料

1. 林森公司于 20×8 年 5 月 1 日开业。国家以固定资产投资 1 000 000 元;外商投资 200 000 元,其中银行存款 50 000 元,原材料 50 000 元,设备 100 000 元;另外向银行取得短期借款 300 000 元,已转入存款户。该公司 5 月 1 日开业时,小王作为该公司新聘任的会计,开始开设账户,并采用借贷记账法记账。小王编制的该公司 5 月 1 日开业时的资产、负债和所有者权益的金额如下:

资产	金额	负债	金额
银行存款	350 000 元	短期借款	300 000 元
原材料	50 000 元	所有者权益	
固定资产	1 100 000 元	实收资本	1 200 000 元
		其中:国家投资 外商投资	1 000 000 元 200 000 元
资产合计	1 500 000 元	负债和所有者权益合计	1 500 000 元

2. 该公司开业后,5 月份发生下列经济业务:

(1)用银行存款购进原材料 60 000 元,已入库。

(2)按原价出售新设备 80 000 元,款已存入银行。

(3)接受一企业以设备 100 000 元和材料 50 000 元投资。

小王对三笔经济业务按照借贷记账法的要求,至少在两个或两个以上相互联系的账户中进行了登记。5 月 31 日,有关账户的余额虽然计算出来了,但资产、负债及所有者权益的金额却始终不平衡,也不知什么原因。

3. 小王在一次部门会议时提出建议,希望能多给公司的会计人员一些接受培训的机会,定期进行会计专业知识学习,与业务部门人员多交流,了解企业的战略规划,因为小王认为,财务部的人员一方面应该学习最新的财会理论知识,另一方面应该了解公司的业务流程、业务发展和战略规划。但公司老会计老李认为平时大家工作都很繁忙，我们做好本职工作就可以了，领导安排怎么做，我们照做就行。

思考题

1. 案例中的3笔经济业务资金运动的来龙去脉是否清楚？三笔经济业务引起了哪些相互联系的账户金额的变化？

2. 案例中该公司5月31日的流动资产金额、长期资产金额及资产总额是多少？

3. 案例中该公司5月31日负债金额、所有者权益总额是多少？

4. 请你帮小王编制该公司5月31日的资产、负债及所有者权益的试算平衡表。

5. 小王的观点和老李的观点，你认同谁的观点？请从会计专业能力及职业道德的角度说明原因。

第四章 借贷记账法在制造业企业中的运用

【本章学习目标】制造业企业的生产经营过程最能典型地反映企业的资金运动过程，本章以制造业企业为例，讲解包括筹资、采购、生产、销售、利润形成与分配等主要经营活动的会计核算。本章的学习目标在于了解制造业企业主要经济业务的内容和核算这些经济业务所需要设置的账户，重点掌握制造业企业在筹集资金阶段、生产准备阶段、生产阶段、销售阶段，以及利润形成和分配阶段的相关会计处理；本章的能力目标在于，通过掌握制造业企业主要经济业务的内容，提高学生灵活运用会计核算的方法，解决会计核算的实际问题；本章的素养目标在于，培养学生树立诚信、负责任的正确价值观和职业操守。

第一节 制造业企业的主要经济业务

制造业企业是指从事工业产品生产和销售的营利性经济组织，其会计对象表现为资金的投入、资金的循环与周转、资金的退出。制造业企业的最基本任务是通过生产经营活动，以较低的生产成本生产符合市场需要的商品，获取利润，实现自身的稳定与发展，为投资者创造更多的财富。制造业企业从事生产经营活动过程中发生的交易和事项构成了制造的经济业务内容。

企业从事生产经营活动必须以一定数量的财产物资为基础，这些财产物资在再生产过程中的货币表现称为经营资金。经营资金在生产经营过程中被具体运用时表现为不同的占用形态，一般可以分为货币资金、储备资金、生产资金、成品资金形态等，而且随着生产经营过程的不断进行，这些资金形态不断转化，形成经营资金的循环与周转。

制造业企业的经营资金运动过程首先是从资金投入过程开始的，即投资者将一定数量的资金投资于企业，也可以在此基础上，由债权人提供给企业一定数量的资金。完成筹资任务，即接受投资或形成负债，意味着资金投入企业，因而，企业就可以运用筹集到的资金开展正常的经营业务，依次进入供应过程、生产过程、销售过程和资金退出过程。

企业筹集到的资金最初一般表现为货币资金形态，也可以说，货币资金形态是资金运动的起点。企业筹集到的资金首先进入供应过程。供应过程是企业产品生产的准备过程，在这个过程中，企业用货币资金购买原材料、物资，建造或购买厂房、机器设备等，为产品生产做好准备，这时资金就从货币资金形态转化为储备资金形态和固定资金形态。在该过程中，企业付出货币，其价值转移形成原材料及储备物资的价值，构成了原材料及储备物资的取得成本——采购成本。因此，供应过程的主要核算内容是用货币资金（或形成结算债务）购买原材料的业务，包括支付材料价款和相关税费、发生采购费用、计算采购成本、材料验收入库结转成本等。完成了供应过程的核算内容，为生产产品做好了各项准备，企业就可以进入生产过程。

生产过程是制造业企业经营过程的中心环节。在生产过程中，劳动者借助劳动资料对劳动对象进行加工，生产出各种各样适销对路的产品，以满足社会的需要。生产过程既是产品的制造过程，又是物化劳动和活劳动的耗费过程，即成本、费用的发生过程。从消耗或加工对象的实物形态及其变化过程来看，原材料等劳动对象通过加工形成在产品，随着生产过程的不断进行，在产品终究要转化为产成品；从价值形态来看，生产过程中发生的各种耗费，形成企业的生产费用，具体而言，为生产产品耗费的材料就形成材料费用，耗费的活劳动就形成工资、福利等人工费用，使用厂房、机器设备等劳动资料就形成折旧费用，等等。在该过程中，企业发生的这些生产费用的总和构成产品的生产成本（亦称制造成本）。随着生产费用的支出，资金就从储备资金形态转化为生产资金形态；随着产品的完工和验收入库，资金又从生产资金形态转化为成品资金形态。因此，生产过程的主要核算内容既要归集生产产品耗费的原材料、人工、固定资产的磨损等发生的费用，又要将归集的费用在完工的产品中进行分配，计算出每生产一个单位产品所耗费的成本。

销售过程是产品价值的实现过程。在销售过程中，企业根据所生产产品的单位成本，再加上税金、自身利润等因素确定产品的单位售价，通过市场销售，实现收入，收回资金，从而使成品资金形态转化为货币资金形态，回到资金运动的起点状态，完成一次资金的循环。在该过程中，企业一方面销售商品和劳务实现收入，另一方面，为实现收入必定要发生相关的成本、费用和税金，如包装费、广告费等销售费用，需要计算并及时缴纳各种销售税金，结转销售成本等。因此，销售过程的核算内容主要是收入实现、相关的成本费用和税金的核算以及损益的确定。

对于制造业企业而言，生产并销售产品是其主要的经营业务，即主营业务。在主营业务之外，制造业企业还要发生一些诸如销售材料、出租固定资产等其他业务，以及进行对外获得收益的投资业务。主营业务、其他业务以及投资业务构成了企业的全部经营业务。在营业活动中还会经常发生非营业业务，从而获得营业外收入或发生营业外支出。企业在生产经营过程中所获得的各项收入遵循配比的要求抵偿了各项成本、费用之后的差额，形成企业的所得，即利润。企业实现的利润，一部分要以所得税的形式上缴国家，形成国家的财政收入，另一部分（即税后利润），要按照规定的程序在各有关方面进行合理的分配，如果发生了亏损，还要按照规定的程序进行弥补。通过利润分配，一部分资金要退出企业，一部分资金要以公积金等形式继续参加企业的资金周转。上述这些业务内容综合在一起，形成制造业企业的全部会计核算内容。

综合上述内容，企业在经营过程中发生的主要经济业务内容包括：资金筹集业务、生产准备业务、产品生产业务、销售过程业务、利润的形成与分配业务。

第二节　筹集资金业务的核算

一、筹集资金业务核算的内容

筹集资金是企业生产经营活动的首要条件。企业成立后，根据需要，可以向银行及其他金融机构借入资金，符合证券发行条件的企业还可以通过发行企业债券筹集生产经营所需资金。综上所述，企业生产经营所需要的资金主要从两个渠道筹集：一是投资者投入的资本，形成所有者权益；二是向债权人借入资金，形成企业负债。因此，企业资金筹集业务的核算主要包括投入资金和借入资金的核算。筹集资金业务的核算主要涉及“银行存款”“实收资本（或股本）”“资本公积”“固定资产”“短期借款”“长期借款”“财务费用”“应付利息”等相关账户。

二、投资者投入资本的核算

（一）账户设置

为了反映企业收到所有者投入的资金，会计核算上需要“实收资本（或股本）”“资本公积”等账户来反映和监督投资者的投入。为循序渐进，先介绍以下几个账户：

1.“实收资本”账户

“实收资本”账户用来核算企业实际收到的投资者投入资本金增减情况。该账户属于所有者权益类账户，其贷方登记所有者实际投入企业的资本增加额；借方登记所有者按规定程序报批核准的注册资本减少额；期末余额在贷方，反映期末企业实有的资本金额。该账户按投资者设置明细账户，进行明细分类核算。“实收资本”账户的结构如图 4-1 所示。

借方　　　　实收资本	贷方
实收资本的减少额	期初余额 实收资本的增加额
	期末余额：实收资本的实有额

图 4-1　“实收资本”账户结构

股份有限公司应设置“股本”账户，用来核算公司在发行的股本总额及核定的股份总额范围内实际发行股票的金额。

企业收到的所有者投资都应按实际投资金额入账。以货币资金投资的，应按照实际收到的款项作为投资者的投资入账;以实物形式投资的,按合同或协议约定价值确定(投资合同或协议约定价值不公允的除外)。企业在生产经营中所取得的收入和收益、发生的费用和损失,不得直接增减投入资本。

2.“资本公积”账户

“资本公积”账户用来核算企业收到投资者出资额超出其注册资本或股本所占份额的部分,以及部分直接计入所有者权益的利得和损失。公司的资本公积一般都有其特定的来源,不同来源形成的资本公积,其核算的方法不同,还应设置“资本溢价”“其他资本公积”等明细账户。该账户属于所有者权益类账户,其贷方登记企业资本公积增加额,借方登记企业资本公积减少额,期末余额在贷方,表示企业资本公积的结余额。“资本公积”账户的结构如图 4-2 所示。

借方	资本公积 贷方
资本公积的减少额	期初余额 资本公积的增加额
	期末余额:资本公积的结余额

图 4-2 “资本公积”账户结构

(二)主要经济业务的账务处理

1.接受货币资金投资

借:银行存款　　　　　　　　(实收金额)

　贷:实收资本　　　　　　　　(约定金额)

　　资本公积　　　　　　　　(溢价金额)

【例 4-1】融智公司收到国家投资 2 500 000 元,款项存入银行。

这项经济业务的发生,一方面使得公司的银行存款增加 2 500 000 元,另一方面使得公司所有者(国家)对公司的投资增加 2 500 000 元,因此该项经济业务涉及“银行存款”和“实收资本”两个账户。银行存款的增加是资产的增加,应记入“银行存款”账户的借方;国家对公司投资的增加是所有者权益的增加,应记入“实收资本”账户的贷方。这项业务应编制的会计分录如下:

借:银行存款　　　　　　　　2 500 000

　贷:实收资本　　　　　　　　2 500 000

【例 4-2】融智公司收到乙公司的投资 5 500 000 元,其中 4 300 000 元作为约定好的实收资本,另外 1 200 000 元作为资本公积,公司收到乙公司的投资后存入银行,其他手续均已办妥。

这是一项接受投资而涉及超过法定份额资本的业务。其中属于法定份额部分应记入实收资本,超过部分作为资本公积。该项业务涉及“银行存款”“实收资本”和“资本公积”三个账户。银行存款的增加是资产的增加,应记入“银行存款”账户的借方,实收资本和资本公积的增加是所有者权益的增加,应分别记入“实收资本”“资本公积”账户的贷方。这项业务应编制的会计分录如下：

借：银行存款　　　　　　　　5 500 000

　贷：实收资本　　　　　　　　4 300 000

　　资本公积——资本溢价　　　1 200 000

2. 接受非货币性资产投资

借：固定资产/无形资产/原材料等　　　　（评估价）

　贷：实收资本　　　　　　　　　　　　（约定金额）

　　资本公积　　　　　　　　　　　　　（溢价金额）

【例 4-3】融智公司收到甲公司作为投资投入的五台全新设备，确定的价值为200 000元，设备投入使用（不考虑增值税）。

这项经济业务的发生，一方面使得公司的设备增加 200 000 元，另一方面使得公司所有者（甲公司）对公司的投资增加 200 000 元，因此该项经济业务涉及“固定资产”和“实收资本”两个账户。设备的增加属于资产的增加，应记入“固定资产”账户的借方；甲公司对公司的投资增加是所有者权益的增加，应记入“实收资本”账户的贷方。这项业务应编制的会计分录如下：

借：固定资产　　　　　　　　200 000

　贷：实收资本　　　　　　　　200 000

3. 公积金转增资本

借：资本公积　　　　　　　　（转增金额）

　盈余公积　　　　　　　　　（转增金额）

　贷：实收资本　　　　　　　　（转增金额）

【例 4-4】融智公司经股东大会批准，将公司的资本公积 220 000 元转增资本。

这是一项所有者权益内部转化的业务。这项经济业务的发生，一方面使得公司的实收资本增加 220 000 元，另一方面使得公司的资本公积减少 220 000 元，因此该项经济业务涉及“资本公积”和“实收资本”两个账户。资本公积的减少是所有者权益的减少，应记入“资本公积”账户的借方，实收资本的增加是所有者权益的增加，应记入“实收资本”账户的贷方。这项业务应编制的会计分录如下：

借：资本公积　　　　　　　　220 000

　贷：实收资本　　　　　　　　220 000

三、借入资金的核算

（一）账户设置

为了核算企业筹借资金的增减情况，企业一般需要设置“短期借款”和“长期借款”等有关账户反映负债的增加。下面介绍几个负债类账户：

1.“短期借款”账户

“短期借款”账户用来核算企业向银行或其他金融机构等借入的、期限在 1 年以下（含 1 年）的各种借款的增减变动及其结余情况。该账户属于负债类账户，其贷方登记企业借入的短期借款实际金额，即短期借款本金的增加；借方登记企业偿还的短期借款实际金额，即短期借款的减少；期末余额在贷方，表示企业尚未偿还的短期借款的本金结余额。短期借款应按照债权人的不同设置明细账户，并按照借款种类进行明细分类核算。“短期借款”账户的结构如图 4-3 所示。

借方	短期借款 贷方
短期借款的偿还(减少)	期初余额 短期借款的取得(增加)
	期末余额：短期借款的结余额

图 4-3 “短期借款”账户结构

2.“长期借款”账户

“长期借款”账户用来核算企业从银行或其他金融机构借入的，且期限在 1 年以上(不含 1 年)的各种借款的增减变动及其结余情况。该账户属于负债类账户，其贷方登记企业借入的各种长期借款的本金和发生的利息调整额，即长期借款的增加数；借方登记偿还的各种长期借款本金及利息调整额，即长期借款的减少额；期末余额在贷方，表示企业尚未偿还的各种长期借款。该账户应按债权人设置明细账户，并按借款种类进行明细分类核算。“长期借款”账户的结构如图 4-4 所示。

借方	长期借款 贷方
长期借款的偿还(减少)	期初余额 长期借款本金的取得和利息调整(增加)
	期末余额：尚未偿还的长期借款

图 4-4 “长期借款”账户结构

3.“财务费用”账户

“财务费用”账户用来核算企业为筹集生产经营所需资金而发生的筹资费用增加情况。该账户属于损益类账户中的费用类账户，其借方登记企业发生的各项财务费用，包括借款利息、借款手续费、汇兑损失等；贷方登记发生的应冲减财务费用的利息收入、汇兑收益和结转到“本年利润”账户的财务费用；月末结转后该账户无余额。该账户应按照费用项目设置明细账户，进行明细分类核算。“财务费用”账户的结构如图 4-5 所示。

借方	财务费用　　　　　　　贷方
利息支出 手续费 汇兑损失	利息收入 汇兑收益 期末转入"本年利润"账户的财务费用
期末结转后无余额	

图 4-5 "财务费用"账户结构

(二)主要经济业务的账务处理

1.短期借款

以短期借款为例,主要的账务处理包括以下内容:

(1)取得借款时

借:银行存款

　　贷:短期借款　　　(本金)

(2)利息的计提(以每月计提,按季度支付为例)

借:财务费用

　　贷:应付利息

(3)利息的支付

借:应付利息

　　贷:银行存款

(4)到期偿还

借:短期借款　　　(本金)

　　应付利息　　　(已计提未支付的利息)

　　财务费用　　　(未计提利息)

　　贷:银行存款　　　(本金和未付利息总和)

【例 4-5】融智公司因生产经营的临时性需要,于 20×8 年 1 月 1 日向银行借入期限为 3 个月,年利率为 6%,到期还本付息的银行借款 120 000 元,所得款项存入银行。

这项经济业务的发生,一方面使得公司的银行存款增加 120 000 元,另一方面使得公司的短期借款增加 120 000 元,因此该项经济业务涉及"银行存款"和"短期借款"两个账户。银行存款的增加是资产的增加,应记入"银行存款"账户的借方,短期借款的增加是负债的增加,应记入"短期借款"账户的贷方。这项业务应编制的会计分录如下:

借:银行存款　　　　　　　　120 000

　　贷:短期借款　　　　　　　　120 000

【例 4-6】承前例,20×8 年 1 月末(2、3 月末同)融智公司预提本月短期借款利息 600 元。

首先应按照权责发生制原则的要求,计算本月应负担的利息额,企业承担的利息费用增加 600 元,即 120 000×6%÷12=600(元)。这项业务的发生,一方面导致企业承担的利息费用增加 600 元,另一方面使企业应付利息的债务增加 600 元,因此该项经济业务涉及“财务费用”和“应付利息”两个账户。利息费用增加是企业费用的增加，应记入“财务费用”账户的借方，未付短期借款利息的增加属于流动负债的增加，应记入“应付利息”账户的贷方。这项业务应编制的会计分录如下：

借：财务费用　　　　　　　　600
　　贷：应付利息　　　　　　　　600

【例 4-7】承前例，融智公司在 20×8 年 4 月 1 日用银行存款 121 800 元偿还到期的银行临时借款本金和利息。

这项经济业务的发生，一方面使得公司的银行存款减少 121 800 元，另一方面又使得公司的短期借款减少 120 000 元，应付未付的利息减少 1 800 元，因此该项经济业务涉及“银行存款”“短期借款”和“应付利息”三个账户。银行存款的减少是资产的减少，应记入“银行存款”账户的贷方，短期借款和应付利息的减少是负债的减少，应记入这两个账户的借方。这项业务应编制的会计分录如下：

借：短期借款　　　　　　　　120 000
　　应付利息　　　　　　　　　1 800
　　贷：银行存款　　　　　　　　121 800

2. 长期借款

通常企业借入的长期借款是用于专项资产的购建活动，满足一定条件的利息可以资本化作为固定资产的入账价值，这部分内容会在以后的课程中系统地学习，在此只做简单的介绍。

(1)取得借款时

借：银行存款
　　贷：长期借款——本金

(2)利息的计提

借：财务费用　　　　　　　　（不可资本化的利息）
　　在建工程　　　　　　　　（可资本化的利息）
　　贷：应付利息　　　　　　　　（分期支付的利息）
　　　　长期借款——应计利息　　（到期一次性还本付息总和）

(3)利息的支付

借：应付利息
　　贷：银行存款

(4)到期偿还

借：长期借款——本金
　　　　　　——应计利息
　　应付利息　　（已计提未支付的利息）
　　贷：银行存款　　　（本金和未付利息总和）

【例 4-8】融智公司为购建一条新的生产线（工期 2 年），于 20×8 年 1 月 1 日向银行借入期限为 3 年的人民币借款 4 500 000 元，存入银行。

这项经济业务的发生，一方面使企业的银行存款增加 4 500 000 元，另一方面使企业的长期借款增加 4 500 000 元。因此，这项业务涉及“银行存款”账户的借方和“长期借款”账户的贷方。这项业务应编制的会计分录如下：

借：银行存款　　　　　　　　　　4 500 000

　　贷：长期借款　　　　　　　　　　4 500 000

【例 4-9】承前例，假如上述借款年利率为 7%，合同规定到期一次性还本付息，单利计息。利息满足资本化条件，计算确定 20×8 年应由工程负担的借款利息。

在固定资产建造工程交付使用之前，用于工程的借款利息属于一项资本性支出，应计入固定资产建造工程成本。在单利计息的情况下，其利息的计算方法与短期借款利息计算方法相同，即 20×8 年的利息为 315 000 元，即 4 500 000×7%＝315 000(元)。因此，这项业务的发生，一方面使得公司的在建工程成本增加 315 000 元，另一方面使得长期借款利息这项负债增加 315 000 元，因此该项经济业务涉及“在建工程”和“长期借款”两个账户。工程成本的增加是资产的增加，应记入“在建工程”账户的借方，借款利息的增加是负债的增加，应记入“长期借款”账户的贷方。这项业务应编制的会计分录如下：

借：在建工程　　　　　　　　　　315 000

　　贷：长期借款——应计利息　　　　　　315 000

这里需要指出，以上长期借款的举例是以单利计息的方式来说明问题的。在实际工作中，长期借款也可以采用复利计息的方法。在长期借款采用复利计息的情况下，尽管长期借款的本金、利率和偿还期限可能都相同，但在不同的偿付条件下(到期一次性还本付息、分期偿还本息和分期付息到期还本三种方式)，企业实际真正使用长期借款的时间长短是不同的，所支付的利息费用也就不同(有时差别很大)，因此，长期借款到底采用哪种还本付息方式，以及能否按时还清借款本息，就成为企业的一项重要的财务决策。其具体内容将在以后的有关专业课程中介绍。

第三节　生产准备业务的核算

一、生产准备业务核算的内容

企业为了开展正常的生产经营活动，就必须拥有一定的生产资料和劳动对象。劳动资料的购置往往在生产开始就需要大规模资金的投入，而其成本的回收则取决于生产经营过程中产品生产销售的业绩等情况。供、产、销过程的运作情况会直接影响企业生产资料成本的回收，甚至影响企业的生存。因而，生产准备阶段是企业生产经营过程的关键阶段之一。生产准备过程又称采购过程，是指企业用货币资金购买生产资料及储备物资为生产做好准备的过程。它通常从采购物资开始，直到物资验收入库。

资金在企业经营过程的不同阶段，其运动的方式和表现的形态是不同的，因而核算的内容也就不同。一般将企业的经营过程划分为生产准备过程、产品生产过程和销售过程。其中生产准备过程就是为生产产品做准备的过程。为了生产产品，就要做好多方面的物资准备工作，其中较为重要的就是准备劳动资料，即购置固定资产和准备劳动对象(购买原材料等)。因此，生产准备阶段业务包括固定资产购置业务和材料购进业务。

二、固定资产购置业务的核算

（一）固定资产的含义

固定资产是企业经营过程中使用的长期资产，包括房屋建筑物、机器设备、运输车辆及工具、器具等。我国会计准则对固定资产的定义是，固定资产是指同时具有下列两个特征的有形资产：为生产商品、提供劳务、出租或经营管理而持有的；使用寿命超过一个会计年度。

固定资产主要是通过购置、建造或接受投资等方式取得的，由于建造固定资产核算与购置需要安装的固定资产核算有类似之处，接受固定资产投资在上节内容中已有介绍，故在本节重点介绍固定资产购置核算。固定资产购置包括需要安装购置和不需要安装购置，因此，在会计上首先要确定固定资产的价值，再区分购置的固定资产是否需要安装来进行核算。

（二）增值税的含义

增值税是对销售货物或者提供加工、修理修配劳务，销售服务、无形资产、不动产以及进口货物的单位和个人就其实现的增值额征收的一种流转税，也是一种价外税。

《中华人民共和国增值税暂行条例》将纳税人按其经营规模大小，以及会计核算是否健全等划分为一般纳税人和小规模纳税人。这两类纳税人分别适用不同的税率和征税办法，一般纳税人税率为13%、9%、6%，出口货物或者向境外提供服务，适用零税率，实行进销抵扣；小规模纳税人适用简易征收办法。小规模纳税人增值税征收率为5%、3%。

企业在购进货物时所支付的增值税，一般纳税人企业不应计入所购货物的成本；小规模纳税人企业则应将其计入所购货物的成本。本部分内容仅从一般纳税人企业的角度来对增值税所涉及的一些相关概念加以简单介绍。

对于一般纳税人而言，增值税所包括的几个主要项目及其计算方法如下：

1. 销项税额

销项税额是纳税人销售货物或提供应税劳务等，按照销售额或应税劳务收入等和规定的税率计算并向购买方收取的增值税额。一般纳税人企业的销项税额，应在销售货物或提供应税劳务时所开出的增值税发票上注明其金额。对于属于一般纳税人的销售方来讲，在没有抵扣其进项税额前，销售方收取的销项税额还不是其应纳增值税额。销项税额计算公式如下：

销项税额＝不含税的销售额×税率

2. 进项税额

进项税额是购进货物或接受应税劳务等时支付的增值税额。进项税额是与销项税额相对应的另一个概念。在开具增值税专用发票的情况下，销售方收取的销项税额就是购买方支付的进项税额。对任何一个一般纳税人来说，在经营活动过程中既会发生销售货物或提供应税劳务，又会发生购进货物或接受应税劳务，因此，每个一般纳税人都会有收取的销项税额和支付的进项税额。

3. 应纳增值税额

应纳增值税额是纳税人实际应缴纳的增值税额。其计算公式如下：

应纳税额＝当期销项税额－当期进项税额

（三）账户设置

为了核算企业购置和自行建造完成固定资产价值的变动过程及其结果，主要需要设置“固定资产”“在建工程”和“应交税费”等总分类账户。

1.“固定资产”账户

“固定资产”账户用来核算企业为生产商品、提供劳务、出租或经营管理而持有的，使用寿命超过一个会计年度的有形资产，属于资产类账户。其借方登记固定资产原值的增加数，贷方登记固定资产原值的减少额，期末余额在借方，表示企业期末固定资产的账面原值。固定资产的原始价值，亦称固定资产的原价，是指企业取得固定资产的成本，包括购买价款、相关税费、使固定资产达到预定可使用状态前所发生的可归属于该项资产的运输费、装卸费、安装费和专业人员服务费等。本账户可以按照固定资产类别、使用部门和每项固定资产设置明细账，进行明细分类核算。“固定资产”账户的结构如图 4-6 所示。

借方　　　　固定资产	贷方
期初余额 固定资产原值的增加额	固定资产原值的减少额
期末余额：期末固定资产的账面原值	

图 4-6 “固定资产”账户结构

2.“在建工程”账户

“在建工程”账户用来核算企业为进行固定资产基建、安装、更新改造等在建工程发生的实际支出情况。该账户属于资产类账户，其借方登记企业自营建造、修理和安装过程中所发生的全部支出；贷方登记已验收交付使用的固定资产实际成本；期末余额在借方，表示企业尚未完工工程的实际成本。该账户应按建筑工程、安装工程、在安装设备等设置明细账户，进行明细分类核算。“在建工程”账户的结构如图 4-7 所示。

借方　　　　在建工程	贷方
期初余额 工程发生的全部支出	结转完工工程成本
期末余额：期末未完工工程成本	

图 4-7 “在建工程”账户结构

企业购置的固定资产，对于其中需要安装的部分，在交付使用之前，也就是达到预定可使用状态之前，由于没有形成完整的取得成本（原始价值），因而必须通过“在建工程”账户进行核算。在建过程中所发生的全部支出，都应归集在“在建工程”账户，待工程达到可使用状态形成固定资产之后，方可将该工程成本从“在建工程”账户转入“固定资产”账户。

3.“应交税费”账户

“应交税费”账户用来核算企业按照税法等规定计算应向税务机关缴纳的各种税费。该账户属于负债类账户，其贷方登记应缴纳的各种税费，借方登记实际缴纳的各种税费；期末余额在贷方，表示应缴但未缴的税费，如在借方，则表示多缴的或尚未抵扣的税费。该账户应按税种设置明细账，进行明细分类核算，其中“应交税费——应交增值税”账户是用来核算和监督企业应缴和实缴增值税结算情况的账户。企业购买货物支付的增值税进项税额记入该账户的借方，销售产品时向购买方收取的销项税额记入贷方。期末将销项税额与进项税额相抵后，如为贷方余额，表示应缴但未缴的增值税额；如为借方余额，表示多缴或尚未抵扣的增值税额。该账户的结构如图 4-8 所示。

借方　　　　　应交税费	贷方
实际缴纳的各种税费	期初余额 应缴纳的各种税费
期末余额：提前预缴或尚未抵扣的税费	期末余额：期末尚未缴纳的税费

图 4-8 “应交税费”账户结构

（四）主要经济业务的账务处理

企业购买固定资产，有的购买完成之后当即可以投入使用，也就是当即达到预定可使用状态，可以立即形成固定资产；而有的固定资产在购买之后，还需要经过安装，安装之后方可投入使用。这两种情况在核算上是有区别的，因此在对固定资产进行核算时，一般将其区分为不需要安装固定资产和需要安装固定资产进行处理。

1.购入不需要安装的固定资产的会计核算

借：固定资产　　　　　　　　　　　　　　　　（实际成本）
　　应交税费——应交增值税（进项税额）　　　　（增值税）
　　贷：银行存款/应付账款/应付票据等　　　　　　　（价税总和）

【例 4-10】融智公司购入一台不需要安装的生产设备，该设备的买价 110 000 元，增值税 14 300 元，包装和运输费等 3 000 元，全部款项使用银行存款支付。（不考虑包装和运输费的增值税）

企业购进一台不需要安装的设备，属于固定资产，购买完成之后就意味着达到了预定可使用状态，在购买过程中发生的买价和运杂费支出 113 000 元，即 110 000＋3 000＝113 000（元）即为固定资产的原始价值。这项经济业务的发生，一方面使得公司固定资产取得成本增加 113 000 元，增值税进项税额增加 14 300 元；另一方面使得公司的银行存款减少127 300元，即113 000+14 300=127 300（元），因此该项经济业务涉及“固定资产”“应交税费”和“银行存款”三个账户。这项业务应编制的会计分录如下：

借：固定资产　　113 000
　应交税费——应交增值税（进项税额）　　14 300
　贷：银行存款　　127 300

2.购入需要安装的固定资产的核算

（1）购入时

借：在建工程　　（实际成本）
　应交税费——应交增值税（进项税额）　　（增值税）
　贷：银行存款/应付账款/应付票据等　　（价税总和）

（2）安装时

借：在建工程　　（安装成本）
　贷：银行存款　　（以货币资金支付的安装成本）
　　原材料　　（安装耗用材料成本）
　　应付职工薪酬　　（安装人员薪酬）

（3）安装完毕，交付使用时

借：固定资产
　贷：在建工程　　（实际成本+安装成本）

【例4-11】融智公司用银行存款购入一台需要安装的设备，该设备买价340 000元，增值税44 200元，包装和运输费等4 500元，设备投入安装。（不考虑包装和运输费的增值税）

企业购进一台需要安装的设备，购买过程中发生的各项支出构成购置固定资产安装工程成本，在设备达到预定可使用状态前的这些支出应先在“在建工程”账户中进行归集。这项经济业务的发生，一方面使得公司的在建工程支出增加344 500元，即340 000+4 500=344 500（元），增值税进项税额增加44 200元；另一方面使得公司的银行存款减少388 700元，即344 500+44 200=388 700（元），因此该项经济业务涉及“在建工程”“应交税费”和“银行存款”三个账户。这项经济业务应编制的会计分录如下：

借：在建工程　　344 500
　应交税费——应交增值税（进项税额）　　44 200
　贷：银行存款　　388 700

【例4-12】承前例，融智公司的上述设备在安装过程中发生安装费如下：领用本企业的原材料价值10 000元，应付本企业安装工人的薪酬33 000元。（暂不考虑增值税）

设备在安装过程中发生的安装费也构成固定资产安装工程支出。这项经济业务的发生，一方面使得公司固定资产安装工程支出（安装费）增加43 000元，即10 000+33 000=43 000（元），另一方面使得公司的原材料成本减少10 000元，应付职工薪酬增加33 000元，因此该项经济业务涉及“在建工程”“原材料”和“应付职工薪酬”三个账户。在建工程支出的增加是资产的增加，应记入“在建工程”账户的借方，原材料的减少是资产的减少，应记入“原材料”账户的贷方，应付职工薪酬的增加是负债的增加，应记入“应付职工薪酬”账户的贷方。这项经济业务应编制的会计分录如下：

借:在建工程　　　　　　　　　　　　43 000

　　贷:原材料　　　　　　　　　　　　　10 000

　　　　应付职工薪酬　　　　　　　　　　33 000

【例 4-13】承前例,上述设备安装完毕,并经验收合格交付使用,结转工程成本。

工程安装完毕,交付使用,意味着固定资产的取得成本已经形成,于是该工程全部支出转入“固定资产”账户,其工程的全部成本为 387 500 元,即 344 500+43 000=387 500(元)。这项经济业务的发生,一方面使得公司固定资产取得成本增加 387 500 元,另一方面使得公司的在建工程成本减少 387 500 元,因此该项经济业务涉及“固定资产”和“在建工程”两个账户。固定资产取得成本的增加是资产的增加,应记入“固定资产”账户的借方,在建工程成本的结转是资产的减少,应记入“在建工程”账户的贷方。这项业务应编制的会计分录如下:

借:固定资产　　　　　　　　387 500

　　贷:在建工程　　　　　　　　387 500

三、材料采购业务的核算

企业要进行正常的产品生产经营活动,就必须购买和储备原材料。原材料是产品制造业企业生产产品不可缺少的物质要素,在生产过程中,材料经过加工改变其原来的实物形态,构成产品实体的一部分,并且材料的实物消耗也有助于产品的生产。因此,产品制造业企业要有计划地采购材料,既要保证及时、按质、按量地满足生产上的需要,同时又要避免储备过多,不必要地占用资金。

(一)材料的采购成本

材料的采购成本是指材料购进时所发生的实际成本,即取得材料并使它达到可供使用状态所发生的一切支出。具体内容包括:

(1)购买价款,是指购货发票所注明的货款金额。

(2)采购过程中发生的运杂费(包括运输费、包装费、装卸费、保险费、仓储费等,不包括按规定根据运输费的一定比例计算的可抵扣的增值税进项税额)。

(3)材料在运输途中发生的合理损耗。

(4)材料入库之前发生的整理挑选费用(包括整理挑选中发生的人工费支出和必要的损耗,并减去回收的下脚废料价值)。

(5)按规定应计入材料采购成本中的各种税金,如为国外进口材料支付的关税等。

(6)其他费用,如大宗物资的市内运杂费等。但对于市内零星运杂费、采购人员的差旅费,以及采购机构的经费等,一般不构成材料的采购成本,而是计入期间费用。

对于材料采购过程中发生的物资毁损、短缺等,合理损耗部分应当作为材料采购费用计入材料的采购成本,其他损耗不能计入材料采购成本,如从供应单位、外部运输机构等收回的物资短缺、毁损赔款,而应冲减材料采购成本。

在上述材料的采购成本项目中,按其与材料的成本关系不同,分为直接费用和间接费用。如买价、途中保险费、途中发生的合理损耗及按规定计入成本的税金都是直接费用,能够直接分清由哪种材料负担的费用,应直接计入材料成本。其他的成本项目则是间接费用，不能够直接分清由哪种材料负担的费用，应采用合理的分配标准进行分配后再计入材料的采购成本。一般间接费用分配时，首先根据材料的特点确定分配的标准，一般来说可以选择的分配标准有材料的重量、体积、买价等，然后计算材料采购费用分配率，最后计算各种材料的间接费用负担额。

某种材料的采购成本（或实际成本）＝直接费用＋该种材料负担的间接费用

$$采购间接费用分配率=\frac{采购间接费用总额}{\sum 所购材料重量（体积、买价等）}$$

某种材料负担的间接费用＝该材料的重量（体积、买价等）×采购间接费用分配率

（二）账户设置

在材料采购过程中，一方面企业从供应单位购进各种材料，计算购进材料的采购成本；另一方面企业要按照经济合同和约定的结算办法支付材料的买价和各种采购费用，并与供应单位发生货款结算关系。此外，在材料采购业务的核算过程中，还涉及增值税进项税额的计算与处理问题。为了完成材料采购业务的核算，需要设置以下主要账户。

1.“在途物资”账户

该账户用来核算企业外购材料的买价和各种采购费用，据以计算、确定购入材料的实际采购成本。该账户属于资产类账户，其借方登记购入材料的买价和采购费用（实际采购成本），贷方登记结转完成采购过程、验收入库材料的实际采购成本，期末余额在借方，表示尚未运达企业或者已经运达企业但尚未验收入库的在途材料的成本。企业对于购入的材料，不论是否已经付款，一般都应该先记入该账户，在材料验收入库结转成本时，再将其成本转入“原材料”账户。“在途物资”账户应按照购入材料的品种或种类设置明细账户，进行明细分类核算。“在途物资”账户的结构如图 4-9 所示。

借方　　　　在途物资　　　　贷方

借方	贷方
期初余额 购入材料的买价 采购费用	结转验收入库材料的实际采购成本
期末余额：在途材料成本	

图 4-9　“在途物资”账户结构

2.“原材料”账户

该账户用来核算企业库存材料实际成本的增减变动及其结存情况。该账户的性质属于资产类，其借方登记已验收入库材料实际成本的增加，贷方登记发出材料的实际成本（即库存材料成本）的减少，期末余额在借方，表示库存材料实际成本结余额。“原材料”账户应按照材料的保管地点、材料的种类或类别设置明细账户，进行明细分类核算。“原材料”账户的结构如图 4-10 所示。

借方	原材料　　　　贷方
期初余额 验收入库材料实际成本的增加	库存材料实际成本的减少
期末余额：库存材料实际成本的结余额	

图 4-10 “原材料”账户结构

3.“应付账款”账户

该账户用来核算企业因购买材料、商品和接受劳务供应等而应付给供应单位的账款（包括价款和代垫费用）。该账户属于负债类账户，其贷方登记因购买材料、商品或接受劳务供应等而发生的尚未支付的账款；借方登记偿还的账款；期末余额在贷方，表示尚未偿还的应付款项。该账户应按照供应单位的名称设置明细账户，进行明细分类核算。“应付账款”账户结构如图 4-11 所示。

借方	应付账款　　　　贷方
偿还应付供应单位账款	期初余额 应付供应单位账款的增加
	期末余额：尚未偿还的应付账款

图 4-11 “应付账款”账户结构

4.“预付账款”账户

该账户用来核算企业按照购货合同规定预付给供货单位的账款。该账户属于资产类账户，其借方登记企业按照供货合同规定预付给供货单位的账款，以及结算货款时补付给供货单位的账款；贷方登记企业预付货款中收到物资的账款，以及收到供货单位退回的预付货款；期末如为借方余额，表示实际预付而尚未结算的预付账款；如为贷方余额，则表示应付大于预付，应向供货单位补付的账款。该账户应按供货单位名称设置明细账户，进行明细分类核算。“预付账款”账户的结构如图 4-12 所示。

借方	预付账款　　　　贷方
期初余额（或在贷方） 预付供应单位账款的增加	冲销预付供货单位的账款
期末余额：尚未结算的预付款	期末余额：应向供货单位补付的账款

图 4-12 “预付账款”账户结构

5.“应付票据”账户

该账户用来核算企业购买材料、商品和接受劳务供应等开出承兑的商业汇票增减变动及其结余情况。该账户属于负债类账户，其贷方登记企业开出承兑汇票的增加；借方登记偿还的应付票据款；期末余额一般在贷方，表示持有的尚未到期的应付票据票面价值。该账户应按照债权人的不同设置明细账户，进行明细核算，同时设置"应付票据备查簿"，详细登记商业汇票的种类、号数、出票日期、到期日、票面金额、交易合同号、收款人姓名或收款单位名称，以及付款日期和金额等资料。应付票据到期结清时，在备查簿中注销。"应付票据"账户的结构如图4-13所示。

借方	应付票据　　　　贷方
偿还的应付票据款	期初余额 开出承兑汇票的增加
	期末余额：尚未到期商业汇票的结余额

图4-13 "应付票据"账户结构

（三）主要经济业务的账务处理

在材料采购业务中由于支付方式和材料入库时间的不同，在会计处理上也有所不同。

1. 先付款后收料

借：在途物资——××材料　　　　（采购成本）
　　应交税费——应交增值税（进项税额）　　（增值税）
　　贷：银行存款　　　　（价税合计）

【例4-14】融智公司从大成工厂购入下列材料：甲材料6 000千克，单价20元；乙材料2 500千克，单价15元，增值税率13%，全部款项用银行存款付清。

对于这项经济业务，首先要计算购入材料的买价和增值税进项税额。甲材料的买价为120 000元，即20×6 000=120 000(元)，乙材料的买价为37 500元，即15×2 500=37 500(元)，甲、乙两种材料的买价共计为157 500元，增值税进项税额为20 475元，即157 500×13%=20 475(元)。该项经济业务的发生，一方面使得公司购入甲材料的买价增加120 000元，乙材料的买价增加37 500元，增值税进项税额增加20 475元；另一方面使得公司的银行存款减少177 975元，即120 000+37 500+20 475=177 975(元)，因此该项经济业务涉及"在途物资""应交税费——应交增值税"和"银行存款"三个账户。材料买价的增加是资产的增加，应记入"在途物资"账户的借方，增值税进项税额的增加是负债的减少，应记入"应交税费——应交增值税"明细账户的借方，银行存款的减少是资产的减少，应记入"银行存款"账户的贷方。这项业务应编制的会计分录如下：

借：在途物资——甲材料　　　　120 000
　　　　　　——乙材料　　　　37 500
　　应交税费——应交增值税（进项税额）　　20 475
　　贷：银行存款　　　　177 975

【例4-15】融智公司用银行存款8 500元支付上述购入甲、乙材料的外地运杂费，按照材料的重量比例进行分配。（不考虑运杂费的增值税）

首先需要对甲、乙材料应共同负担的 8 500 元外地运杂费进行分配：

分配率＝8 500÷(6 000＋2 500)＝1(元/千克)

甲材料负担的采购费用＝6 000 千克×1 元/千克＝6 000 元

乙材料负担的采购费用＝2 500 千克×1 元/千克＝2 500 元

这项经济业务的发生，一方面使得公司的材料采购成本增加 8 500 元，其中甲材料采购成本增加 6 000 元，乙材料采购成本增加 2 500 元，另一方面使得公司的银行存款减少 8 500 元，因此该项经济业务涉及“在途物资”和“银行存款”两个账户。材料采购成本的增加是资产的增加，应记入“在途物资”账户的借方；银行存款的减少是资产的减少，应记入“银行存款”账户的贷方。这项业务应编制的会计分录如下：

借：在途物资——甲材料　　　　　　6 000
　　　　　　——乙材料　　　　　　2 500
　贷：银行存款　　　　　　　　　　　8 500

2. 款未付、料未收

借：在途物资——××材料　　　　　　（采购成本）
　应交税费——应交增值税(进项税额)　　（增值税）
　贷：应付账款/应付票据　　　　　　　　（价税合计）

【例 4-16】融智公司从鲁腾工厂购进丙材料 5 000 千克，发票注明的价款 140 000 元，增值税进项税额 18 200 元，货款尚未支付。另用现金支付丙材料运费 1 000 元(不考虑运费的增值税)。

这项经济业务的发生，一方面使得公司的丙材料采购成本增加 141 000 元，即 140 000＋1 000＝141 000(元)，增值税进项税额增加 18 200 元；另一方面购进材料的买价尚未支付，使企业的应付账款增加 158 200 元，即 140 000＋18 200＝158 200(元)，用现金支付运费，使现金减少 1 000 元。因此该项业务涉及“在途物资”“应交税费——应交增值税”“应付账款”和“库存现金”四个账户。材料采购成本的增加是资产的增加，应记入“在途物资”账户的借方；增值税进项税额的增加是负债的减少，应记入“应交税费——应交增值税”账户的借方；应付账款的增加是负债的增加，应记入“应付账款”账户的贷方；库存现金的减少是资产的减少，应记入“库存现金”账户的贷方。这项经济业务应编制的会计分录如下：

借：在途物资——丙材料　　　　　　　141 000
　应交税费——应交增值税(进项税额)　18 200
　贷：应付账款——鲁腾工厂　　　　　　158 200
　　库存现金　　　　　　　　　　　　　1 000

【例 4-17】融智公司从新宇公司购买丁材料 4 000 千克，发票注明价款 80 000 元，代垫运杂费 1 000 元，增值税进项税额 10 400 元，货款采用商业承兑汇票结算，企业开出半年期商业承兑汇票 1 张，但材料尚未运达企业(不考虑运费的增值税)。

这项经济业务的发生一方面使企业材料采购支出增加 81 000 元，即 80 000＋1 000＝81 000(元)，增值税进项税额增加 10 400 元；另一方面使企业的应付票款增加 91 400 元，即 81 000＋10 400＝91 400(元)。因此，该项经济业务涉及“在途物资”“应交税费——应交增值税”和“应付票据”三个账户。材料采购支出的增加是资产的增加，应记入“在途物资”账户的借方；增值税进项税额的增加是负债的减少，应记入“应交税费——应交增值税”账户的借方；应付票据的增加是负债的增加，应记入“应付票据”账户的贷方。这项业务应编制的会计分录如下：

借：在途物资——丁材料　　81 000
　应交税费——应交增值税（进项税额）　　10 400
　贷：应付票据　　91 400

3. 预购材料

预付时

借：预付账款　　（预付额）
　贷：银行存款　　（预付额）

采购时

借：在途物资/原材料　　（实际成本）
　应交税费——应交增值税（进项税额）　　（增值税）
　贷：预付账款　　（预付额）
　　银行存款　　（差额）

【例4-18】融智公司按照合同规定用银行存款预付给华光工厂订货款250 000元。

这项经济业务的发生，一方面使得公司预付的订货款增加250 000元，另一方面使得公司的银行存款减少250 000元，因此该项经济业务涉及“预付账款”和“银行存款”两个账户。预付订货款的增加是资产（债权）的增加，应记入“预付账款”账户的借方；银行存款的减少是资产的减少，应记入“银行存款”账户的贷方。这项经济业务应编制的会计分录如下：

借：预付账款——华光工厂　　250 000
　贷：银行存款　　250 000

【例4-19】融智公司收到华光工厂发运来的已预付货款的丙材料，随货物附来的发票注明该批丙材料的价款500 000元，增值税进项税额65 000元，另外发生代垫运杂费6 000元，除冲销原预付款250 000元外，不足款项立即用银行存款支付（不考虑运费的增值税）。

这项经济业务的发生，一方面使得公司的材料采购支出增加共计506 000元，即500 000＋6 000＝506 000（元），增值税进项税额增加65 000元，另一方面使得公司的预付款减少321 000元，银行存款减少321 000元，即506 000＋65 000－250 000＝321 000（元），因此该项经济业务涉及“在途物资”“应交税费——应交增值税”“预付账款”和“银行存款”四个账户。材料采购支出的增加是资产的增加，应记入“在途物资”账户的借方；增值税进项税额的增加是负债的减少，应记入“应交税费——应交增值税”账户的借方；预付款的减少是资产的减少，应记入“预付账款”账户的贷方；银行存款的减少是资产的减少，应记入“银行存款”账户的贷方。这项经济业务应编制的会计分录如下：

借：在途物资——丙材料　　506 000
　应交税费——应交增值税（进项税额）　　65 000
　贷：预付账款——华光工厂　　250 000
　　银行存款　　321 000

【例4-20】融智公司用银行存款抵付本月从鲁腾工厂购入丙材料的价税款。

本月从鲁腾工厂购入的丙材料的价款为140 000元，增值税进项税额为18 200元，合计158 200元。这项经济业务的发生，一方面使得公司的应付账款减少158 200元，另一方面使得公司的银行存款减少158 200元，因此该项经济业务涉及“应付账款”和“银行存款”两个账户。应付账款的减少是负债的减少，应记入“应付账款”账户的借方；银行存款的减少是资产的减少，应记入“银行存款”账户的贷方。这项经济业务应编制的会计分录如下：

借：应付账款——鲁腾工厂　　158 200

　贷：银行存款　　158 200

4.材料验收入库并结算出实际采购成本

借：原材料——××材料

　贷：在途物资——××材料　　（实际成本）

【例4-21】本月购入的甲、乙、丙、丁材料已经验收入库，结转各种材料的实际采购成本。

首先计算本月购入的各种材料的实际采购成本：

甲材料实际采购成本＝120 000＋6 000＝126 000(元)

乙材料实际采购成本＝37 500＋2 500＝40 000(元)

丙材料实际采购成本＝141 000＋506 000＝647 000(元)

丁材料实际采购成本＝81 000(元)

这项经济业务的发生，一方面使得公司已验收入库材料的实际采购成本增加894 000元，即126 000＋40 000＋647 000＋81 000＝894 000(元)，另一方面使得公司的材料采购支出结转共计894 000元，因此该项经济业务涉及“原材料”和“在途物资”两个账户。库存材料实际成本的增加是资产的增加，应记入“原材料”账户的借方；材料采购支出的结转是资产的减少，应记入“在途物资”账户的贷方。经济业务应编制的会计分录如下：

借：原材料——甲材料　　126 000

　　　　——乙材料　　40 000

　　　　——丙材料　　647 000

　　　　——丁材料　　81 000

　贷：在途物资——甲材料　　126 000

　　　　　　——乙材料　　40 000

　　　　　　——丙材料　　647 000

　　　　　　——丁材料　　81 000

第四节　产品生产业务的核算

一、产品生产业务核算的内容

制造业企业的主要经济活动是生产符合社会需要的产品，产品的生产过程同时也是生产的耗费过程。生产过程是指企业的劳动者利用机器设备将企业的劳动对象加工成完工产品的过程。该过程是制造业企业生产经营过程的中心环节。产品的生产过程中将发生各种耗费，包括生产过程中所消耗的原材料、燃料、动力、支付的工资、折旧费等支出，这些在一定时期内发生的各种耗费称为生产费用。

企业在生产过程中发生的、用货币额表现的生产耗费称为生产费用。这些费用最终都要归集、分配到一定种类的产品上去，从而形成各种产品的成本。费用与成本有着密切的联系，费用的发生过程也就是成本的形成过程，费用是产品成本形成的基础。但是，费用与成本也有一定的区别，费用是在一定期间为了进行生产经营而发生的各项耗费，费用与发生的期间直接相关，即费用强调“期间”，而成本则是为生产某一产品或提供某一劳务所消耗的费用，成本与负担者直接相关，即成本强调“对象”。

生产费用按其计入产品成本的方式不同，可以分为直接费用和间接费用。直接费用是指企业可以直接计入成本计算对象的费用，如直接材料、直接人工等；间接费用是指企业需经过分配才能计入产品成本的费用，也称为制造费用。直接材料，是指企业在生产产品和提供劳务的过程中所消耗的、直接用于产品生产、构成产品实体的各种原材料及主要材料、外购半成品、辅助材料及其他材料费用。直接人工，是指企业在生产产品和提供劳务过程中，直接从事产品生产的工人工资、津贴、补贴和福利费等。其他直接费用，是指企业发生的除直接材料费用和直接人工费用以外的，与产品生产或提供劳务有直接关系的费用。制造费用，是指企业为生产产品和提供劳务而发生的各项间接费用，其构成内容比较复杂，包括间接的工资、福利费、办公费、水电费、机物料消耗、季节性停工损失等。

在产品生产过程的会计核算中，为了对以上各项费用的发生额及其应归属的期间加以确认与计量，并按照各项费用的构成内容和经济用途正确地进行反映，在本节主要涉及“生产成本”“制造费用”“管理费用”“预付账款”“累计折旧”“库存商品”等相关账户。

二、发出材料的核算

制造业企业在生产准备阶段购入的各种原材料，验收入库之后，生产车间填制“领料单”，向仓库领取所需材料，仓库发出材料后，将“领料单”送交会计部门。会计部门将“领料单”汇总编制“发料凭证汇总表”，并根据本月发生的材料费用按其用途分配计入生产费用和其他有关费用。材料是构成产品实体的一个重要组成部分。

（一）账户设置

为了反映和监督产品在生产过程中各项材料费用的发生、归集和分配情况，正确地计算产品生产成本中的材料费用，应设置以下账户：

1.“生产成本”账户

该账户用来归集和分配企业进行生产所发生的各项生产成本，包括生产各种产品（包括产成品、自制半成品等）、自制材料、自制工具、自制设备等所发生的各项生产费用，并据以确定产品的实际成本。该账户属于成本类账户，其借方登记在产品生产过程中发生的各项费用，包括直接计入产品生产成本的直接材料和直接人工费用，以及分配计入产品生产成本的制造费用；贷方登记转出完工产品的实际生产成本；期末如有借方余额，表示尚未完工在产品的实际成本，即生产资金的占用额。该账户应按产品品种设置明细账户，进行明细分类核算。“生产成本”账户的结构如图 4-14 所示。

借方　　　　生产成本	贷方
期初余额 发生的生产费用：直接材料 直接人工 制造费用	结转完工验收入库产成品成本
期末余额：在产品成本	

图 4-14　“生产成本”账户结构

2.“制造费用”账户

该账户用来归集和分配企业生产车间（基本生产车间和辅助生产车间）范围内为生产产品或提供劳务而发生的各项间接生产费用。如车间范围内发生的管理人员的工资和福利费、折旧费、办公费、水电费、机物料消耗及其他制造费用。该账户的性质属于成本类，其借方登记实际发生的各项制造费用；贷方登记期末分配转入“生产成本”账户借方（应计入产品制造成本）的制造费用；期末结转后该账户无余额。该账户应按不同车间设置明细账户，按照费用项目设置专栏进行明细分类核算。“制造费用”账户的结构如图 4-15 所示。

借方　　　　制造费用	贷方
归集车间范围内发生的各项间接费用	期末分配转入“生产成本”账户的制造费用
期末结转后无余额	

图 4-15　“制造费用”账户结构

（二）主要经济业务的账务处理

根据材料用途（领用部门）的不同分别进行不同的账务处理。

借:生产成本——××产品　　　　(生产产品用)
　　制造费用　　　　　　　　　(车间一般耗用)
　　管理费用　　　　　　　　　(管理部门耗用)
　　销售费用　　　　　　　　　(销售部门耗用)
　　在建工程　　　　　　　　　(安装固定资产)
　　贷:原材料——××材料

【例 4-22】融智公司生产 A、B 两种产品。本月生产车间领用材料及用途如表 4-1 所示。

表 4-1　发料凭证汇总表

用途	甲材料		乙材料		金额合计(元)
	数量(千克)	金额(元)	数量(千克)	金额(元)	
生产领用材料	18 000	360 000	10 000	250 000	610 000
其中:A 产品	8 000	160 000	6 000	150 000	310 000
B 产品	10 000	200 000	4 000	100 000	300 000
车间一般耗用			1 000	25 000	25 000
合计	18 000	360 000	11 000	275 000	635 000

从表 4-1 中可以看出,该企业的材料费用可以分为两个部分:一部分为直接用于产品制造的直接材料费用,A、B 两种产品共耗用 610 000 元,其中 A 产品耗用 310 000 元,B 产品耗用 300 000 元;另一部分为车间一般耗用的材料费用 25 000 元。这项业务的发生,一方面使得公司生产产品的直接材料费增加 610 000 元,间接材料费增加 25 000 元;另一方面使得公司的库存材料减少 635 000 元,因此该项经济业务涉及"生产成本""制造费用""原材料 "三个账户。生产产品的直接材料费用和间接材料费用的增加,应分别记入"生产成本"和"制造费用"账户的借方;库存材料的减少是资产的减少,应记入"原材料"账户的贷方。这项经济业务应编制的会计分录如下:

借:生产成本——A 产品　　　　310 000
　　　　　　——B 产品　　　　300 000
　　制造费用　　　　　　　　　25 000
　　贷:原材料——甲材料　　　　　360 000
　　　　　　　——乙材料　　　　　275 000

三、职工薪酬的核算

职工薪酬是指企业为获得职工提供的服务而给予的各种形式的报酬,以及其他相关支出,包括职工在职期间和离职后提供给职工的全部货币性薪酬和非货币性福利。根据《企业会计准则第 9 号——职工薪酬》,职工薪酬包括:职工工资、奖金、津贴和补贴,职工福利费，医疗保险费、养老保险费、失业保险费、工伤保险费和生育保险费等社会保险费，住房公积金，工会经费和职工教育经费，非货币性福利，因解除与职工的劳动关系给予的补偿，其他与获得职工提供的服务相关的支出。企业应当根据职工提供服务的受益对象，将发生的职工薪酬分别计入不同的科目中。

（一）账户设置

为了核算职工薪酬的发生和分配的内容，需要设置“应付职工薪酬”账户。

“应付职工薪酬”账户，用来核算企业应付给职工各种薪酬总额与实际发放情况，并反映和监督企业与职工薪酬结算情况。该账户属于负债类账户，贷方登记本月计算的应付职工薪酬总额，借方登记本月实际支付的职工薪酬。期末余额在贷方，表示期末应付但尚未支付的职工薪酬总额，即应付未付的职工薪酬。“应付职工薪酬”账户的结构如图 4-16 所示。

借方　　　　应付职工薪酬	贷方
实际支付的职工薪酬	期初余额 本月计算的应付职工薪酬总额
	期末余额：应付未付的职工薪酬

图 4-16　“应付职工薪酬”账户结构

（二）主要经济业务的账务处理

1. 根据受益对象不同，分配职工薪酬时

借：生产成本——××产品　　　　（生产工人薪酬）
　　制造费用　　　　　　　　　（车间管理人员）
　　管理费用　　　　　　　　　（管理部门人员）
　　销售费用　　　　　　　　　（销售部门人员）
　　在建工程　　　　　　　　　（工程人员薪酬）
　　贷：应付职工薪酬　　　　　　　（计提总额）

【例 4-23】融智公司根据当月的考勤记录和产量记录等，计算分配本月工资费用，其中：A 产品生产工人工资 1 800 000 元；B 产品生产工人工资 1 600 000 元；车间管理人员工资 250 000 元；厂部管理人员工资 200 000 元。

这项经济业务的发生，一方面使应付职工薪酬增加 3 850 000 元，即 1 800 000＋1 600 000＋250 000＋200 000＝3 850 000（元），另一方面使得公司的生产费用和期间费用增加了 3 850 000 元。其中 A 产品生产工人的工资 1 800 000 元，B 产品生产工人工资 1 600 000 元，车间管理人员的工资 250 000 元，厂部管理人员的工资 200 000 元。车间生产工人和管理人员的工资作为一种生产费用应分别计入产品的生产成本（直接计入）和制造费用，厂部管理人员的工资应计入期间费用，因此该项经济业务涉及“生产成本”“制造费用”“管理费用”和“应付职工薪酬”四个账户。生产工人的工资作为直接生产费用应记入“生产成本”账户的借方，车间管理人员的工资作为间接生产费用应记入“制造费用”账户的借方，厂部管理人员的工资作为期间费用应记入“管理费用”账户的借方；上述职工工资尚未支付，形成企业负债的增加，应记入“应付职工薪酬”账户的贷方。这项经济业务应编制的会计分录如下：

借：生产成本——A 产品　　1 800 000

　　　　　　——B 产品　　1 600 000

　　制造费用　　250 000

　　管理费用　　200 000

　　贷：应付职工薪酬——工资　　3 850 000

【例 4-24】融智公司按工资的一定比例计算职工的各种保险费（五险一金），生产工人的保险费 476 000 元，其中 A 产品生产工人 252 000 元，B 产品生产工人 224 000 元，车间管理人员的保险费 35 000 元，行政管理人员的保险费 28 000 元。

这项经济业务的发生，一方面使得公司当期的费用成本增加 539 000 元，即 476 000＋35 000＋28 000＝539 000（元），另一方面使得公司的应付养老保险金等增加 539 000 元。其中 A 产品生产工人的养老保险金等为 252 000 元，B 产品生产工人的养老保险金等为 224 000 元，车间管理人员的养老保险金等为 35 000 元，厂部管理人员的养老保险金等为 28 000 元。车间生产工人和管理人员的养老保险金等作为一种生产费用应分别计入产品的生产成本（直接计入）和制造费用，厂部管理人员的养老保险金等应计入期间费用，因此该项经济业务涉及“生产成本”“制造费用”“管理费用”和“应付职工薪酬——社会保险费”等四个账户。生产工人的保险金作为直接生产费用应记入“生产成本”账户的借方，车间管理人员的保险金作为间接生产费用应记入“制造费用”账户的借方，厂部管理人员的保险金作为期间费用应记入“管理费用”账户的借方；上述职工养老保险金等尚未支付，形成企业负债的增加应记入“应付职工薪酬——社会保险费”账户的贷方。这项经济业务应编制的会计分录如下：

借：生产成本——A 产品　　252 000

　　　　　　——B 产品　　224 000

　　制造费用　　35 000

　　管理费用　　28 000

　　贷：应付职工薪酬——社会保险费　　539 000

2. 实际发放工资时

借：应付职工薪酬

　　贷：银行存款/库存现金

【例 4-25】融智公司开出现金支票，从银行提取现金 3 850 000 元，准备发放工资。

这项经济业务的发生，一方面使得公司的现金增加 3 850 000 元，另一方面使得公司的银行存款减少 3 850 000 元，因此该项经济业务涉及“库存现金”和“银行存款”两个账户。现金的增加是资产的增加，应记入“库存现金”账户的借方；银行存款的减少是资产的减少，应记入“银行存款”账户的贷方。这项经济业务应编制的会计分录如下：

借：库存现金　　3 850 000

　　贷：银行存款　　3 850 000

【例 4-26】融智公司用现金 3 850 000 元发放工资。

这项经济业务的发生，一方面使得公司的现金减少 3 850 000 元，另一方面使得公司的应付职工薪酬减少 3 850 000 元，因此该项经济业务涉及"库存现金"和"应付职工薪酬"两个账户。现金的减少是资产的减少，应记入"库存现金"账户的贷方；应付职工薪酬的减少是负债的减少，应记入"应付职工薪酬"账户的借方。这项经济业务应编制的会计分录如下：

借：应付职工薪酬——工资　　　　3 850 000

　　贷：库存现金　　　　　　　　　　3 850 000

【例 4-27】融智公司用银行存款支付职工的应付养老保险金等 539 000 元。

这项业务的发生，一方面使得银行存款减少 539 000 元，另一方面使得应付职工薪酬减少 539 000 元，因此该项经济业务涉及"银行存款"和"应付职工薪酬——社会保险费"两个账户。银行存款的减少是资产的减少，应记入"银行存款"账户的贷方；应付养老保险金等的减少是负债的减少，应记入"应付职工薪酬——社会保险费"账户的借方。这项经济业务应编制的会计分录如下：

借：应付职工薪酬——社会保险费　　　　539 000

　　贷：银行存款　　　　　　　　　　　　539 000

四、制造费用的核算

制造费用是产品制造企业为了生产产品和提供劳务而发生的各种间接费用。其主要内容是企业的生产部门（包括基本生产车间和辅助生产车间）为组织和管理生产活动，以及为生产活动服务而发生的费用，如车间管理人员的工资及福利费，车间生产使用的照明费、取暖费、运输费、劳动保护费等。由于制造费用不能直接记入"生产成本"账户，对车间发生的各种间接费用均需要在"制造费用"账户中予以归集，期末再将归集的制造费用，采用产品生产工时、生产工人工资、机器工时等作为标准合理分配计入各种产品的生产成本。在制造费用的归集过程中，要按照权责发生制的要求，正确地处理跨期间的各种费用，使其分摊于应归属的会计期间。其公式如下：

$$\text{制造费用分配率}=\frac{\text{制造费用总额}}{\sum\text{产品生产工时（或生产工人工资、机器工时等）}}$$

某种产品应分配的制造费用＝该种产品生产工时×制造费用分配率

（一）账户设置

为了归集和分配各种间接费用，主要需要设置"累计折旧"账户。

"累计折旧"账户用来核算固定资产折旧额的增减变化情况。它是固定资产的备抵账户，该账户属于资产类账户，其贷方登记累计折旧的增加额；借方登记累计折旧的减少或转销额；期末余额在贷方，表示现有固定资产已提折旧的累计金额。"累计折旧"账户的结构如图 4-17 所示。

借方	累计折旧　　贷方
固定资产折旧的减少或转销	期初余额 提取的固定资产折旧的增加
	期末余额：现有固定资产累计折旧额

图 4-17　“累计折旧”账户结构

固定资产在其较长的使用期限内能保持原有的实物形态不变，而其价值却随着固定资产的损耗而逐渐减少，固定资产由于损耗减少的价值称为折旧，折旧应作为费用计入产品成本和期间费用。由于管理上既需要固定资产的原始价值指标，又需要其净值指标，而“固定资产”账户只反映固定资产的原始价值，因此设置“累计折旧”账户反映固定资产因磨损而减少的价值。“固定资产”账户的余额减去“累计折旧”账户的余额即为固定资产的净值。

（二）主要经济业务的账务处理

1. 折旧费用

按照固定资产的用途（使用部门）的不同，将其折旧计入不同的会计科目

借：制造费用　　　　　　（生产用设备折旧）
　　管理费用　　　　　　（行政管理用设备折旧）
　　销售费用　　　　　　（销售部门用设备折旧）
　　在建工程　　　　　　（工程用设备折旧）
　　贷：累计折旧

【例 4-28】融智公司月末计提本月固定资产折旧，其中车间固定资产折旧额 7 500 元，厂部固定资产折旧额 6 000 元。

企业的固定资产由于使用等原因会磨损，其磨损价值即折旧，因而对固定资产应通过计提折旧的方式将其磨损的价值计入当期成本或损益。提取固定资产折旧时，一方面意味着当期的费用成本增加，应区分不同的空间范围记入不同的费用成本类账户，其中车间固定资产提取的折旧额应记入“制造费用”账户的借方，厂部用固定资产提取的折旧额应记入“管理费用”账户的借方；另一方面，固定资产已提折旧额的增加，实际上是固定资产价值的减少，应记入本期“固定资产”账户，但是由于“固定资产”账户只能记录固定资产的取得成本（在固定资产使用期内，一般是不变的），因此，对于固定资产提取的折旧额应记入“累计折旧”账户的贷方，表示固定资产已提折旧的增加。这项经济业务应编制的会计分录如下：

借：制造费用　　　　　　7 500
　　管理费用　　　　　　6 000
　　贷：累计折旧　　　　　13 500

2. 水、电、气费

企业所发生的水、电、气费用按照使用部门的不同，将其费用计入不同的会计科目。

借：生产成本——××产品　　　　　　（生产耗用）
　　制造费用　　　　　　　　　　（车间一般耗用）
　　管理费用　　　　　　　　　　（行政管理部门耗用）
　　销售费用　　　　　　　　　　（销售部门耗用）
　　在建工程　　　　　　　　　　（工程耗用）
　　贷：银行存款　　　　　　　　　　（实际支付金额）

【例 4-29】融智公司本月用银行存款支付生产车间的办公费 2 000 元、水电费 2 500 元。

生产车间发生的直接生产费用以外的各项费用应计入制造费用。这项经济业务的发生，一方面使得公司制造费用增加 4 500 元，即 2 000＋2 500＝4 500（元），另一方面使得公司银行存款减少 4 500 元。因此该项经济业务涉及“制造费用”和“银行存款”两个账户。办公费用和水电费的增加是费用的增加，应记入“制造费用”账户的借方，银行存款减少是资产的减少，应记入“银行存款”账户的贷方。这项经济业务应编制的会计分录如下：

借：制造费用　　　　　　4 500
　　贷：银行存款　　　　　　4 500

3. 其他车间制造费用

【例 4-30】融智公司本月租入机器设备一台，租期 3 个月。以银行存款预付 3 个月租金共 12 000 元，其中应由本月负担 4 000 元。

本例涉及两项经济业务：

（1）预付租金业务。公司用银行存款预付 3 个月的租金，但其支付的义务显然不在本期发生，因此本期付款时应将其作为一种等待摊销的费用处理。这项经济业务的发生，一方面使预付账款增加 12 000 元，另一方面使银行存款减少 12 000 元，因此该项经济业务涉及“预付账款”和“银行存款”两个账户。预付账款增加是资产的增加，应记入“预付账款”账户的借方；银行存款减少是资产的减少，应记入“银行存款”账户的贷方。这项经济业务应编制如下会计分录：

借：预付账款　　　　　　12 000
　　贷：银行存款　　　　　　12 000

（2）摊销应由本月负担的预付租金。本期负担的租金义务是在本期产生，因而应将其作为本期的费用入账。这项经济业务的发生，一方面使制造费用增加 4 000 元，另一方面使预付账款减少 4 000 元，因此该项经济业务涉及“制造费用”和“预付账款”两个账户。制造费用增加，应记入“制造费用”账户的借方；预付账款的减少是资产的减少，应记入“预付账款”账户的贷方。这项经济业务应编制如下会计分录：

借：制造费用　　　　　　4 000
　　贷：预付账款　　　　　　4 000

【例 4-31】融智公司用银行存款支付本月负担的车间办公费 4 000 元。

这项经济业务的发生，一方面使得公司的制造费用增加 4 000 元，另一方面由于车间办公费用在本期实际支付，因此该项经济业务涉及“制造费用”和“银行存款”两个账户。制造费用的增加是费用的增加，应记入“制造费用”账户的借方；用银行存款支付办公费是资产的减少，应记入“银行存款”账户的贷方。这项经济业务应编制的会计分录如下：

借：制造费用　　　　　　4 000
　　贷：银行存款　　　　　　4 000

4. 制造费用的分配

由于制造费用不能直接记入"生产成本"账户，对车间发生的各种间接费用均需要在"制造费用"账户中予以归集，月末再将归集的制造费用，采用产品生产工时、生产工人工资、机器工时等作为标准合理分配计入各种产品的生产成本。其公式如下：

$$制造费用分配率=\frac{制造费用总额}{\sum 产品生产工时（或产品工人工资、机器工时等）}$$

某种产品应分配的制造费用＝该种产品生产工时×制造费用分配率

借：生产成本——××产品

　　贷：制造费用

【例 4-32】融智公司在月末将本期发生的制造费用按照生产工时比例分配计入 A、B 产品生产成本。其中 A 产品生产工时 5 500 个，B 产品生产工时 4 500 个。

对于这项经济业务，首先归集本月发生的制造费用，即根据材料费用归集、人工费用归集、制造费用归集等业务内容可以确定公司本月发生的制造费用为 330 000 元，即 25 000＋250 000＋35 000＋7 500＋ 4 500＋4 000＋4 000＝330 000（元），然后按照生产工时比例进行分配，即：

制造费用分配率＝330 000÷（5 500＋4 500）＝33 元/工时

A 产品负担的制造费用额＝5 500 工时×33 元/工时＝181 500 元

B 产品负担的制造费用额＝4 500 工时×33 元/工时＝148 500 元

将分配的结果计入产品成本时，一方面使得产品生产费用增加 330 000 元，另一方面使得公司的制造费用减少 330 000 元，因此该项经济业务涉及"生产成本"和"制造费用"两个账户。产品生产费用的增加，作为间接费用应记入"生产成本"账户的借方，制造费用的减少是费用的结转，应记入"制造费用"账户的贷方。这项经济业务应编制的会计分录如下：

借：生产成本——A 产品	181 500	
——B 产品	148 500	
贷：制造费用		330 000

五、完工产品验收入库的核算

经过生产费用的归集和分配，已将各种产品所发生的直接材料、直接人工和制造费用归集到了"生产成本"账户的借方，在此基础上就可以计算各种产品的总成本和单位成本。产品生产成本的计算一般在生产成本明细账中进行。如果月末某种产品全部完工，该种产品生产成本明细账所归集的费用总额就是这种完工产品的总成本，用完工产品总成本除以该种产品的完工总产量即可计算出该种产品的单位成本；如果月末某种产品全部未完工，该种产品生产成本明细账所归集的费用总额就是该种产品在产品的总成本；如果月末某种产品部分完工，部分未完工，这时归集在产品成本明细账中的费用总额还要采取适当的分配方法在完工产品和在产品之间进行分配，然后才能计算出完工产品的总成本和单位成本。

（一）账户设置

为了核算完工产品成本结转及其库存商品成本情况，需要设置“库存商品”账户。

“库存商品”账户用来核算企业库存的外购商品、自制产品（即产成品）、自制半成品、存放在门市部准备出售的商品、发出展览的商品及寄存在外的商品等的实际成本（或计划成本）的增减变动及其结余情况。该账户属于资产类账户，其借方登记已经完工并验收入库产品的成本；贷方登记发出产品的成本；期末余额在借方，表示结存的库存产品成本。该账户应按照产品的种类、品种和规格设置明细账户，进行明细分类核算。“库存商品”账户结构如图 4-18 所示。

借方	库存商品 贷方
期初余额 已经完工并验收入库产品的成本的增加	库存商品成本的减少
期末余额：结存的商品成本	

图 4-18 “库存商品”账户结构

（二）主要经济业务的账务处理

完工产品成本＝期初在产品成本＋本期生产费用－期末在产品成本

借：库存商品——××产品

　　贷：生产成本——××产品　　　　　（完工产品成本）

【例 4-33】融智公司生产车间本月完工 A、B 两种产品，其中 A 产品完工总成本为 2 543 500 元，B 产品完工总成本为 2 272 500 元。A、B 产品现已验收入库，结转成本。

产品生产完工入库结转成本时，一方面使得公司的库存商品成本增加，其中 A 产品成本增加 2 543 500 元，B 产品成本增加 2 272 500 元，另一方面由于结转入库商品实际成本而使生产过程中占用的资金减少 4 816 000 元，即 2 543 500＋2 272 500＝4 816 000（元），因此该项经济业务涉及“生产成本”和“库存商品”两个账户。库存商品成本的增加是资产的增加，应记入“库存商品”账户的借方；结转入库产品的成本使生产成本减少，应记入“生产成本”账户的贷方。因此这项经济业务应编制的会计分录如下：

借：库存商品——A 产品　　　　2 543 500
　　　　　　——B 产品　　　　2 272 500
　　贷：生产成本——A 产品　　　　2 543 500
　　　　　　　　——B 产品　　　　2 272 500

第五节　产品销售业务的核算

一、产品销售业务核算的内容

企业经过了产品生产过程，生产出符合要求、可供对外销售的产品，形成了商品存货，接下来就是进入销售过程。销售过程是企业生产经营过程的最后一个阶段。这一阶段既是产品价值的实现过程，又是货币资金的回笼过程，它是企业产品再生产过程的一个必要环节。通过销售过程，将生产出来的产品销售出去，实现它们的价值。在产品的销售过程中，一方面，企业要确认产品销售收入的实现，与购买单位办理货款的结算；另一方面，在销售产品的过程中会发生运杂费、包装费、广告费等销售费用，要结转已销售产品的生产成本，同时，还需按照国家税法的规定计算缴纳各种产品销售税金，最后确定产品销售损益。企业在销售过程中除了发生销售商品、自制半成品，以及提供工业性劳务等业务，即除主营业务外，还可能发生一些其他业务，如销售材料、出租包装物、出租固定资产等。

二、主营业务收入的核算

（一）账户设置

1.“主营业务收入”账户

该账户用来核算企业销售主要经营的产品、商品和提供劳务所实现的收入。该账户属于损益类账户，其贷方登记企业实现的主营业务收入；借方登记期末转入“本年利润”账户的主营业务收入；结转后该账户期末无余额。“主营业务收入”账户应按照产品的种类设置明细账户，进行明细分类核算。“主营业务收入”账户的结构如图 4 19 所示。

借方　　　　主营业务收入	贷方
销售退回等 期末转入“本年利润”账户的净收入	实现的主营业务收入（增加）
	期末结转后无余额

图 4-19　“主营业务收入”账户结构

2.“应收账款”账户

该账户用来核算企业销售产品、提供劳务等业务形成的应向购货单位和个人收取的货、税款的债权。该账户属于资产类账户，其借方登记由于销售产品而发生的应收账款；

贷方登记已经收回的应收账款；期末余额在借方，表示尚未收回的应收账款。该账户应按不同的应收账款单位设置明细账户，进行明细分类核算。“应收账款”账户结构如图 4-20 所示。

借方　　应收账款	贷方
期初余额（或在贷方） 发生的应收账款（增加）	收回的应收账款（减少）
期末余额：应收未收款	期末余额：预收款

图 4-20　“应收账款”账户结构

3.“预收账款”账户

该账户用来核算企业按照合同规定向购货单位预收的账款。该账户属于负债类账户，其贷方登记预收购货单位的账款和购货单位补付的款项；借方登记销售实现时应向购货单位收取的账款；该账户期末余额若在贷方，表示预收购货单位的账款，若在借方，则表示销售实现时应向购货单位收取账款大于预收账款的差额，性质上属于应收账款。本账户应按照购货单位设置明细账户，进行明细分类核算。预收账款不多的企业，也可以不设置“预收账款”账户，将预收的款项直接记入“应收账款”账户的贷方。“预收账款”账户的结构如图 4-21 所示。

借方　　预收账款	贷方
预收货款的减少	期初余额（或在借方） 预收货款的增加
期末余额：购货单位应补付的账款	期末余额：预收款的结余

图 4-21　“预收账款”账户结构

4.“应收票据”账户

该账户用来核算企业与购买单位开出的商业汇票的结算情况。其借方登记收到购买单位开出的票据；贷方登记实际收到的票据款；期末如有余额在借方，表示企业持有的期末尚未收回的应收票据款项。该账户不设明细账户，为了了解每一张应收票据的结算情况，企业应设置“应收票据备查簿”，逐笔登记每一张商业汇票的种类，号数和出票日，票面金额，交易合同号，付款人、承兑人、背书人的姓名或单位名称，到期日，背书转让日，贴现日，贴现率，贴现净额，收款日，收回金额以及退票情况等资料。商业汇票到期结清票款或退票后在备查簿中注销。“应收票据”账户的结构如图 4-22 所示。

借方	应收票据 贷方
期初余额 本期收到的商业汇票(增加)	到期(或提前贴现)票据(减少)
期末余额:尚未收回的应收票据款	

图 4-22 “应收票据”账户结构

在此对商业汇票的有关内容做一简单的介绍。商业汇票是由收款人或付款人(或承兑申请人)签发,由承兑人承兑,并于到期日向收款人或持票人无条件支付款项的票据。商业汇票结算方式适用于企业先发货后收款或者双方约定延期付款的具有真实的交易关系或债权债务关系等款项的结算,同城结算和异地结算均可使用。商业汇票的付款期限由交易双方共同商定,但根据《商业汇票结算办法》规定,其最长期限不超过 6 个月。持票人如果急需资金,可以持未到期的票据到银行办理贴现。

采用商业汇票结算方式,可以使企业之间的债权债务关系表现为外在的票据,具有较强的约束力,有利于维护和发展社会主义市场经济。对于购货企业来说,由于可以延期付款,可以在资金暂时不足的情况下及时购进材料物资,保证生产经营顺利进行。对于销货企业来说,可以疏通商品渠道,扩大销售,促进生产。

商业汇票按照承兑人的不同可以分为商业承兑汇票和银行承兑汇票两种。

(二)主要经济业务的账务处理

按照销售商品时是否收款的不同计入不同的会计科目

借:银行存款 (现款销售)
　应收账款 (普通赊销)
　应收票据 (票据信用赊销)
　预收账款 (提前收取定金)
　贷:主营业务收入 (售价×销售数量)
　　应交税费——应交增值税(销项税额)

【例 4-34】融智公司销售 A 产品 80 件给大地公司,销售单价 5 000 元,共计价款 400 000 元,增值税税率 13%,货款收到存入银行。

这项经济业务的发生,一方面使企业的银行存款增加 452 000 元,另一方面使主营业务收入增加 400 000 元,增值税增加 52 000 元,即 400 000×13%=52 000(元)。因此该项业务涉及“银行存款”“主营业务收入”和“应交税费——应交增值税”三个账户。银行存款的增加是资产的增加,应记入“银行存款”账户的借方;商品销售收入的增加是收入的增加,应记入“主营业务收入”账户的贷方;增值税销项税额的增加是负债的增加,应记入“应交税费——应交增值税”账户的贷方。这项经济业务应编制的会计分录如下:

借:银行存款 452 000
　贷:主营业务收入 400 000
　　应交税费——应交增值税(销项税额) 52 000

【例 4-35】根据合同规定，融智公司预收蓝天公司购买B产品订金1 100 000元，存入银行。

这项经济业务发生，一方面使得公司的银行存款增加1 100 000元，另一方面使得公司的预收款增加1 100 000元，因此该项经济业务涉及“银行存款”和“预收账款”两个账户。银行存款的增加是资产的增加，应记入“银行存款”账户的借方；预收款的增加是负债的增加，应记入“预收账款”账户的贷方。这项经济业务应编制的会计分录如下：

借：银行存款　　　　　　　　　　　　　　1 100 000

　　贷：预收账款——蓝天公司　　　　　　　　　　1 100 000

【例 4-36】融智公司销售给中原公司A产品80件，销售单价5 000元，共计价款400 000元，增值税税率13%，货款未收。

这项经济业务的发生，一方面使得公司的应收款增加452 000元，即400 000＋400 000×13%＝452 000(元)，另一方面使得公司的商品销售收入增加400 000元，增值税销项税额增加400 000×13%＝52 000(元)。因此该项经济业务涉及“应收账款”“主营业务收入”和“应交税费——应交增值税”三个账户。应收款的增加是资产的增加，应记入“应收账款”账户的借方；商品销售收入的增加是收入的增加，应记入“主营业务收入”账户的贷方；增值税销项税额的增加是负债的增加，应记入“应交税费——应交增值税”账户的贷方。这项经济业务应编制的会计分录如下：

借：应收账款——中原公司　　　　　　　　452 000

　　贷：主营业务收入　　　　　　　　　　　　　400 000

　　　　应交税费——应交增值税(销项税额)　　　　52 000

【例 4-37】承【例 4-35】，融智公司向蓝天公司发出B产品100台，发票注明的价款1 800 000元，增值税销项税额234 000元。原预收款不足，其差额部分当即收到并存入银行。

公司原预收蓝天公司货款1 100 000元，而现在发货的价税款为2 034 000元，即1 800 000＋234 000＝2 034 000(元)，不足款项的差额为934 000元，即2 034 000－1 100 000＝934 000(元)。该项经济业务的发生，一方面使得公司的预收款减少1 100 000元，增值税销项税额增加234 000元；另一方面使得公司的银行存款增加934 000元，主营业务收入增加1 800 000元。因此该项经济业务涉及“预收账款”“银行存款”“主营业务收入”和“应交税费——应交增值税”四个账户。预收款的减少是负债的减少，应记入“预收账款”账户的借方；银行存款的增加是资产的增加，应记入“银行存款”账户的借方；商品销售增加是收入的增加，应记入“主营业务收入”账户的贷方；增值税销项税额的增加是负债的增加，应记入“应交税费——应交增值税”账户的贷方。这项经济业务应编制的会计分录如下：

借：预收账款——蓝天公司　　　　　　　　1 100 000

　　银行存款　　　　　　　　　　　　　　　93 400

　　贷：主营业务收入　　　　　　　　　　　　　1 800 000

　　　　应交税费——应交增值税(销项税额)　　　　234 000

【例 4-38】融智公司收到中原公司开出并承兑的商业汇票452 000元，用以抵偿其之前欠本企业的货款。

这项经济业务的发生，一方面使得公司的应收票据款增加452 000元，另一方面使得公司的应收款减少452 000元，因此该项经济业务涉及“应收票据”和“应收账款”两个账户。应收票据的增加是资产的增加，应记入“应收票据”账户的借方；应收款的减少是资产的减少，应记入“应收账款”账户的贷方。这项经济业务应编制的会计分录如下：

借：应收票据　　452 000

　贷：应收账款——中原公司　　452 000

对于收到的中原公司的商业汇票，应在“应收票据备查簿”中进行备查登记。

【例4-39】融智公司向鸿运工厂发出A产品30件，每件售价5 000元，共计价款150 000元，以银行存款支付代垫运费2 700元，应收增值税销项税额19 500元，但货款及税费尚未收到。

这项经济业务的发生，一方面使得公司的应收账款增加172 200元，即150 000+2 700+19 500=172 200(元)，另一方面使得公司的商品销售收入增加150 000元，增值税销项税额增加19 500元，银行存款减少2 700元。因此该项经济业务涉及“应收账款”“主营业务收入”“应交税费——应交增值税”和“银行存款”四个账户。应收款的增加是资产的增加，应记入“应收账款”账户的借方；商品销售收入的增加是收入的增加，应记入“主营业务收入”账户的贷方；增值税销项税额的增加是负债的增加，应记入“应交税费——应交增值税”账户的贷方；银行存款的减少是资产的减少，应记入“银行存款”账户的贷方。这项业务应编制的会计分录如下：

借：应收账款——鸿运工厂　　172 200

　贷：主营业务收入　　150 000

　　应交税费——应交增值税(销项税额)　　19 500

　　银行存款　　2 700

三、主营业务成本的核算

主营业务成本是指本期销售各种商品、提供各种劳务的实际成本。将销售发出的商品成本转为主营业务成本，应遵循配比的要求，不仅主营业务成本的结转应与主营业务收入在同一会计期间加以确认，而且应与主营业务收入对应的所有销售的商品在数量上保持一致。主营业务成本的计算确定公式如下：

本期应结转的主营业务成本=本期销售商品的数量×单位商品的生产成本

上式中单位商品生产成本的确定，应考虑期初库存的商品成本和本期入库的商品成本情况，可以分别采用先进先出法、一次加权平均法和个别计价法等方法来确定，方法一经确定，不得随意变动。

(一)账户设置

“主营业务成本”账户，用来核算企业经营主营业务而发生的实际成本及其结转情况。该账户属于费用类账户，其借方登记主营业务发生的实际成本；贷方登记期末转入“本年利润”账户的主营业务成本；期末结转后该账户无余额。“主营业务成本”账户应按照主营业务的种类设置明细账户，进行明细分类核算。“主营业务成本”账户的结构如图4-23所示。

借方	主营业务成本 贷方
主营业务发生的实际成本	期末转入“本年利润”账户的主营业务成本
	期末结转后无余额

图 4-23 “主营业务成本”账户结构

（二）主要经济业务的账务处理

借：主营业务成本

　　贷：库存商品——××产品

【例 4-40】融智公司月末计算并结转已售商品的销售成本，其中，A 产品的销售成本为 760 000 元，B 产品的销售成本为 1 300 000 元。

这项经济业务的发生，一方面使得公司的商品销售成本增加 2 060 000 元，即 760 000＋1 300 000＝2 060 000(元)，另一方面使得公司的库存商品成本减少 2 060 000 元，因此该项经济业务涉及“主营业务成本”和“库存商品”两个账户。商品销售成本的增加是费用成本的增加，应记入“主营业务成本”账户的借方；库存商品成本的减少是资产的减少，应记入“库存商品”账户的贷方。这项经济业务应编制的会计分录如下：

借：主营业务成本——A 产品	760 000	
——B 产品	1 300 000	
贷：库存商品——A 产品		760 000
——B 产品		1 300 000

四、税金及附加的核算

税金及附加是指企业经营业务按规定应缴纳的税金及附加，如消费税、城市维护建设税、资源税、教育费附加、房产税、城镇土地使用税、车船税、印花税等。税金及附加应以收入为基础按税法规定计算应交税费。这些税金及附加一般是根据当月销售额或应税额，按照规定的税率计算，于下月初缴纳的。其中：

应交消费税＝应税消费品的销售额×消费税税率

应交城市维护建设税＝(消费税＋增值税)×城市维护建设税税率

教育费附加的计算方式同于城市维护建设税，只是比例不同。由于这些税金及附加是在下个月缴纳的，因而计算税金及附加时，一方面作为企业发生的一项费用支出，另一方面形成企业的负债。

（一）账户设置

“税金及附加”账户用来核算企业经营活动发生的各种税金及附加，包括消费税、城市维护建设税、资源税和教育费附加等相关税费。该账户属于费用类账户，其借方登记按照有关规定计算出的各种税金及附加额；贷方登记期末转入“本年利润”账户的税金及附加;期末结转后该账户无余额。“税金及附加”账户的结构如图 4-24 所示。

借方	税金及附加 贷方
按照有关规定计算出的各种税金及附加额	期末转入“本年利润”账户的税金及附加
期末结转后无余额	

图 4-24 “税金及附加”账户结构

(二)主要经济业务的账务处理

借:税金及附加

　　贷:应交税费——应交消费税

　　　　　　——应交城市维护建设税

　　　　　　——应交教育费附加

【例 4-41】融智公司经计算,本月应缴纳城市维护建设税 11 000 元,教育费附加 5 000 元,消费税 30 000 元。

这项经济业务的发生,一方面使得公司的税金及附加增加 46 000 元,即 11 000+5 000+30 000=46 000(元),另一方面使得公司的应交税费增加 46 000 元,因此该项经济业务涉及“税金及附加”和“应交税费”两个账户。税金及附加的增加是费用支出的增加,应记入“税金及附加”账户的借方;应交税费的增加是负债的增加,应记入“应交税费”账户的贷方。这项经济业务应编制的会计分录如下:

借:税金及附加　　　　　　　　　　46 000

　　贷:应交税费——应交消费税　　　　　　30 000

　　　　　　——应交城市维护建设税　　　11 000

　　　　　　——应交教育费附加　　　　　5 000

五、销售费用的核算

销售费用是指企业在销售商品过程中发生的各项费用,以及专设销售机构的各项经费,具体包括的项目内容有包装费、运输费、装卸费、保险费、展览费、广告费,以及为销售本企业商品而专设的销售机构的费用,包括职工工资、福利费、差旅费、办公费、折旧费、修理费、物料消耗和其他经费等。该项费用与管理费用、财务费用一样应作为期间费用从当期损益中扣除。

(一)账户设置

“销售费用”账户,用来核算企业在销售商品和材料、提供劳务的过程中发生的各种费用。该账户属于费用类账户,其借方登记企业发生的销售费用;贷方登记期末转入“本年利润”账户的产品销售费用;期末结转后该账户无余额。该账户应按费用项目设专栏,进行明细分类核算。“销售费用”账户结构如图 4-25 所示。

借方	销售费用 贷方
发生的销售费用	期末转入“本年利润”账户的产品销售费用
期末结转后无余额	

图 4-25 “销售费用”账户结构

（二）主要经济业务的账务处理

借:销售费用
　　贷:银行存款
　　　　应付职工薪酬
　　　　原材料等

【例 4-42】融智公司用银行存款 6 000 元支付销售产品的运输费(不考虑增值税)。

这项经济业务的发生,一方面使企业销售费用增加 6 000 元,另一方面使企业的银行存款减少 6 000 元,因此该项经济业务涉及“销售费用”和“银行存款”两个账户。运输费的增加是费用支出的增加,应记入“销售费用”账户的借方;银行存款的减少是资产的减少,应记入“银行存款”账户的贷方。这项经济业务应编制的会计分录如下:

借:销售费用　　　　　　6 000
　　贷:银行存款　　　　　　6 000

六、其他业务收支的核算

其他业务(也称附营业务)是指企业从事主营业务以外的其他日常活动,是企业在营业执照规定的主营业务经营范围以外所从事的业务,由此而产生的经营收支也是企业经营利润的构成部分。企业除去产品销售以外的原材料销售、包装物出租和出售、技术转让等,均属于其他业务的范围。对于不同的企业而言,主营业务和其他业务的内容划分并不是绝对的,一个企业的主营业务可能是另一个企业的其他业务,即便在一个企业里,不同期间的主营业务和其他业务的内容也不是固定不变的。由于其他业务不属于企业的主要经营业务,根据重要性原则,对其他业务的核算采取比较简单的方法。其他业务收入和支出的确认原则和计量方法与主营业务基本相同,但相对而言,没有主营业务的要求严格。发生其他业务而实现的收入称为其他业务收入,与其他业务有关的成本和费用称为其他业务成本。

（一）账户设置

1."其他业务收入"账户

该账户用来核算企业除主营业务以外的其他业务收入的实现及其结转情况。该账户属于损益类账户，其贷方登记其他业务取得的收入，借方登记期末转入"本年利润"账户的其他业务收入，期末结转后该账户无余额。本账户应按照其他业务的种类设置明细账户，进行明细分类核算。"其他业务收入"账户的结构如图4-26所示。

借方 其他业务收入	贷方
期末转入"本年利润"账户的其他业务收入	其他业务取得的收入(增加)
	期末结转后无余额

图4-26 "其他业务收入"账户结构

2."其他业务成本"账户

该账户用来核算企业确认的除主营业务活动以外的其他经营活动所发生的支出，包括销售材料的成本、出租固定资产的折旧额、出租包装物的成本或摊销额等相关支出。该账户属于损益类账户，其借方登记其他业务成本，包括材料销售成本、提供劳务的成本费用的发生；贷方登记期末转入"本年利润"账户的其他业务成本额；期末结转后该账户无余额。本账户应按照其他业务的种类设置明细账户，进行明细分类核算。"其他业务成本"账户的结构如图4-27所示。

借方 其他业务成本	贷方
其他业务成本的发生(增加)	期末转入"本年利润"账户的其他业务成本
期末结转后无余额	

图4-27 "其他业务成本"账户结构

（二）主要经济业务的账务处理

取得其他业务收入时

借：银行存款等

　　贷：其他业务收入

确认其他业务成本时

借：其他业务成本

　　贷：原材料　　　　　　（被销售的材料成本）

　　　　累计折旧　　　　　（出租固定资产的折旧）

【例 4-43】融智公司出售一批成本为 25 000 元的库存原材料，售价 31 000 元，料款已收到存入银行，同时结转该批材料的实际成本。

销售材料的收入属于其他业务收入。这项经济业务的发生，一方面使得公司其他业务收入增加 31 000 元，另一方面使得公司的银行存款增加了 31 000 元。同时，一方面在增加出售材料收入抵减项目的同时，库存材料减少 25 000 元，另一方面公司的其他业务成本增加了 25 000 元。这项经济业务应编制的会计分录如下：

借：银行存款　　35 030

　　贷：其他业务收入　　31 000

　　　　应交税费——应交增值税(销项税额)　　4 030

借：其他业务成本　　25 000

　　贷：原材料　　25 000

【例 4-44】融智公司向某单位转让商标的使用权，获得不含税收入 140 000 元，存入银行(不考虑转让过程中需要缴纳的税费)。

首先应明确，转让商标的使用权，实质上就是让渡资产的使用权，这与处置无形资产的收入的处理是不同的，因而其收入属于其他业务收入范围。这项经济业务的发生，一方面使得公司的银行存款增加 140 000 元，另一方面使得公司的其他业务收入增加 140 000 元，因此该项经济业务涉及“银行存款”和“其他业务收入”两个账户。银行存款的增加是资产的增加，应记入“银行存款”账户的借方；其他业务收入的增加是收入的增加，应记入“其他业务收入”账户的贷方。因此这项经济业务应编制的会计分录如下：

借：银行存款　　140 000

　　贷：其他业务收入　　140 000

【例 4-45】融智公司结转本月出租包装物的成本 5 400 元。

企业出租包装物的成本属于其他业务成本的内容。这项经济业务的发生，一方面使得公司的其他业务成本增加 5 400 元，另一方面使得公司的周转材料成本减少 5 400 元，因此该项经济业务涉及“其他业务成本”和“周转材料”两个账户。包装物成本的摊销是费用支出的增加，应记入“其他业务成本”账户的借方；库存包装物成本的减少是资产的减少，应记入“周转材料”账户的贷方。这项业务应编制的会计分录如下：

借：其他业务成本　　5 400

　　贷：周转材料——包装物　　5 400

第六节　财务成果的形成与分配的核算

企业作为一个独立的经济实体，其经营活动的主要目的就是要不断地提高企业的盈利水平，增强企业的获利能力。利润是指企业在一定会计期间最终实现的经营成果。它是一个反映企业获利能力的综合指标。盈利或亏损是企业生产经营活动各方面情况的综合反映，如劳动生产率的高低、产品质量的优劣、产品成本的升降等都能通过盈利或亏损综合地反映出来。企业生产经营的最终目的是尽可能地增加收入，尽可能地降低成本费用，努力提高企业盈利水平，增强企业的获利能力。企业只有最大限度地获取利润，才能为国家上缴更多的所得税，才能更好地提高职工的生活水平，才能为投资者提供尽可能高的投资报酬，同时利润指标还是各有关方面对企业进行财务预测和投资决策的重要依据。

一、利润的构成与计算

企业的利润，就其构成内容来看，既有通过生产经营活动而获得的，也有通过投资活动而获得的，还有那些与生产经营活动没有直接关系的各项收入和支出等。按照我国会计准则及会计制度的规定，制造业企业的利润一般包括营业利润和营业外收支等内容。也就是说，企业在生产经营过程中通过销售活动将商品卖给购买方，实现收入，扣除当初的投入成本及其他一系列费用，再加减非经营性质的收支等，就形成了企业的利润或亏损总额。有关利润指标各个层次的计算公式如下：

（一）营业利润

营业利润是企业利润的主要来源。营业利润用公式表示如下：

营业利润＝营业收入－营业成本－税金及附加－销售费用－管理费用－研发费用－财务费用－信用减值损失－资产减值损失＋公允价值变动收益＋投资收益＋其他收益＋资产处置收益

其中：营业收入＝主营业务收入＋其他业务收入

营业成本＝主营业务成本＋其他业务成本

（二）利润总额

利润（或亏损）总额＝营业利润＋营业外收入－营业外支出

（三）净利润

企业实现的利润总额要按照国家税法的规定计算缴纳所得税。所得税后的利润即为企业的净利润。用公式表示如下：

净利润＝利润总额－所得税费用

二、营业外收支的核算

（一）账户设置

1.“营业外收入”账户

该账户用来核算企业发生的与其生产经营活动无直接关系的各项收入的实现及其结转情况，包括处置非流动资产利得、接受捐赠利得、罚款收入等。该账户属于损益类账户，其贷方登记营业外收入的增加；期末通过该账户借方将本期贷方发生额结转到“本年利润”账户；期末结转后该账户无余额。营业外收入账户应按照收入的具体项目设置明细账户，进行明细分类核算。“营业外收入”账户的结构如图4-28所示。

借方	营业外收入　　　　　　　　贷方
期末转入"本年利润"账户的营业外收入	实现的营业外收入(增加)
	期末结转后无余额

图 4-28　"营业外收入"账户结构

2."营业外支出"账户

该账户用来核算企业发生的与其生产经营活动无直接关系的各项支出的实现及其结转情况,包括固定资产盘亏、罚款支出、捐赠支出和非常损失等。该账户属于损益类账户,其借方登记发生的各项营业外支出;期末通过该账户贷方将本期借方发生额结转到"本年利润"账户;期末结转后该账户无余额。营业外支出账户应按照支出的具体项目设置明细账户,进行明细分类核算。"营业外支出"账户的结构如图 4-29 所示。

借方　　　　　　　　营业外支出	贷方
营业外支出的发生(增加)	期末转入"本年利润"账户的营业外支出
期末结转后无余额	

图 4-29　"营业外支出"账户结构

(二)主要经济业务的账务处理

借:银行存款等

　　贷:营业外收入

借:营业外支出

　　贷:银行存款等

【例 4-46】融智公司收到某单位缴纳的罚款 200 000 元存入银行。

罚款收入属于企业营业外收入。这项经济业务的发生,一方面使得公司的银行存款增加 200 000 元,另一方面使得公司的营业外收入增加 200 000 元,因此该项经济业务涉及"银行存款"和"营业外收入"两个账户。银行存款的增加是资产的增加,应记入"银行存款"账户的借方;营业外收入的增加是收益的增加,应记入"营业外收入"账户的贷方。这项经济业务应编制的会计分录如下:

借:银行存款　　　　　　　　200 000

　　贷:营业外收入　　　　　　　　200 000

【例 4-47】融智公司由于排污超标,被环保部门罚款 90 000 元,用银行存款支付。

企业被环保部门罚款属于营业外支出。这项经济业务的发生,一方面使得公司的银行存款减少 90 000 元,另一方面使得公司的营业外支出增加 90 000 元,因此该项经济业务涉及"银行存款"和"营业外支出"两个账户。营业外支出的增加是费用支出的增加,应记入"营业外支出"账户的借方;银行存款的减少是资产的减少,应记入"银行存款"账户的贷方。这项经济业务应编制的会计分录如下：

借：营业外支出　　　　　　　　90 000

　贷：银行存款　　　　　　　　　90 000

根据上述业务可知，公司实现的营业外收入为 200 000 元，发生的营业外支出为 90 000 元，因而营业外收支净额为 110 000 元，即 200 000－90 000＝110 000(元)。

三、利润形成业务的核算

（一）账户设置

1.“投资收益”账户

该账户用来核算企业对外投资所取得的收益或发生的损失及其结转情况。该账户属于损益类账户，其贷方登记投资获得的收益；借方登记投资发生的损失；期末，将本账户余额转入“本年利润”账户，期末结转后该账户无余额。“投资收益”账户应按照投资的种类设置明细账户，进行明细分类核算。“投资收益”账户的结构如图 4-30 所示。

借方　　　　投资收益	贷方
投资发生的损失	投资获取的净收益
	期末结转后无余额

图 4-30　“投资收益”账户结构

2.“所得税费用”账户

该账户用来核算企业按照有关规定确认的应从当期利润总额中扣除的所得税费用及其结转情况。该账户属于损益类账户，其借方登记企业按税法规定计算确定的当期应交所得税；期末，通过该账户贷方将本期借方发生额结转到“本年利润”账户，期末结转后该账户无余额。“所得税费用”账户的结构如图 4-31 所示。

借方　　　　所得税费用	贷方
计算确定的当期应交所得税	期末转入“本年利润”账户的所得税费用
期末结转后无余额	

图 4-31　“所得税费用”账户结构

3.“本年利润”账户

该账户用于核算企业当期实现的净利润或发生的净亏损。该账户属于所有者权益类账户，其贷方登记会计期末转入的各项收入，包括主营业务收入、其他业务收入、营业外收入；借方登记转入的本期发生的各种费用，包括主营业务成本、税金及附加、其他业务成本、管理费用、销售费用、财务费用、营业外支出和所得税费用等；将本期转入的收入、利得之和减去本期转入的费用和损失，若为贷方余额，表示实现的净利润；若为借方余额，则表示发生的亏损。年末应将该账户的余额转入“利润分配”账户，如果是净利润，应自该账户的借方转入“利润分配”账户的贷方；如果是亏损，应自该账户的贷方转入“利润分配”账户的借方；年度结账后，该账户没有余额。“本年利润”账户的结构如图 4-32 所示。

本年利润

借方	贷方
	期初余额(或在借方)
期末转入的各项费用：	期末转入的各项收入：
主营业务成本	主营业务收入
税金及附加	其他业务收入
其他业务成本	投资净收益
管理费用	营业外收入
销售费用	
财务费用	
营业外支出	
所得税费用	
期末余额：累计亏损	期末余额：累计净利润

图 4-32 “本年利润”账户结构

(二)主要经济业务的账务处理

1. 利润总额的形成

借：主营业务收入

　　其他业务收入

　　投资收益

　　营业外收入

　　贷：本年利润　　　　　　(收益的合计)

借：本年利润　　　　　　(支出的合计)

　　贷：主营业务成本

　　　　其他业务成本

　　　　营业外支出

　　　　税金及附加

　　　　管理费用

　　　　销售费用

　　　　财务费用

【例 4-48】期末，融智公司结转本期发生的各项收入，主营业务收入 2 660 000 元、其他业务收入 171 000 元、投资收益 198 100 元、营业外收入 200 000 元，共计 3 229 100 元转入“本年利润”账户。

会计期末，企业未结转各种损益类账户之前，本期实现的各项收入，以及与之相配比的成本费用是分散反映在不同的损益类账户上的，为了遵循配比的要求，使本期的收支相抵减，以便确定本期经营成果，就需要编制结账分录，结清各损益类账户。这项经济业务的发生，一方面使得公司相关的损益类账户所记录的各种收入减少，另一方面使得公司的利润额增加，因此该项业务涉及“主营业务收入”“其他业务收入”“投资收益”“营业外收入”和“本年利润”五个账户。这项业务应编制的会计分录如下：

借：主营业务收入	2 660 000	
其他业务收入	171 000	
投资收益	198 100	
营业外收入	200 000	
贷：本年利润		3 229 100

【例 4-49】期末，融智公司结转本期发生的各项费用，主营业务成本 2 060 000 元、税金及附加 46 000 元、其他业务成本 30 400 元、管理费用 358 300 元、财务费用 2 400 元、销售费用 42 000 元、营业外支出 90 000 元，共计 2 629 100 元转入“本年利润”账户。

这项经济业务的发生，一方面需要将记录在有关损益类账户中的各项费用予以转销，另一方面结转费用会使公司的利润减少，因此该项经济业务涉及“本年利润”“主营业务成本”“税金及附加”“其他业务成本”“管理费用”“销售费用”“财务费用”和“营业外支出”八个账户。各项支出的结转是费用支出的减少，应记入主营业务成本、税金及附加、其他业务成本、管理费用、销售费用、财务费用、营业外支出账户的贷方，利润的减少是所有者权益的减少，应记入“本年利润”账户的借方。这项经济业务应编制的会计分录如下：

借：本年利润	2 629 100	
贷：主营业务成本		2 060 000
税金及附加		46 000
其他业务成本		30 400
管理费用		358 300
销售费用		42 000
财务费用		2 400
营业外支出		90 000

2. 所得税费用的核算

缴纳所得税是企业生产经营盈利后应该承担的义务。按照税法规定，企业获得利润后应先向国家缴纳所得税。所得税的计算公式如下：

应交所得税＝应纳税所得额×所得税税率

应纳税所得额＝利润总额＋纳税调整增加额－纳税调整减少额

借：所得税费用

　　贷：应交税费——应交所得税

借：本年利润

　　贷：所得税费用

【例 4-50】根据前述内容，可以确定融智公司本期实现的利润总额为 600 000 元，按照 25％的税率计算本期的所得税费用。

本期应交所得税为 150 000 元，即 600 000×25％＝150 000(元)。所得税计算出来之后，一般在当期并不实际缴纳，因此在形成所得税费用的同时也产生了企业的一项负债。这项经济业务的发生，一方面使得公司的所得税费用增加 150 000 元，另一方面使得公司的应交税费增加 150 000 元，因此该项经济业务涉及“所得税费用”和“应交税费——应交所得税”两个账户。所得税费用的增加是企业费用的增加，应记入“所得税费用”账户的借方；应缴未缴的所得税是负债的增加，应记入“应交税费——应交所得税”的贷方。因此这项经济业务应编制的会计分录如下：

借：所得税费用　　150 000

　　贷：应交税费——应交所得税　　150 000

【例 4-51】期末，融智公司将计算的所得税费用转入“本年利润”账户。

融智公司本期计算出的所得税费用为 150 000 元。这项经济业务的发生，一方面使得公司的所得税费用减少 150 000 元，另一方面使得公司的利润额减少 150 000 元。所得税费用的减少是费用支出的减少，应记入“所得税费用”账户的贷方，利润的减少是所有者权益的减少，应记入“本年利润”账户的借方。这项经济业务应编制的会计分录如下：

借：本年利润　　150 000

　　贷：所得税费用　　150 000

此时，“本年利润”账户中的余额即代表了该企业在期末的净利润金额。

四、利润分配业务的核算

投资者投入企业的资金，作为股本或实收资本，参与企业的生产经营活动。企业在生产经营活动过程中取得各种收入，补偿了各项耗费后形成盈利，并按照国家规定缴纳所得税费用，形成企业的净利润，即税后利润，对于税后利润需要按规定在各有关方面进行合理的分配。

利润分配就是企业由股东大会或类似权力机构批准的、对企业可供分配利润指定其特定用途和分配给投资者的行为。股份公司实现的净利润应按公司法、公司章程以及股东大会决议的要求进行分配，利润分配的过程和结果不仅关系到每个股东的权益是否得到保障，而且还关系到未来发展问题，因此必须做好企业利润分配工作，正确地对利润分配的具体内容进行会计核算。

企业一定时期内实现的净利润，应当按照规定在企业和投资人之间进行分配。根据《公司法》的规定，一般企业和股份有限公司每期实现的净利润，首先是弥补以前年度尚未弥补的亏损，然后按下列顺序进行分配：

(1)提取法定盈余公积。法定盈余公积金应按照本年实现净利润的一定比例提取，《公司法》规定公司制企业按净利润的 10%提取；其他企业可以根据需要确定提取比例，但不得低于 10%。企业提取的法定盈余公积累计达到其注册资本的 50%以上的，可以不再提取。企业提取的法定盈余公积主要用于弥补亏损和转增资本。法定盈余公积转为资本时，所留存的该项公积不得少于公司注册资本的 25%。

(2)提取任意盈余公积。股份有限公司从税后利润中提取法定公积后，经股东会或者股东大会决议，还可以从税后利润中提取任意盈余公积。任意盈余公积与法定盈余公积的用途相同。

(3)向投资者分配利润。企业实现的净利润在扣除上述项目后,再加上年初未分配利润和其他转入数(公积金弥补的亏损等),形成可供投资者分配的利润,用公式表示为:

可供投资者分配的利润＝净利润－弥补以前年度的亏损－提取的法定盈余公积＋以前年度未分配利润＋其他转入

(一)账户设置

为了核算企业利润分配的具体过程及结果,便于更好地进行利润分配业务的核算,需要设置以下几个账户:

1."利润分配"账户

该账户用来核算企业利润的分配(或亏损的弥补)和历年结存的未分配利润(或未弥补亏损)情况。该账户属于所有者权益类账户,其借方登记按规定实际分配的利润额,或从"本年利润"账户转入的全年亏损总额;贷方登记从"本年利润"账户转入的全年实现的净利润额和弥补亏损的金额;年终若出现贷方余额,表示企业累计的未分配利润,若余额出现在借方,则表示企业有未弥补的亏损。该账户应按"提取法定盈余公积""提取任意盈余公积""盈余公积补亏""应付现金股利"和"未分配利润"设置明细账户,进行明细分类核算。年末,应将"利润分配"账户下的其他明细账户的余额转入"未分配利润"明细账户,期末结转后,除"未分配利润"明细账户有余额外,其他各个明细账户均无余额。"利润分配"账户的结构如图 4-33 所示。

借方　　　　　利润分配	贷方
实际分配的利润额: 提取盈余公积、应付现金股利、转作资本的股利、年末转入的亏损等	年初余额(或在借方) 盈余公积补亏 年末从"本年利润"账户转入的全年净利润
年内余额:已分配利润额 年末余额:未弥补亏损额	年末余额:未分配利润

图 4-33 "利润分配"账户结构

必须注意,企业进行利润分配,意味着企业实现的净利润的减少,本应借记"本年利润",直接冲减本年实现的利润,这样,"本年利润"账户的期末贷方余额只能是未分配利润,不能反映本年累计实现的利润额。然而管理上既需要会计上提供企业实现的全年累计利润,又需要提供未分配利润数额,因此,设置"利润分配"账户,作为"本年利润"的备抵调整账户,用来核算企业的利润分配和历年结存的未分配利润。

2."盈余公积"账户

该账户用来核算企业从净利润中提取的盈余公积的增减变动及其结余情况。该账户属于所有者权益类账户,其贷方登记实际提取的盈余公积;借方登记弥补亏损或转增资本而减少的金额;期末余额通常在贷方,表示企业期末结余的盈余公积。该账户应设置“法定盈余公积”和“任意盈余公积”明细账户，进行明细分类核算。“盈余公积”账户的结构如图 4-34 所示。

借方	盈余公积 贷方
弥补亏损或转增资本而减少的金额	期初余额 实际提取的盈余公积(增加)
	期末余额：结余的盈余公积

图 4-34 “盈余公积”账户结构

3.“应付股利”账户

该账户用于核算企业向股东和投资者分配的现金股利或利润。该账户属于负债类账户，其贷方登记应支付的现金股利或利润的金额；借方登记实际支付的现金股利或利润的金额；期末余额在贷方，表示企业尚未支付的现金股利或利润的金额。“应付股利”账户结构如图 4-35 所示。

借方	应付股利 贷方
实际支付的现金股利或利润	期初余额 应支付的现金股利或利润
	期末余额：尚未支付的现金股利或利润

图 4-35 “应付股利”账户结构

（二）主要经济业务的账务处理

利润分配的具体顺序前已述及，由于利润分配的核算内容比较复杂，政策性较强，其中有些内容如弥补亏损等的核算将在财务会计等课程中做介绍，因此在这里仅介绍利润分配中的提取公积金和向投资人分配利润的核算内容。

1. 结转全年利润

借：本年利润

　贷：利润分配——未分配利润

2. 分配利润时

借：利润分配——提取盈余公积

　　　　　　——应付现金股利

　贷：盈余公积

　　　应付股利等

3. 结转已分配利润

借：利润分配——未分配利润　　　　　　（已分配利润数）
　　贷：利润分配——提取盈余公积
　　　　　　　　——应付现金股利

【例 4-52】年末决算时，融智公司结转本期实现的净利润 450 000 元。

结转净利润这项经济业务的发生，一方面使得公司记录在“本年利润”账户的累计净利润减少 450 000 元，另一方面使得公司可供分配的利润增加 450 000 元，因此该项业务涉及“本年利润”和“利润分配”两个账户。结转净利润时，应将净利润从“本年利润”账户的借方转入“利润分配”账户的贷方（如果结转亏损，则应进行相反的处理）。这项经济业务应编制的会计分录如下：

借：本年利润　　　　　　　　　　　　　　450 000
　　贷：利润分配——未分配利润　　　　　　　　450 000

【例 4-53】融智公司经股东大会批准，按净利润的 10% 提取法定盈余公积金 45 000 元。

公司提取盈余公积金业务的发生，一方面使得公司的已分配利润额增加 45 000 元，另一方面使得公司的盈余公积金增加了 45 000 元，因此该经济业务涉及“利润分配”和“盈余公积”两个账户。已分配利润额的增加是所有者权益的减少，应记入“利润分配”的借方；盈余公积金的增加是所有者权益的增加，应记入“盈余公积”账户的贷方。这项经济业务应编制的会计分录如下：

借：利润分配——提取法定盈余公积　　　　　45 000
　　贷：盈余公积——法定盈余公积　　　　　　　45 000

【例 4-54】融智公司根据股东大会批准的利润分配方案，分配给投资者现金股利 160 000 元。

这项经济业务的发生，一方面使得公司的已分配利润额增加 160 000 元，另一方面，现金股利虽然已决定分配给股东，但在分配当时并未实际支付，因此形成公司的一项负债，使得公司的应付股利增加 160 000 元，因此该项业务涉及“利润分配”和“应付股利”两个账户。已分配利润的增加是所有者权益的减少，应记入“利润分配”账户的借方；应付股利的增加是负债的增加，应记入“应付股利”账户的贷方。这项经济业务应编制的会计分录如下：

借：利润分配——应付现金股利　　　　　　　160 000
　　贷：应付股利　　　　　　　　　　　　　　　160 000

【例 4-55】融智公司在会计年末结清利润分配账户所属的各有关明细账户。

通过前述有关的经济业务的处理，可以确定融智公司“利润分配”所属有关明细账户的记录分别为：“提取法定盈余公积”明细账户余额 45 000 元，“应付现金股利”明细账户的余额 160 000 元。结清时，应将各个明细账户的余额从其相反方向转入“未分配利润”明细账户中，也就是借方的余额从贷方结转，贷方的余额从借方结转。这项经济业务应编制的会计分录如下：

借：利润分配——未分配利润　　　　　　　　205 000
　　贷：利润分配——提取法定盈余公积　　　　　45 000
　　　　　　　　——应付现金股利　　　　　　　160 000

案例思考

资料

周琪大学毕业后应聘到一家规模较小的企业做会计，他认为自己是学会计的，书本上的知识自己应该都掌握了。只要采用复式记账法并遵循相应的"有借必有贷，借贷必相等"的记账规则，为这个经济业务比较简单的企业建一套正规的账是没有问题的，于是他信心十足地上任了。工作一个月后，财务科的老李将下列经济业务挑选出来，请周琪再分析。

1. 该企业原有股东两人，分别出资 200 000 元，各占公司 50%的股份。企业自成立到现在盈利情况良好，现有新的投资者王德想要投资该公司，三方协商后同意王德以 300 000 元的存款加入，占 1/3 的投资比例。周琪对此经济业务做出分录如下：

借：银行存款　　300 000

　贷：实收资本——王德　　300 000

2. 该企业只生产一种产品，本月的生产和销售情况如下：月初在产品余额为 20 000 元，本月生产产品发生成本总额 530 000 元，月末在产品的余额为 30 000 元，本月共完工产品 500 件，销售产品 400 件。

周琪对产品生产成本计算如下：

本月完工产品总成本＝530 000－30 000＝500 000(元)

本月完工产品单位成本＝500 000÷500＝1 000(元/件)

3. 收到客户订购商品的订单及购买本公司商品的订金 36 000 元。商品将会在下月发出，周琪做出的账务处理如下：

借：应收账款　　36 000

　贷：主营业务收入　　36 000

4. 企业的司机由于在运输途中违法驾驶支付交通违法罚款 200 元，周琪做出的账务处理如下：

借：主营业务收入　　200

　贷：库存现金　　200

思考题

1. 为什么王德出资额要比前两位股东都多，却只获得 1/3 的投资比例？
2. 王德多出的钱，在会计上该如何进行账务处理？这部分资金在企业有何用途？
3. 关于产品成本的计算为什么是错的？正确的单位生产成本该是多少？
4. 预收的客户订金能确认收入吗？
5. 违章罚款冲减本月的收入这种做法对吗？应该如何正确进行会计处理？
6. 你认为会计专业判断是保证会计信息可靠性和相关性的基本前提吗？

第五章　会计凭证

【本章学习目标】填制和审核会计凭证是会计信息处理的输入环节，本章详细阐述了会计凭证的意义、种类、原始凭证的填制与审核、记账凭证的填制与审核，以及会计凭证的传递与保管。本章的知识目标在于熟悉会计凭证的种类，掌握会计凭证的填制与审核，熟悉会计凭证的传递与保管；本章的能力目标在于熟练掌握并运用各类会计凭证填制的技术方法，从而理解会计凭证的编制及审核作用；本章的素养目标在于通过学习正确编制和审核会计凭证，培养学生合法守法的意识。

第一节　会计凭证的意义和种类

一、会计凭证的概念与意义

（一）会计凭证的概念

会计凭证是记录经济业务、明确经济责任、按一定格式编制的据以登记会计账簿的书面证明。

企业为了全面真实地反映各种经济业务的实际发生情况，有必要在经济业务发生时，填制或取得适当的证明文件。例如，购买材料时，由销货方开具发票；材料入库时，由仓库管理员根据验收的情况填制“收料单”；生产领用材料时填制“领料单”等。会计人员取得上述凭证后，需运用专门的方法将上述单据归类、整理后填制成具有专门格式的凭证，作为登记账簿的依据。上述证明文件，以及作为登记账簿依据的凭证都属于会计凭证。

（二）会计凭证的意义

填制和审核会计凭证，是会计核算方法之一，它对于真实反映经济业务并监督其合法性、合理性，发挥会计在经济管理中的作用具有极其重要的意义。

1. 记录经济业务，提供记账依据

会计凭证是记账的依据，通过会计凭证的填制和审核，按照一定方法对会计凭证进行及时传递，对经济业务适时地进行记录。

2. 明确经济责任，强化内部控制

经济业务发生后，需取得或填制适当的会计凭证，证明经济业务已经发生或完成；同时要由有关的经办人员在凭证上签字、盖章，明确业务责任人。通过会计凭证的填制和审核，使有关责任人在其职权范围内各负其责，并利用凭证填制和审核的手续制度进一步完善经济责任。

3. 监督经济活动，控制经济运行

会计凭证是记录经济业务相关信息的书面文件，通过审核会计凭证，可以检查经济业务的发生是否符合有关的法律、法规及相关的规章制度，是否有违法乱纪、舞弊的行为，可以及时地发现经营管理及会计核算中存在的问题，从而有效地发挥会计监督的作用，以确保经济业务的合理、合法和有效性。

二、会计凭证的种类

会计凭证按照填制程序和用途不同，可分为原始凭证和记账凭证。

（一）原始凭证

原始凭证，又称单据，是指在经济业务发生或完成时取得或填制的，用以记录或证明经济业务的发生或完成情况的原始凭据。原始凭证是记录经济业务已经发生、执行或完成，用以明确经济责任，作为记账依据的最初的书面证明文件，原始凭证是在经济业务发生的过程中直接产生的，是经济业务发生的最初证明，在法律上具有证明效力，所以也可称为“证明凭证”。原始凭证可以按照取得来源、格式、填制的手续和内容等进行分类。

1. 按取得的来源分类

原始凭证按照取得的来源不同，分为自制原始凭证和外来原始凭证。

(1)自制原始凭证

自制原始凭证，是指由本单位有关部门和人员，在执行或完成某项经济业务时填制的，仅供本单位内部使用的原始凭证。如仓库在验收材料时由仓库管理人员填制的“收料单”，车间从仓库领用材料时由领料人员填制的“领料单”，产品验收入库时填制的“入库单”，分配工资时编制的“工资分配表”等。

自制原始凭证按其填制手续不同，又可分为一次原始凭证、累计原始凭证和汇总原始凭证三种。

①一次原始凭证

一次原始凭证，是指只反映一项经济业务或者同时反映若干项同类性质的经济业务，其填制手续是一次性完成的原始凭证。如企业购进材料验收入库，由仓库保管员填制的“收料单”，车间或班组向仓库领用材料时填制的“领料单”，以及报销人员填制的、出纳人员据以付款的“报销凭单”等，都是一次原始凭证。领料单的格式如表 5-1 所示。

表 5-1 领 料 单

领料部门： 领料编号：
领料仓库： 年 月 日 领料用途：

材料类别	材料编号	材料名称	规格	计量单位	数量		材料成本	
					请领	实发	单价	金额
合计								

记账： 发料： 审批： 领料：

②累计原始凭证

累计原始凭证，是指在一定期间内，连续多次记载若干不断重复发生的同类经济业务，直到期末凭证填制手续才算完成，以期末累计数作为记账依据的原始凭证，如工业企业常用的限额领料单等。使用累计凭证，可以简化核算手续，能对材料消耗、成本管理起事先控制作用，是企业进行计划管理的手段之一。限额领料单的格式如表 5-2 所示。

表 5-2 限额领料单

领料部门： 领料编号：
领料用途： 年 月 口 领料仓库：

<table>
<tr><td rowspan="2">材料编号</td><td rowspan="2">材料名称</td><td rowspan="2">规格</td><td rowspan="2">计量单位</td><td rowspan="2" colspan="2">领用限额</td><td colspan="3">实际领用</td><td rowspan="2">备注</td></tr>
<tr><td>数量</td><td>单价</td><td>金额</td></tr>
<tr><td></td><td></td><td></td><td></td><td></td><td></td><td></td><td></td><td></td><td></td></tr>
<tr><td rowspan="2">日期</td><td colspan="2">请领</td><td colspan="3">实发</td><td colspan="3">退回</td><td rowspan="2">限额结余</td></tr>
<tr><td>数量</td><td>领料人签章</td><td>数量</td><td>发料人签章</td><td>领料人签章</td><td>数量</td><td>收料人签章</td><td>退料人签章</td></tr>
<tr><td></td><td></td><td></td><td></td><td></td><td></td><td></td><td></td><td></td><td></td></tr>
<tr><td colspan="2">合计</td><td></td><td></td><td></td><td></td><td></td><td></td><td></td><td></td></tr>
</table>

生产计划负责人： 供应部门负责人： 仓库负责人：

③汇总原始凭证

汇总原始凭证，是指在会计核算工作中，为简化记账凭证的编制工作，将一定时期内若干份记录同类经济业务的原始凭证按照一定的管理要求汇总编制一张汇总凭证，用以集中反映某项经济业务总括发生情况的会计凭证，如“发料凭证汇总表”“收料凭证汇总表”“现金收入汇总表”等都是汇总原始凭证。

汇总原始凭证只能将同类内容的经济业务汇总填列在一张汇总凭证中。在一张汇总凭证中，不能将两类或两类以上的经济业务汇总填列。汇总原始凭证在大中型企业中使用得非常广泛，因为它可以简化核算手续，提高核算工作效率；能够使核算资料更为系统化，使核算过程更为条理化；能够直接为管理者提供某些综合指标。发料凭证汇总表的格式如表 5-3 所示。

表 5-3　发出材料汇总表

年　月　　　　　　　　　　　　　　　　　　单位:元

领料部门和用途	材料类别			合　计
	原材料	包装物	低值易耗品	
基本生产车间耗用				
甲产品耗用				
乙产品耗用				
甲、乙产品共同耗用				
车间一般耗用				
辅助生产车间耗用				
供电车间耗用				
机修车间耗用				
厂部管理部门耗用				
合计				

(2)外来原始凭证

外来原始凭证是指在经济业务发生或完成时,从其他单位或个人直接取得的原始凭证,或是能证明物品来源的最初证明。外来原始凭证都是一次凭证。如企业采购货物时从销货方取得的发票,出差人员报账时提供的车船票、住宿票、货物运单,银行的收账通知单等,均是外来原始凭证。增值税专用发票如图 5-1 所示。

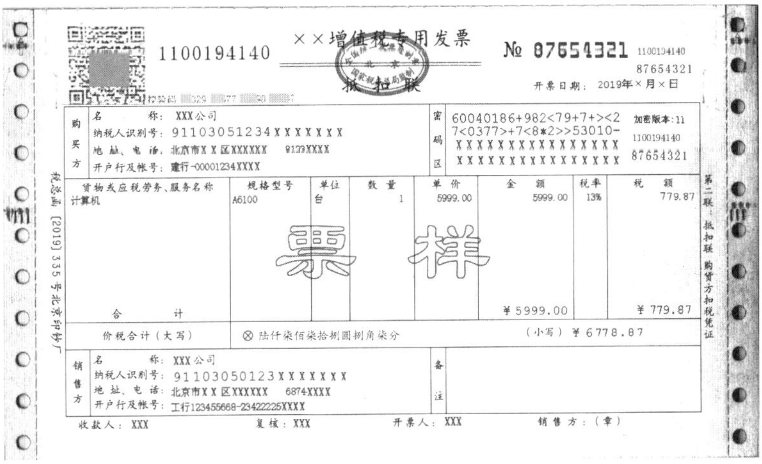
1100194140　××增值税专用发票　№ 87654321　1100194140　87654321
抵扣联
开票日期：2019年×月×日
购买方　名　称：XXX公司
纳税人识别号：91103051234XXXXXXX
地址、电话：北京市XX区XXXXXX　8129XXXX
开户行及帐号：建行-00001234XXXX
密码区　60040186+982<79+7+><2　7<0377>+7<8*2>>53010-　XXXXXXXXXXXXXXXX　XXXXXXXXXXXXXXXX
加密版本：11　1100194140　87654321
货物或应税劳务、服务名称 | 规格型号 | 单位 | 数量 | 单价 | 金额 | 税率 | 税额
计算机 | A6100 | 台 | 1 | 5999.00 | 5999.00 | 13% | 779.87
合　计 | | | | | ￥5999.00 | | ￥779.87
价税合计（大写）　⊗陆仟柒佰柒拾捌圆捌角柒分　（小写）￥6778.87
销售方　名　称：XXX公司
纳税人识别号：91103050123XXXXXXX
地址、电话：北京市XX区XXXXXX　6874XXXX
开户行及帐号：工行123455668-23422225XXXX
备注
收款人：XXX　复核：XXX　开票人：XXX　销售方：（章）
税总函[2019]335号北京印钞厂
第二联：抵扣联　购货方扣税凭证
票样

图 5-1　增值税专用发票票样

2. 按照格式分类

原始凭证按照格式的不同,可分为通用凭证和专用凭证。

(1)通用凭证

通用凭证,是指由有关部门统一印制、在一定范围内使用的具有统一格式和使用方法的原始凭证。如某省(自治区、直辖市)印制的在该省(自治区、直辖市)通用的发货票、由中国人民银行制作的在全国通用的银行转账结算凭证、由国家税务总局统一印制的全国通用的增值税专用发票等。

(2)专用凭证

专用凭证,是指由单位自行印制,仅在本单位内部使用的原始凭证。专用凭证也是自制原始凭证。如领料单、差旅费报销单、折旧计算表、工资费用分配表等。

(二)记账凭证

记账凭证,又称记账凭单,是指会计人员根据审核无误的原始凭证,按照经济业务的内容加以归类,并据以确定会计分录后所填制的会计凭证,作为登记账簿的直接依据。由于原始凭证来自不同的单位,种类繁多,数量庞大,格式不一,不能清楚地表明应计入的会计科目的名称和方向,为了便于登记账簿,需要根据原始凭证反映的不同经济业务加以归类和整理,填制具有统一格式的记账凭证,确定会计分录,并将相关的原始凭证附在后面。这样不仅可以简化记账工作,减少差错,而且有利于原始凭证的保管,便于对账和查账,提高会计工作质量。

记账凭证可按不同的标准进行分类,按照填列科目的数量可分为单式记账凭证和复式记账凭证。按照用途可分为专用记账凭证和通用记账凭证。

1.按凭证的填列方式分类

(1)单式记账凭证

单式记账凭证也称单项记账凭证,是指将一项经济业务涉及的各个会计科目分别填制凭证,即一张凭证中只填列一个会计科目的记账凭证。填列借方科目的记账凭证,称为借项记账凭证;填列贷方科目的记账凭证,称为贷项记账凭证。

采用单式记账凭证,便于汇总每一会计科目的借方发生额和贷方发生额,便于分工记账,但不能在一张凭证上反映一项经济业务的全貌,不便于查账,而且记账凭证的数量和填制工作都很大。此类凭证一般适用于业务量较大,会计部门内部分工比较细的单位。

(2)复式记账凭证

复式记账凭证,是指将一项经济业务所涉及的应借、应贷的各个会计科目,都集中填列在一张凭证中的记账凭证。复式记账凭证可以在一张凭证上集中反映一项经济业务会计科目的对应关系,便于了解有关经济业务会计科目的对应关系,便于了解有关经济业务的全貌,便于检查会计分录的正确性,但不便于汇总计算每一个会计科目的发生额。复式记账凭证按照用途可以分为专用记账凭证和通用记账凭证。

①专用记账凭证

A.收款凭证

收款凭证是用来记录库存现金和银行存款收入业务的记账凭证。收款凭证分为现金收款凭证和银行存款收款凭证。收款凭证的格式如表5-4所示。

表 5-4　收款凭证

借方科目：银行存款/库存现金　　　　年　　月　　日　　　　银收/现收第　　　号

摘要	贷方科目		记账	金额
	总账科目	明细科目		

附件　张

出纳：　　　　财务主管：　　　　审核：　　　　记账：　　　　制单：

B. 付款凭证

付款凭证是用来记录库存现金和银行存款付出业务的记账凭证。付款凭证分为现金付款凭证和银行存款付款凭证。付款凭证的格式见表 5-5 所示。

表 5-5　付款凭证

贷方科目：银行存款/库存现金　　　　年　　月　　日　　　　银付/现付第　　　号

摘要	借方科目		记账	金额
	总账科目	明细账科目		
合计				

附件　张

出纳：　　　　财务主管：　　　　审核：　　　　记账：　　　　制单：

C. 转账凭证

转账凭证是用来记录与库存现金、银行存款无关的转账业务的凭证。转账凭证的格式如表 5-6 所示。

表 5-6　转账凭证

年　　月　　日　　　　转字　　　号

摘要	总账科目	明细科目	记账	借方金额	贷方金额
合计					

附件　张

出纳：　　　　财务主管：　　　　审核：　　　　记账：　　　　制单：

②通用记账凭证

通用记账凭证是指用来反映所有经济业务的记账凭证，为各类经济业务所共同使用，其格式与转账凭证基本相同。此类记账凭证适用于业务比较单纯、业务量较少的单位。

2. 按其包含的内容不同分类

记账凭证按其包含的内容不同，可以分为单一记账凭证、汇总记账凭证和科目汇总表（亦称记账凭证汇总表、账户汇总表）三类。

单一记账凭证，是指只包括一笔经济业务的会计分录。上述的专用记账凭证和通用记账凭证，均为单一记账凭证。

汇总记账凭证，是指根据一定时期内同类单一记账凭证定期加以汇总而重新编制的记账凭证。其目的是简化总分类账的登记手续。汇总记账凭证又可以进一步分为汇总收款凭证、汇总付款凭证和汇总转账凭证。

科目汇总表，是指将一定时期内所有的记账凭证定期加以汇总而重新编制的记账凭证。其目的也是简化总分类账的登记手续。

综上所述，会计凭证的分类归纳如图 5-2 所示。

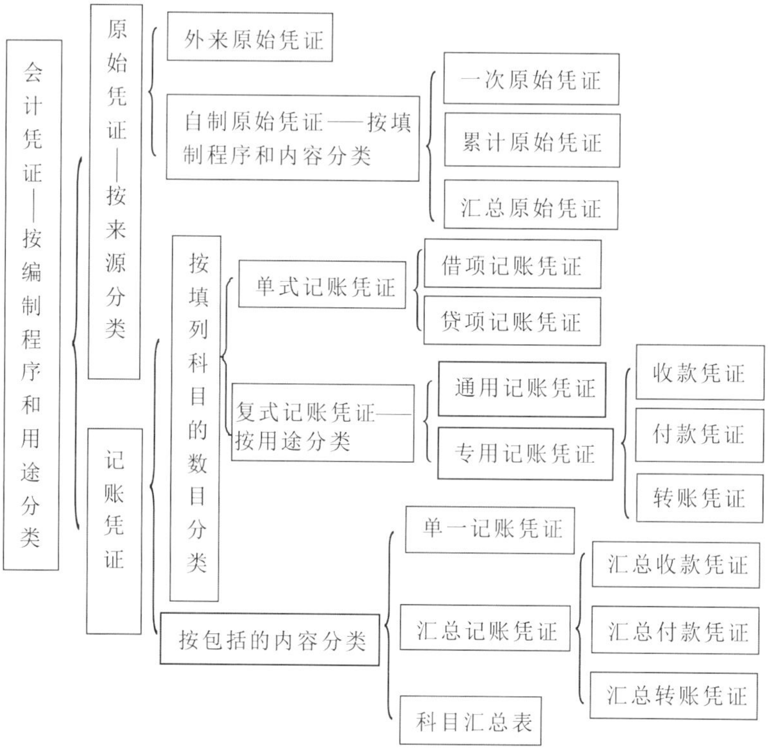

图 5-2　会计凭证分类示意图

第二节　原始凭证的填制和审核

一、原始凭证的基本内容

原始凭证的格式和内容因经济业务和经营管理的不同而有所差异，但应当具备以下基本内容（也称为原始凭证要素）：(1)凭证的名称；(2)填制凭证的日期；(3)填制凭证单位名称或者填制人姓名；(4)经办人员的签名或者盖章；(5)接受凭证单位名称；(6)经济业务内容；(7)数量、单价和金额。原始凭证的基本内容如图 5-3 所示。

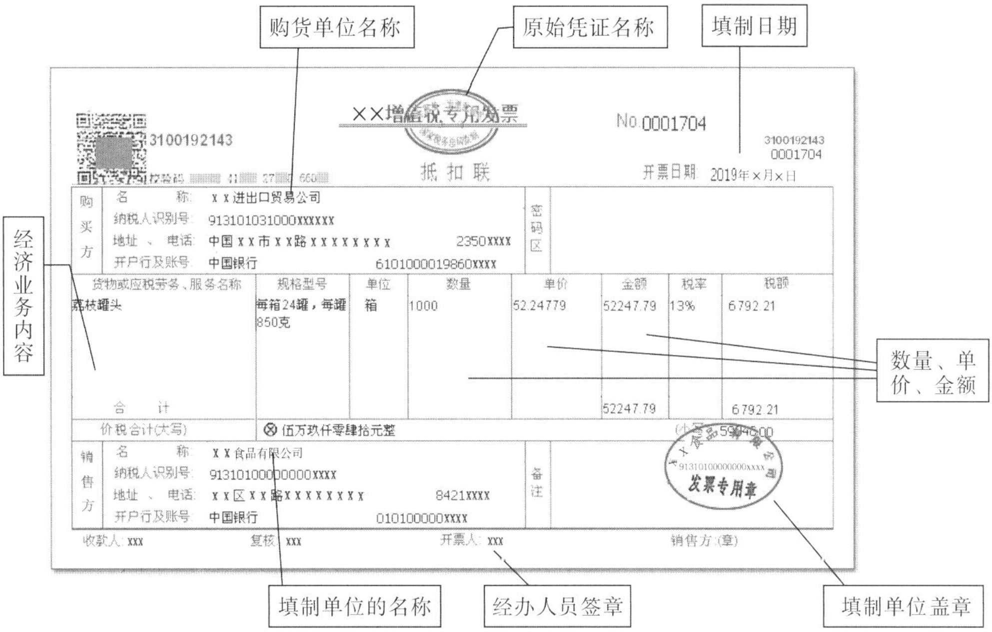

图 5-3　原始凭证的基本内容

二、原始凭证的填制要求

(一)原始凭证填制的基本要求

1. 记录真实

原始凭证所反映的经济业务必须合法、真实；原始凭证上填列的内容、数字必须真实可靠，符合经济业务的实际情况。

2. 内容完整，手续完备

各种原始凭证的内容必须逐项填写齐全，不得遗漏、省略。项目填写不完整的原始凭证，不能作为经济业务的合法凭证，不能作为编制记账凭证和登记账簿的依据。特别注意，名称不能使用简称，应写全称。填写的签章应齐全，手续必须完备。

3.填制清楚、规范

各种原始凭证的书写要用蓝色或黑色墨水，填写支票必须用碳素墨水笔。文字简要，字迹工整、清楚、易于辨认，不得使用未经国务院公布的简化汉字。一式多联的凭证，应当注明各联的用途，套写时，一定要写透。凡填有大写和小写金额的原始凭证，大写、小写金额必须相符，且金额书写必须符合规范要求。

对原始凭证金额的填写，还要符合以下技术要求：

(1)阿拉伯数字应当一个一个地写，不得写连笔字。特别是要连着写几个“0”时，也一定要单个地写，不能将几个“0”连在一起一笔写完。

(2)阿拉伯数字金额前面应当书写货币币种符号或者货币名称简写，如人民币符号为“￥”。币种符号与阿拉伯数字金额之间不得留有空白。凡阿拉伯数字金额前写有货币币种符号的，数字后面不再写货币单位。

所有以元为单位的阿拉伯数字，除表示单价等情况外，一律填写到角、分；无角、分的，角位和分位可写“00”或者符号“—”；有角无分的，分位应当写“0”，不得用符号“—”代替。

(3)汉字大写数字金额如零、壹、贰、叁、肆、伍、陆、柒、捌、玖、拾、佰、仟、万、亿等，不得用O、一、二、三、四、五、六、七、八、九、十等代替。不得任意自造简化字。大写金额前未印有“人民币”字样的，应加写“人民币”三个字，“人民币”字样和大写金额之间不得留有空白。大写金额数字到元或角为止的，之后应当写“整”字或者“正”字。大写金额数字有分的，分字后面不写“整”字或者“正”字。

(4)阿拉伯金额数字中间连续有几个“0”时，汉字大写金额符合中文语言规律即可。

4.连续编号

各种原始凭证都必须连续编号，以备查核。一式多联的原始凭证，必须注明各联的用途，并且只能以一联用作报销凭证。如果原始凭证已经预先编号，在票据作废时，作废的原始凭证应加盖“作废”戳记，按原编号顺序连同存根一起保存，不得任意销毁。

5.不得涂改、刮擦、挖补

各种原始凭证不能随意涂改、刮擦、挖补。对有错误的原始凭证，按照规定进行错误更正：

(1)原始凭证的内容有错误的，应当由开具单位重开或更正；

(2)原始凭证金额出现错误的不得更正，只能由原始凭证出具单位重新开具。

6.填制及时

各种原始凭证的填制应当及时，并按规定的程序及时送交财会部门，由财会部门加以审核，并据以填制记账凭证。

(二)自制原始凭证的填制要求

不同的自制原始凭证，填制要求也有所不同。

1.一次凭证的填制

一次凭证应在经济业务发生或完成时，由相关业务人员一次性填制完成。该凭证往往只能反映一项经济业务，或者同时反映若干项同一性质的经济业务。

2.累计凭证的填制

累计凭证应在每次经济业务完成后，由相关人员在同一张凭证上重复填制完成。该凭证能在一定时期内不断重复地反映同类经济业务的完成情况。

3.汇总凭证的填制

汇总凭证应由相关人员在汇总一定时期内反映同类经济业务的原始凭证后填制完成。该凭证只能将类型相同的经济业务进行汇总，不能汇总两类或两类以上的经济业务。

（三）外来原始凭证的填制要求

外来原始凭证应在企业同外单位发生经济业务时，由外单位的相关人员填制完成。外来原始凭证一般由税务部门统一印制，或经税务部门批准由经营单位印制，格式必须规范、内容必须完整，并且在填制时加盖出具凭证单位发票专用章等方为有效。对于一式多联的原始凭证必须用复写纸套写或打印机套打。

三、原始凭证的审核

（一）原始凭证的审核内容

为了如实反映经济业务的发生和完成情况，充分发挥会计的监督职能，保证会计信息的真实、合法、完整和准确，会计人员必须对原始凭证进行严格审核。审核的内容主要包括：(1)审核原始凭证的真实性，包括凭证日期是否真实，业务内容是否真实，数据是否真实等内容；(2)审核原始凭证的合法性，审核原始凭证所记录经济业务是否有违反国家法律法规问题；(3)审核原始凭证的合理性，审核原始凭证所记录经济业务是否符合企业生产经营活动的需要，是否符合有关的计划和预算等；(4)审核原始凭证的完整性，包括审核原始凭证的内容和填制手续是否完整，有关人员签章是否齐全；(5)审核原始凭证各项金额的计算及填写是否正确；(6)审核原始凭证的及时性。

（二）审核后原始凭证的处理

原始凭证开具单位应当依法开具准确无误的原始凭证，对于有误的原始凭证，负有更正或重新开具的法律义务，不得拒绝。原始凭证记载的各项内容均不得涂改，凡涂改过的原始凭证均视为无效凭证，不能作为填制记账凭证或登记会计账簿的依据。会计机构、会计人员对记载不准确、不完整的原始凭证予以退回，并要求经办人员按照国家统一的会计制度的规定进行更正、补充。会计机构、会计人员对不真实的原始凭证，有权不予受理，并向单位负责人报告，请求查明原因，追究当事人的责任。

第三节　记账凭证的填制和审核

一、记账凭证的基本内容

记账凭证是登记账簿的依据，因其所反映经济业务的内容不同、各单位规模大小及其对会计核算繁简程度的要求不同，其内容有所差异，但应当具备以下基本内容：(1)填制凭证的日期；(2)凭证编号；(3)经济业务摘要；(4)会计科目；(5)金额；(6)所附原始凭证张数；(7)填制凭证人员、稽核人员、记账人员、会计机构负责人、会计主管人员签名或者盖章。收款和付款记账凭证还应当由出纳人员签名或者盖章。以自制的原始凭证或者原始凭证汇总表代替记账凭证的，也必须具备记账凭证应有的项目。记账凭证的基本内容如图 5-4 所示。

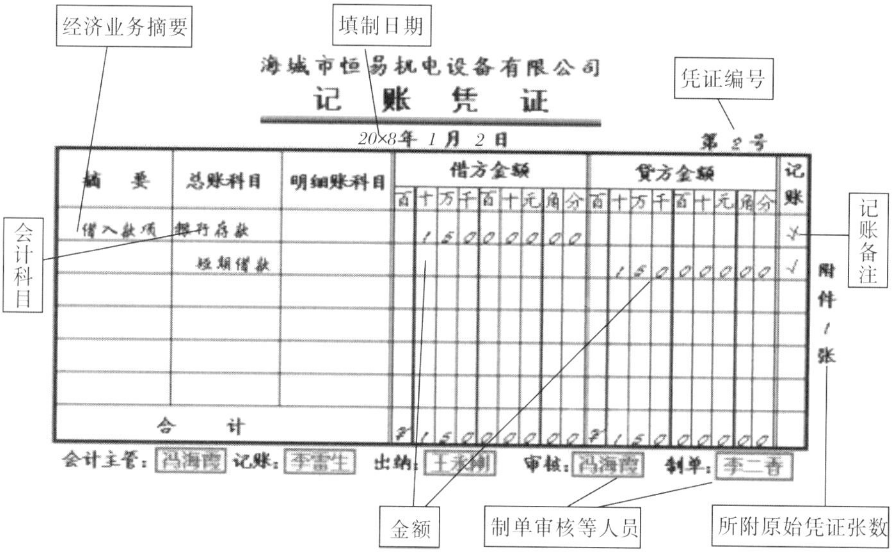

图 5-4　记账凭证的基本内容

二、记账凭证的填制

记账凭证根据审核无误的原始凭证或原始凭证汇总表填制。记账凭证填制正确与否，直接影响整个会计系统最终提供信息的质量。

(一)记账凭证填制的基本要求

1. 记账凭证各项内容必须完整

记账凭证必须根据审核无误的原始凭证、原始凭证汇总表及其他资料填列，但是不同内容和性质的原始凭证不能汇总填列在一张记账凭证上，同时，各项基本内容应该填列完整。

2.记账凭证的书写应当清楚、规范

记账凭证的书写应该采用正楷或者行书；数字应该一笔一笔地写，不能连写，与原始凭证的填写要求一致，角、分位不能为空，也不能用“－”代替，应填写“0”；会计科目应该按照会计制度统一规定的名称填写，不能简写，也不能完全用代号替代；无统一名称的明细科目，应当取名得当、确切。

3.除结账和更正错账可以不附原始凭证外，其他记账凭证必须附原始凭证

除结账和更正错账可以不附原始凭证外，其他记账凭证必须附原始凭证，同时，记账凭证上应注明所附原始凭证张数，也可以是原始凭证的自然张数。如果根据同一份原始凭证填列数份记账凭证的，应在未附原始凭证的记账凭证上注明“附件××张，见第××号记账凭证”；如果原始凭证另行保管的，则应在记账凭证上注明“附件另存”。

4.记账凭证应按规定填制

记账凭证可以根据每一张原始凭证填制，或根据若干张同类原始凭证汇总填制，也可以根据原始凭证汇总表填制，但不得将不同内容和类别的原始凭证汇总填制在一张记账凭证上。

5.记账凭证应连续编号

凭证应由主管该项业务的会计人员，按业务发生的顺序并根据不同种类的记账凭证采用“字号编号法”连续编号。如果一笔经济业务需要填制两张以上（含两张）记账凭证的，可以采用“分数编号法”编号。

6.填制记账凭证时若发生错误，应当更正

填制记账凭证时若发生错误，且尚未入账，则应当重新填制。如果是根据记账凭证登记账簿后，发现记账凭证有错误的，则应按规定的错账更正方法进行更正；如果会计科目、记账方向等有错误，应采取“红字更正法”；如果会计科目、记账方向等无误，金额有错误，则应采取“红字更正法”或者“补充登记法”。发现以前年度记账凭证有错误的，应当用蓝字填制一张更正的记账凭证。

7.记账凭证填制完成，空行处画线注销

记账凭证填制完成后，如有空行，应当自金额栏最后一笔金额数字以下至合计数以上的空行处画线注销。

（二）收款凭证填制

凡是涉及现金或银行存款收入的业务，必须填制收款凭证（现金和银行存款相互划转的业务除外）。

收款凭证左上角的“借方科目”按收款的性质填写“库存现金”或“银行存款”；日期填写的是填制本凭证的日期；右上角填写填制收款凭证的顺序号；“摘要”填写对所记录的经济业务的简要说明；“贷方科目”填写与收入“库存现金”或“银行存款”相对应的会计科目；“记账”是指该凭证已登记账簿的标记，防止经济业务重记或漏记；“金额”是指该项经济业务的发生额；该凭证右边“附件×张”是指本记账凭证所附原始凭证的张数；最下边分别由有关人员签章，以明确经济责任。

【例 5-1】20×8 年 6 月 2 日，企业为购建固定资产向银行借款 100 000 元，期限两年，款项已存入企业银行存款账户。填制的收款凭证如表 5-7 所示。

表 5-7　收款凭证

借方科目：银行存款　　　　20×8 年 6 月 2 日　　　　银收字第 100 号

摘要	贷方科目		记账	金额									
	总账科目	明细科目		千	百	十	万	千	百	十	元	角	分
向银行借款	长期借款					1	0	0	0	0	0	0	0
合计					¥	1	0	0	0	0	0	0	0

附件×张

出纳：　　　财务主管：　　　审核：　　　记账：　　　制单：

（三）付款凭证的填制

付款凭证是根据审核无误的有关库存现金和银行存款的付款业务的原始凭证填制的。付款凭证的填制方法与收款凭证基本相同，不同的是在付款凭证的左上角应填列贷方科目，即“库存现金”或“银行存款”科目，“借方科目”栏应填写与“库存现金”或“银行存款”相对应的一级科目和明细科目。

对于涉及“库存现金”和“银行存款”之间的相互划转业务，为了避免重复记账，一般只填制付款凭证，不再填制收款凭证。

出纳人员在办理收款或付款业务后，应在原始凭证上加盖“收讫”或“付讫”的戳记，以免重收、重付。

【例 5-2】20×8 年 6 月 3 日，A 公司购入一台不需安装的生产设备，取得的增值税专用发票注明买价 20 000 元，增值税进项税额 2 600 元，发生运杂费 800 元，全部款项以银行存款支付。填制的付款凭证如表 5-8 所示。(不考虑运杂费的增值税)

表 5-8　付款凭证

贷方科目：银行存款　　　　20×8 年 6 月 3 日　　　　银付字第 100 号

摘要	借方科目		记账	金额									
	总账科目	明细科目		千	百	十	万	千	百	十	元	角	分
购置生产设备	固定资产						2	0	8	0	0	0	0
	应交税费	应交增值税						2	6	0	0	0	0
合计						¥	2	3	4	0	0	0	0

附件×张

出纳：　　　财务主管：　　　审核：　　　记账：　　　制单：

（四）转账凭证的填制

凡是不涉及现金或者银行存款收支业务的，一律填写转账凭证。

转账凭证通常是根据有关转账业务的原始凭证填制的。转账凭证中“总账科目”和“明细科目”栏应填写应借、应贷的总账科目和明细科目，借方科目应记金额应在同一行的“借方金额”栏填列，贷方科目应记金额应在同一行的“贷方金额”栏填列，“借方金额”栏合计数与“贷方金额”栏合计数应相等。

此外，某些既涉及收款业务，又涉及转账业务的综合性业务，可分开填制不同类型的记账凭证。

【例 5-3】20×8 年 6 月 8 日，车间生产甲产品领用 A 材料 350 千克，单价 72 元，领用 B 材料 560 千克，单价 31 元。转账凭证的填制如表 5-9 所示。

表 5-9 转账凭证

20×8 年 6 月 8 日 转字第 82 号

摘要	总账科目	明细科目	记账	借方金额										贷方金额									
				千	百	十	万	千	百	十	元	角	分	千	百	十	万	千	百	十	元	角	分
领用材料	生产成本	甲产品					4	2	5	6	0	0	0										
领用材料	原材料	A 材料															2	5	2	0	0	0	0
领用材料		B 材料															1	7	3	6	0	0	0
合计						¥	4	2	5	6	0	0	0			¥	4	2	5	6	0	0	0

附件×张

出纳： 财务主管： 审核： 记账： 制单：

三、记账凭证的审核

记账凭证的审核，就是审查已填制好的、作为登记账簿依据的会计凭证的内容，是否符合现行会计制度、财务管理制度和凭证填制的规定及要求，证实企业单位在会计核算上有无弄虚作假、徇私舞弊等问题的一种审查，其基本项目有：(1)记账凭证的基本要素是否完整，有无缺少或空白，主要看填制日期、编号、业务内容摘要、附原始凭证张数、会计科目及其借贷方向及填制人、出纳、复核、会计主管人员的签章等是否清晰、准确；(2)审查会计科目的运用是否符合有关会计准则和会计制度的规定，借贷方向是否正确；(3)审查各级负责人和有关经办人的签章是否齐备，其会计责任是否明确，有无手续不清、责任不明的现象；(4)审查记账凭证的单价、数量、明细金额、合计金额是否正确，有无多计、少计和误计；(5)审查记账凭证与对应的账簿记录是否一致，有无出入或账证不符的情况；(6)与所附的原始凭证核对，核对其数量、金额、摘要等是否一致，有无证证不符的现象；(7)审查会计科目对应关系及借、贷金额是否正确，两类会计科目的金额是否平衡。

独立地进行记账凭证检查，往往只能发现某些疑点及异常，对于一些“假账真做”和“真账假做”的情况并不能单纯依靠记账凭证的检查。因此，记账凭证的检查应与原始凭证及会计账簿检查合理搭配起来，才容易把握有关问题发生、发展的来龙去脉，查出隐藏其中的会计错弊。

四、记账凭证与原始凭证的区别

1. 填制人员不同

原始凭证应由经办人员填制，而记账凭证一律由本单位会计人员填制。

2. 填制依据不同

原始凭证根据发生或完成的经济业务填制，而记账凭证则根据审核后的原始凭证填制。

3. 填制方式不同

原始凭证仅用以记录、证明经济业务已经发生或完成，而记账凭证则依据会计科目对已经发生或完成的经济业务进行归类、整理编制。

4. 发挥作用不同

原始凭证是记账凭证的附件，是填制记账凭证的依据，而记账凭证是登记账簿的直接依据。

第四节　会计凭证的传递和保管

一、会计凭证的传递

（一）会计凭证传递的定义

会计凭证的传递，是指从会计凭证的取得或填制时起至归档保管过程中，在单位内部有关部门和人员之间的传送程序。会计凭证的传递主要包括凭证的传递路线、传递时间和传递手续三个方面的要素。

会计凭证的传递时间，是指各种凭证在各经办部门、环节所停留的最长时间。它应考虑各部门和有关人员，在正常情况下办理经济业务所需时间来合理确定。明确会计凭证的传递时间，能防止拖延处理和积压凭证，保证会计工作的正常秩序，提高工作效率。一切会计凭证的传递和处理，都应在报告期内完成。否则，将会影响会计核算的及时性。

会计凭证的传递手续，是指在凭证传递过程中的衔接手续。会计凭证的传递手续，应该做到既完备严密，又简便易行。凭证的收发、交接都应按一定的手续制度办理，以保证会计凭证的安全和完整。

会计凭证的传递路线、传递时间和传递手续，还应根据实际情况的变化及时加以修改，以确保会计凭证传递的科学化、制度化。

（二）会计凭证传递的要求

1. 确定传递路线

各单位应根据经济业务的特点，结合内部机构和人员分工情况，以及满足经营管理和会计核算的需要，规定会计凭证的传递程序，并据此规定会计凭证的份数，使经办业务的部门和人员能够及时地办理各种凭证手续。确定传递路线，既符合内部牵制原则，又能加速业务处理过程，提高工作效率。

2. 确定传递时间

各单位要根据有关部门和人员对经济业务办理必要手续（如计量、检验、审核、登记等）的需要，确定凭证在各个环节停留的时间，保证业务手续的完成。但又要防止不必要的耽搁，从而使会计凭证以最快速度传递，以充分发挥它及时传递经济信息的作用。

3. 建立凭证交接的签收制度

为了确保会计凭证的安全和完整，在各个环节中都应指定专人办理交接手续，做到责任明确，手续完备、严密、简便易行。

总之，会计凭证的传递既要能够满足内部控制制度的要求，使传递程序合理有效，同时又要尽量节约传递时间，减少传递的工作量。

二、会计凭证的保管

会计凭证的保管，是指会计凭证记账后的整理、装订、归档和存查工作。会计凭证作为记账的依据，是重要的会计档案和经济资料。本单位以及其他有关单位，可能因为各种原因需要查阅会计凭证，特别是发生贪污、盗窃、违法乱纪行为时，会计凭证还是依法处理的有效证据。因此，任何单位在完成经济业务手续和记账后，必须将会计凭证按规定的立卷归档制度形成会计档案资料，妥善保管，防止丢失，不得任意销毁，以便日后随时查阅。会计凭证的保管要求主要有：

1. 会计凭证应定期装订成册，防止散失

会计部门在依据会计凭证记账以后，应定期（每天、每旬或每月）对各种会计凭证进行分类整理，将各种记账凭证按照编号顺序，连同所附的原始凭证一起加具封面和封底，装订成册，并在装订线上加贴封签，由装订人员在装订线封签处签名或盖章。

2. 会计凭证封面应填写详细

会计凭证封面应注明单位名称、凭证种类、凭证张数、起止号数、年度、月份、会计主管人员和装订人员等有关事项，会计主管人员和保管人员应在封面上签章。

3. 会计凭证应加贴封条，防止抽换凭证

原始凭证不得外借，其他单位如有特殊原因确实需要使用时，经本单位会计机构负责人（会计主管人员）批准，可以复制。向外单位提供的原始凭证复制件，应在专设的登记簿上登记，并由提供人员和收取人员共同签名、盖章。

4. 会计凭证的装订要规范

原始凭证较多时，可单独装订，但应在凭证封面注明所属记账凭证的日期、编号和种类，同时在所属的记账凭证上应注明“附件另订”及原始凭证的名称和编号，以便查阅。对各种重要的原始凭证，如押金收据、提货单等，以及各种需要随时查阅和退回的单据，应另编目录，单独保管，并在有关的记账凭证和原始凭证上分别注明日期和编号。

5.会计凭证的保管要符合法定期限

每年装订成册的会计凭证，在年度终了时可暂由单位会计机构保管一年，期满后应当移交本单位档案机构统一保管；未设立档案机构的，应当在会计机构内部指定专人保管。出纳人员不得兼管会计档案。严格遵守会计凭证的保管期限要求，期满前不得任意销毁。

案例思考

资料

小王是B有限责任公司的会计，20×8年6月，小王对如下业务进行了处理：

(1)20×8年6月1日，B公司向银行借款20万元，利率4.86%，期限2年，到期一次性还本付息。借款时，小王编制了记账凭证如下：

收款凭证

借方科目：银行存款　　　　20×8年6月2日　　　　银收第100号

摘要	贷方科目		记账	金额									
	总账科目	明细科目		千	百	十	万	千	百	十	元	角	分
向银行借款	长期借款					2	0	0	0	0	0	0	0
合计					¥	2	0	0	0	0	0	0	0

附件×张

出纳：　　财务主管：　　审核：　　记账：　　制单：小王

计算利息时，小王做了以下处理：

1年的利息就是：200 000×4.86%=9 720(元)，每个月就是810元，本来是要月底才预提的，小王怕到时不小心给忘了，干脆现在就把它给做了，凭证时间写本月最后一天就行了，反正早晚都得做。并且打算借方计入“财务费用”科目，贷方计入“预提费用”科目。

(2)B公司之前的业务局限于本市区，20×8年该公司在北京开设了分公司，鉴于此种情况，B公司要求小王帮忙设计一份差旅费用报销单，以下为小王设计的差旅费报销单：

差旅费报销单

<table>
<tr><td colspan="2">姓名</td><td colspan="3"></td><td colspan="2">出差原因</td><td colspan="3"></td><td colspan="2" rowspan="2">其他费用</td></tr>
<tr><td colspan="2">出差时间</td><td colspan="8">年　月　日起　年　月　日止,共计　天</td></tr>
<tr><td colspan="2">日期</td><td rowspan="2">起止地址</td><td rowspan="2">交通工具</td><td rowspan="2">寄宿费</td><td colspan="2">途中伙食</td><td colspan="2">住宿费</td><td rowspan="2">说明</td><td rowspan="2">项目</td><td rowspan="2">小计</td></tr>
<tr><td>起</td><td>止</td><td>天数</td><td>金额</td><td>天数</td><td>金额</td></tr>
<tr><td></td><td></td><td></td><td></td><td></td><td></td><td></td><td></td><td></td><td></td><td>通信</td><td></td></tr>
<tr><td></td><td></td><td></td><td></td><td></td><td></td><td></td><td></td><td></td><td></td><td>订票费</td><td></td></tr>
<tr><td></td><td></td><td></td><td></td><td></td><td></td><td></td><td></td><td></td><td></td><td>退票费</td><td></td></tr>
<tr><td></td><td></td><td></td><td></td><td></td><td></td><td></td><td></td><td></td><td></td><td>其他</td><td></td></tr>
<tr><td></td><td></td><td></td><td></td><td></td><td></td><td></td><td></td><td></td><td></td><td colspan="2" rowspan="4">报销人：
审核人：</td></tr>
<tr><td></td><td></td><td></td><td></td><td></td><td></td><td></td><td></td><td></td><td></td></tr>
<tr><td></td><td></td><td></td><td></td><td></td><td></td><td></td><td></td><td></td><td></td></tr>
<tr><td colspan="2">差旅费合计</td><td colspan="8">万　仟　佰　拾　元　角　分</td></tr>
</table>

(3)小王本月收到白云文具店的增值税普通发票如下,经过审核,认为该发票没有问题,并于收到当日编制了记账凭证。

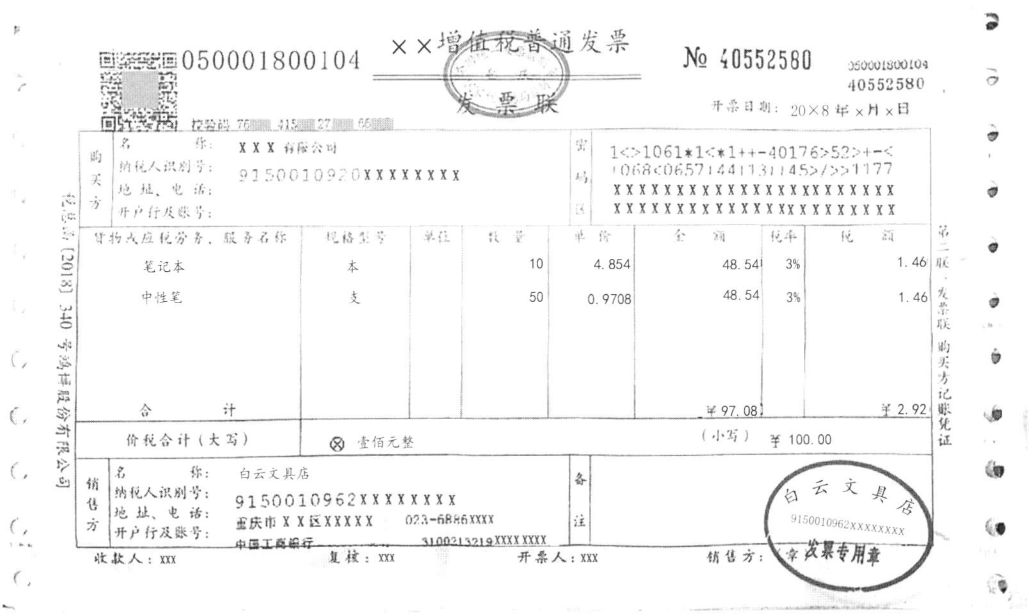
050001800104　××增值税普通发票　№ 40552580

050001800104

40552580

发票联　开票日期：20×8年×月×日

购买方	名称：XXX有限公司 纳税人识别号：9150010920XXXXXXXX 地址、电话： 开户行及账号：	密码区	1<>1061*1<*1++-40176>52>+-< 068<0657144113114 5>/>>1177 XXXXXXXXXXXXXXXXXXXXXXXX XXXXXXXXXXXXXXXXXXXXXXXX

货物或应税劳务、服务名称	规格型号	单位	数量	单价	金额	税率	税额
笔记本	本		10	4.854	48.54	3%	1.46
中性笔	支		50	0.9708	48.54	3%	1.46
合计					¥97.08		¥2.92
价税合计（大写）	⊗壹佰元整				（小写）¥100.00		

销售方	名称：白云文具店 纳税人识别号：9150010962XXXXXXXX 地址、电话：重庆市XX区XXXXX　023-6886XXXX 开户行及账号：中国工商银行　310021321 9XXXXXXX	备注	白云文具店 9150010962XXXXXXXX 发票专用章

收款人：xxx　复核：xxx　开票人：xxx　销售方：（章）

[illegible][2018]340号[illegible]股份有限公司

第二联：发票联　购买方记账凭证

思考题

1.小王填制的记账凭证是否符合要求？对借款利息的计算是否正确？提前编制会计凭证的行为是否正确？

2.小王在编制预提利息费用的记账凭证时,使用的会计科目是否符合企业会计准则？

3.小王设计的差旅费报销单是否全面？如果不全面应该补充哪些内容？

4.小王收到的增值税普通发票是否有问题？能直接编制记账凭证吗？

第六章　会计账簿

【本章学习目标】会计账簿是继会计凭证之后，记录经济业务的又一重要载体。本章主要讲述会计账簿的概念、种类、对账、结账，以及会计账簿的登记方法和错账更正方法等相关内容。本章的知识目标在于了解账簿的分类，理解序时账簿、分类账簿的设置和登记方法，掌握对账的内容与期末结账的方法，以及错账的更正方法；本章的能力目标在于能够正确运用会计账簿的选择与设置、账簿的登记方法，掌握对账的内容与期末结账的方法，以及错账的更正方法；本章的素养目标在于帮助学生树立公允与平衡、责任与担当的意识。

第一节　会计账簿的概念和种类

一、会计账簿的概念

在会计实务中，任何一个单位所发生的每一项经济业务，都必须取得或填制会计凭证，因而会计凭证数量很多而且分散，每张凭证只能记录一种或若干种同类型的经济业务，所提供的数据资料是零星的，不能全面、连续、系统、综合地反映和监督一个单位在一定时期内经济活动的全貌和资金运动的整体情况，且不便于日后查阅。因此，各单位有必要在凭证的基础上设置和运用账簿登记的方法，把分散在会计凭证上的繁多而且分散的资料，加以集中和归类整理，从而为编制会计报表和开展其他会计活动提供依据。

会计账簿又称账簿，是指由一定格式的账页组成的，以会计凭证为依据，连续、系统地记录各项经济业务的簿籍。设置和登记账簿是会计核算的一种专门方法，是会计工作的重要环节。对单位加强经济管理而言，具有十分重要的意义。

二、会计账簿的种类

不同的账簿，其用途、形式、内容和登记方法都各有不同。为了更好地了解和使用各种账簿，有必要对账簿进行分类。

（一）按用途分类

会计账簿按其主要用途不同，可以分为序时账簿、分类账簿和备查账簿。

（1）序时账簿，又称日记账，是按照经济业务发生或完成时间的先后顺序逐日逐笔进行登记的账簿。序时账簿按其记录的经济业务内容不同，又分为普通日记账和特种日记账两种。

普通日记账也称通用日记账、分录日记账，是用来连续记录某单位全部经济业务的日记账，在设置普通日记账的情况下，通常企业把每天所发生的经济业务，按照业务的先后顺序，编成会计分录并记入账簿中。一般适用于规模较小，经济业务不多的单位。

特种日记账是用来记录某一特定类型经济业务的日记账，在特种日记账中，通常把某一类比较重要的经济业务，按照业务发生的先后顺序记入账簿中，以便反映该类经济业务的详细情况。如记录现金收付业务及其结存情况的现金日记账，记录银行存款收付业务及其结存情况的银行存款日记账，以及专门记录转账业务的转账日记账。为了加强对货币资金的管理，我国企业会计制度要求企业必须设置现金日记账和银行存款日记账。

（2）分类账簿，又称分类账，是对全部经济业务事项按照会计要素的具体类别而设置的分类账户进行登记的账簿。分类账按其反映内容的详细程度不同，又分为总分类账和明细分类账。

总分类账，简称总账，是根据总分类（一级）科目开设账户，用来登记全部经济业务，进行总括核算，提供总括核算资料的分类账簿。明细分类账，简称明细账，是根据总账科目设置，按所属二级科目或明细科目开设账户，用来登记某一类经济业务，进行明细分类核算，提供明细核算资料的分类账簿。总分类账提供总括的会计信息，明细分类账提供详细的会计信息，两者相辅相成、互为补充。

（3）备查账簿也称备查簿、备查登记簿或辅助账簿，是对某些在序时账簿和分类账簿中未能记载或记载不全的经济业务进行补充登记的账簿。其用途主要是为某些经营决策提供必要的参考资料，如企业可设置应收票据贴现备查簿，用来登记本企业已经贴现的应收票据，由于尚存在票据付款人到期不能支付票据款项而使本企业产生连带责任的可能性（即负有支付票据款项的连带义务），而这些应收票据已不能在企业的序时账簿或分类账簿中反映，所以要备查登记。

（二）按外表形式分类

会计账簿按其外表形式不同，可以分为订本式账簿、活页式账簿和卡片式账簿。

（1）订本式账簿，简称订本账，指启用之前就已将账页装订在一起，并对账页进行了连续编号的账簿。订本式账簿的优点是可以避免账页散失并防止账页被抽换，保证账簿记录的安全性。缺点是因为账页是固定的，所以在同一时期内只能由一个人进行登记和管理，不便于分工，影响工作效率，而且利用订本式账簿登记账户必须留空白账页，如果预留过多会造成账页使用上的浪费，但如果预留过少，则会影响账户的连续登记，并使账户记录前后分开，不便查阅。订本式账簿一般适用于总分类账、现金日记账和银行存款日记账。

（2）活页式账簿，简称活页账，指在账簿登记完毕之前并不固定装订，而是装在活页账夹中，当账簿登记完毕之后，才将账页装订成册并进行编号的账簿。活页式账簿的优点是可根据记账内容的变化而随时增加或减少部分账页，方便登记，而且同时可以数人分工记账。缺点是如果管理不善，可能造成账页散失或账页被故意抽换。所以，活页账簿在使用过程中应按顺序编号，并由有关人员盖章，以防流失作弊，在装订后也要按序号加目录妥善保存。活页账一般适用于明细分类账。

(3)卡片式账簿，简称卡片账，是活页账的一种形式，是将一定数量的卡片式账页存放于专设的卡片箱中所组成的账簿。卡片式账簿的优缺点与活页式账簿基本相同。卡片账一般适用于内容比较复杂的低值易耗品、固定资产等的明细核算。

(三)按账页的格式分类

会计账簿按其账页的格式，可以分为三栏式账簿、多栏式账簿和数量金额式账簿。

(1)三栏式账簿，是指账页上设置“借方”“贷方”和“余额”三个基本栏目的账簿。三栏式账簿又分为设对方科目和不设对方科目两种，区别是在摘要栏和借方科目栏之间是否有一栏“对方科目”。有“对方科目”栏的，称为设对方科目的三栏式账簿；不设“对方科目”栏的，称为不设对方科目的三栏式账簿。三栏式账簿一般适用于日记账、总分类账，以及多数明细分类账。其格式如表 6-1 所示。

表 6-1　×××总分类账(设对方科目)

会计科目：　　　　第　页

年		凭证字号	摘要	对方科目	借方	贷方	借或贷	余额
月	日							

(2)多栏式账簿，是指在账页上的“借方”或“贷方”的某一方或者两方下面分设若干栏目。这种账簿只设金额栏，不设数量栏，一般适用于核算项目较多，且管理上要求提供核算项目详细内容的生产成本、管理费用等明细账。其格式如表 6-2 所示。

表 6-2　管理费用明细分类账

会计科目：　　　　第　页

年		凭证字号	摘要	借方					
月	日			工资及福利费	办公费	差旅费	折旧费	……	合计

(3)数量金额式账簿，是指账页上的“借方”“贷方”和“余额”三个栏目下分设“数量”“单价”和“金额”等小栏目。一般适用于管理上既需要核算金额又需要核算数量的原材料、库存商品等明细分类账。其格式如表 6-3 所示。

表 6-3 原材料明细分类账

类别：

品名或规格： 第 页

存放地点： 计量单位：

年		凭证字号	摘要	收入			发出			结存		
月	日			数量	单价	金额	数量	单价	金额	数量	单价	金额

账簿的分类综合表示如图 6-1 所示。

- 账簿的分类
  - 按用途分类
    - 序时账簿
      - 普通日记账
      - 特种日记账
        - 现金日记账
        - 银行存款日记账
        - 转账日记账
    - 分类账簿
      - 总分类账簿
      - 明细分类账簿
        - 三栏式明细分类账
        - 多栏式明细分类账
        - 数量金额式明细分类账
        - 平行式明细分类账
    - 备查账簿
  - 按外表形式分类
    - 订本式账簿
    - 活页式账簿
    - 卡片式账簿
  - 按账页格式分类
    - 三栏式账簿
    - 多栏式账簿
    - 数量金额式账簿

图 6-1 账簿的种类

第二节　会计账簿的内容与规则

一、会计账簿的内容

各种账簿因其所记录的经济业务的不同而可能有不同的格式，但各种账簿均应具备以下基本内容：

1. 封面

封面主要填明账簿的名称和记账单位的名称。

2. 扉页

账簿是单位重要的经济档案，为了保证账簿记录的合法性，明确记账责任，保证会计资料的完整，防止舞弊行为，会计人员在启用新账簿时，应在扉页上填制账簿启用表和经管人员一览表(见表 6-4 和表 6-5 所示)，并列明科目索引。

表 6-4　账簿启用表

<table>
<tr><td>账簿名称</td><td colspan="7"></td><td rowspan="4">主管会计人员</td><td>职别</td><td></td></tr>
<tr><td>账簿号数</td><td colspan="2"></td><td colspan="2">字第</td><td colspan="2"></td><td>号</td><td>姓名</td><td></td></tr>
<tr><td>本账簿总页数</td><td>共计</td><td colspan="5"></td><td>页</td><td rowspan="2">盖章</td><td rowspan="2"></td></tr>
<tr><td>启用日期</td><td>公元</td><td></td><td>年</td><td></td><td>月</td><td></td><td>日</td></tr>
</table>

表 6-5　经管人员一览表

<table>
<tr><td colspan="2">经管人员</td><td rowspan="2">盖章</td><td colspan="3">接管</td><td colspan="3">交出</td><td rowspan="2">备注</td></tr>
<tr><td>职别</td><td>姓名</td><td>年</td><td>月</td><td>日</td><td>年</td><td>月</td><td>日</td></tr>
<tr><td></td><td></td><td></td><td></td><td></td><td></td><td></td><td></td><td></td><td></td></tr>
<tr><td></td><td></td><td></td><td></td><td></td><td></td><td></td><td></td><td></td><td></td></tr>
<tr><td></td><td></td><td></td><td></td><td></td><td></td><td></td><td></td><td></td><td></td></tr>
</table>

3. 账页

账页是账簿的主体，用来具体记录企业发生的经济业务。账页的具体格式因反映经济业务内容的不同而有所不同，一般应具备以下内容：

(1)账户名称。如一级科目、二级科目或明细科目。

(2)登记账户的日期栏。

(3)凭证种类和号数栏。

(4)摘要栏。所记录经济业务内容的简要说明。

(5)借、贷方金额及余额的方向、金额栏。

(6)总页数和分户页次栏。

二、会计账簿的规则

(一)账簿启用的规则

为了保证账簿记录的合法性和严肃性，明确责任，并保证每本账簿的完整无缺，应该在账簿启用时，填写账簿启用日期和经管人员一览表，填写单位名称、开始使用日期、共计页数、会计机构负责人、会计主管和记账人员姓名等，如果上述人员调动时，要在表中说明交接日期和接办人员姓名，并签字盖章。

(二)登记账簿的规则

1.登记账簿的依据

为保证账簿记录的正确性，《会计法》规定：会计账簿登记，必须以经过审核的会计凭证为依据，并符合有关法律、行政法规和国家统一的会计制度的规定。

2.登记账簿的时间

各种账簿应当每隔多长时间登记一次，没有统一规定。但是，一般的原则是：总分类账要按照单位所采用的会计核算形式及时记账；各种明细分类账，要根据原始凭证、原始凭证汇总表和记账凭证每天进行登记，也可以定期(三天或五天)登记。但是现金日记账和银行存款日记账，应当根据办理完毕的收付款凭证，随时逐笔顺序进行登记，最少每天登记一次。

3.登记账簿的规范要求

(1)登记账簿时，应当将会计凭证日期、编号、业务内容摘要、金额和其他有关资料逐项记入账内，做到数字准确，摘要清楚，登记及时，字迹工整。

(2)记账完毕，记账人员要在记账凭证上签名或者盖章，并注明已经记账的符号(如打"√")，表示已经记账，防止漏记、重记和错记情况的发生。

(3)记账时，各种账簿要按账页顺序连续登记，不得跳行、隔页。如发生跳行、隔页，应将空行、空页画上红色对角线注销或注明"此行空白"或"此页空白"字样，并由记账人员签名或盖章以示负责。

(4)登记账簿时，要用蓝黑墨水或者碳素墨水书写，不得用圆珠笔(银行的复写账簿除外)或者铅笔书写，以便在较长时期内保证其明晰性。

(5)红字在会计上有特定含义，以下情况可以使用红字登记：

① 按照红字冲账的记账凭证，冲销错误记录；

② 在不设贷方(或借方)栏目的多栏式账页中,登记减少数;

③ 在三栏式账户的余额栏前,如未印明余额的方向,在余额栏内登记负数余额;

④ 按规定对记账错误进行标注和更正;

⑤ 根据国家统一会计制度的规定可以用红字登记的其他记录。

(6)账簿中书写的文字和数字要留适当空距,不要顶格书写,也不要写满格,一般应占账簿格距的1/2,以便留有改错的空间。

(7)凡需结出余额的账户,应当定期结出余额。现金日记账和银行存款日记账必须每天结出余额。结出余额后,应在"借或贷"栏内写明"借"或"贷"的字样。没有余额的账户,应在该栏内写"平"字并在余额栏"元"位上用"0"表示。现金日记账和银行存款日记账必须逐日结出余额。

(8)每页登记完毕,应当加计本页发生额和余额,在该账页最末一行"摘要"栏写明"过次页"或"转次页",并将这一金额记入下一页第一行有关金额栏内,在该"摘要"栏写明"承前页",以保持账簿记录的连续性,便于对账和结账。

(9)对于账簿登记中出现的错误,不能采取刮、擦、挖补、涂改或者用褪色药水等方法修改,必须根据具体情况,相应采用划线更正、红字更正或补充登记等方法予以更正。

(三)错账的更正方法

如果账簿记录出现了错误,要按照规定的方法进行更正。更正错账的方法有:划线更正法、红字更正法、补充登记法。

1.划线更正法

在结账以前,如果发现账簿记录有错误,而记账凭证没有错误,仅属于记账时文字或数字上的笔误,应采用划线更正法。

更正的方法是:先将错误的文字或数字用一条红色横线划去,表示注销;再在画线的上方用蓝色字迹写上正确的文字或数字,并由更正人员在更正处盖章,以明确责任。采用划线更正法进行错账更正时要注意:对于文字差错,可只划去错误的部分,不必将与错字相连的其他文字划去;对于数字差错,应将错误的数字全部划掉,不能只划掉其中一个或几个写错的数字,并保持被划去的字迹仍可清晰辨认。

2.红字更正法

红字更正法又称红字冲销法,是指用红字冲销原有的错误账户或数字,以更正或调整原账簿记录的一种方法。红字更正法一般适用于下列两种情况:

(1)记账以后,如果发现记账凭证中应借、应贷科目或记账方向有错误,应采用红字更正法。更正方法是:先用红字填制一张与错误记账凭证完全相同的记账凭证,并在摘要栏内写明"更正第×号凭证错误",并据以用红字金额登记入账,冲销原有的错误记录。然后再用蓝字填一张正确的记账凭证,登记入账。

【例6-1】某公司购入车间管理部门用办公用品500元,货款用银行存款支付。在填制记账凭证时,误记入"管理费用"科目,并据以登记入账,其错误记账凭证所反映的会计分录是:

①借:管理费用　　500
　　贷:银行存款　　500

该项业务的会计分录应借记“制造费用”科目。在更正时，应用红字金额填制一张记账凭证冲销原会计分录，并据以登记入账，冲销原错误的账簿记录。

②借：管理费用　　　　　　　　500

　　贷：银行存款　　　　　　　　500

然后再用蓝字填制一张正确的记账凭证，并据以登记入账。

③借：制造费用　　　　　　　　500

　　贷：银行存款　　　　　　　　500

以上三张记账凭证在有关总分类账中的更正记录如下所示。

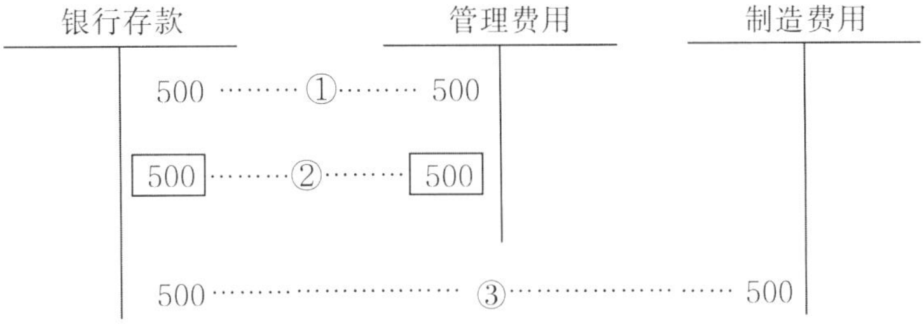

（2）记账以后，如果发现记账凭证中记录的金额有错误（所记金额大于应记的正确金额），而应借、应贷会计科目或记账方向并无错误，应采用红字更正法。更正方法是：原凭证上所填金额大于应记金额，则只需用红字金额按多记的金额填制一张应借、应贷会计科目与原错误记账凭证相同的记账凭证，在摘要栏内注明“冲销第×号凭证多记数”，并据以入账，以冲销原来多记的金额。

【例 6-2】某企业开出转账支票 6 000 元，归还短期借款，在填制记账凭证时，误记金额为 60 000 元，但会计科目、借贷方向均没有错误，并已据以登记入账。其错误记账凭证所反映的会计分录是：

①借：短期借款　　　　　　　　60 000

　　贷：银行存款　　　　　　　　60 000

更正时，应将多记的金额 54 000 元用红字编制如下的记账凭证，并登记入账。

②借：短期借款　　　　　　　　54 000

　　贷：银行存款　　　　　　　　54 000

以上两张记账凭证在有关总账中的更正记录如下所示。

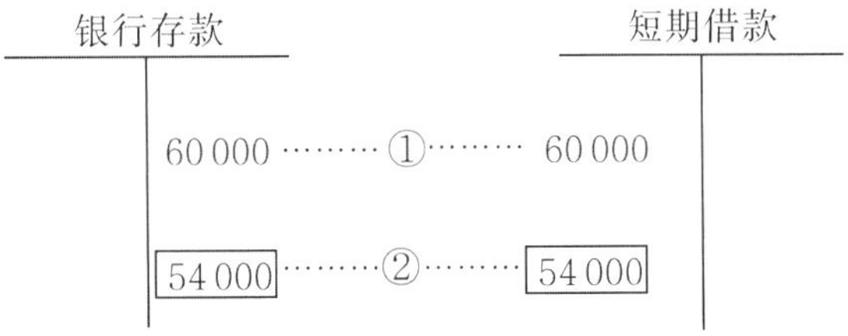

3.补充登记法

补充登记法适用于记账以后，发现记账凭证和账簿记录的金额有错误(所记金额小于应记的正确金额)，而应借、应贷的会计科目没有错误，应采用补充登记法进行更正。更正的方法是：将少记的金额用蓝字填制一张应借、应贷会计科目与原错误记账凭证相同的记账凭证，在摘要栏中写明“补记第×号凭证少记数”，并据以登记入账，以补记原账簿记录中少记的金额。

【例 6-3】从银行提取现金 50 000 元，备发工资。在填制记账凭证时，误记金额为 5 000 元，但会计科目、借贷方向均没有错误，并已据以登记入账。其错误记账凭证所反映的会计分录是：

①借：库存现金　　5 000
　　贷：银行存款　　5 000

更正时，应将少记的金额 45 000 元用蓝字编制如下的记账凭证，并登记入账。

②借：库存现金　　45 000
　　贷：银行存款　　45 000

以上两张记账凭证在有关总账中的更正记录如下所示。

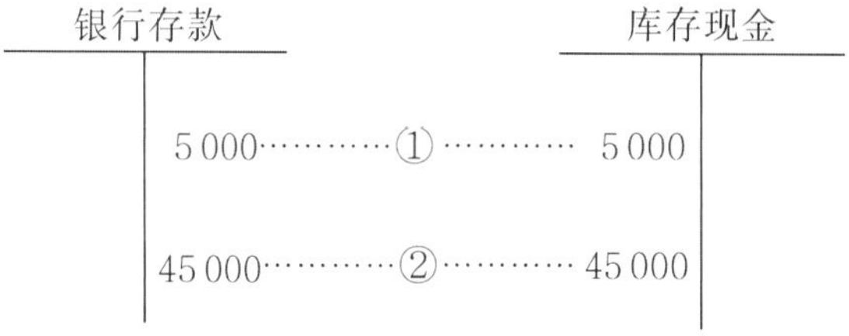

第三节　会计账簿的格式和登记方法

一、日记账的格式与登记方法

为了逐日反映企业货币资金的收付情况，各单位一般应设置特种日记账，通过现金日记账和银行存款日记账分别记录现金和银行存款的收入、支出及结存情况。我国目前较少使用普通日记账。因此，下面只说明现金日记账和银行存款日记账的设置和登记。

(一)现金日记账的格式和登记方法

1.现金日记账的格式

现金日记账是用来登记库存现金每日的收入、支出和结余情况的账簿，用以对现金的控制与监督。

现金日记账格式有三栏式和多栏式两种。无论采用三栏式还是多栏式现金日记账，都必须使用订本账。三栏式现金日记账是将现金的收入和支出同时设置在一个账页上，各个对方科目不分设专栏反映，其一般格式如表 6-6 所示。

表 6-6　现金日记账(三栏式)　　　　第　页

年		凭证字号	摘要	对方科目	借方	贷方	借或贷	余额
月	日							

2.现金日记账的登记方法

现金日记账由出纳人员根据现金收款和现金付款凭证,按时间先后顺序逐日逐笔进行登记,并根据"上日余额+本日收入-本日支出=本日余额"的公式,逐日结出现金余额,与库存现金实存数核对,检查每日现金收、支、结余情况,做到日日清。

对于从银行提取现金收入数,由于按规定编制的是银行存款付款凭证,不再编制现金的收款凭证,因而应根据银行存款付款凭证登记现金日记账的收入金额。

(1)日期栏:指记账凭证的日期,要求与现金实际收付的日期一致。

(2)凭证栏:指记账凭证的种类和编号,便于对账和查账。

(3)摘要栏:简述记录经济业务的内容

(4)对方科目栏:指与现金发生对应关系的账户。

(5)收入、支出栏:指现金实际收付的金额。

(6)结余栏:用期初结余金额加本日收入减去本日支出得出余额填入。月终计算本月的收入、支出和结余数。

(二)银行存款日记账的格式和登记方法

银行存款日记账是用来登记银行存款每天的收入、支出和结余情况的账簿。通过银行存款日记账的设置和登记,可以加强对银行存款日常的监督和管理,并便于与银行核对账目。

银行存款日记账的格式,也有三栏式和多栏式两种,其基本结构与现金日记账类似。由于银行存款的收付都是根据结算凭证进行的,为了反映结算凭证的种类和字号,特增设"结算凭证"一栏 。

银行存款日记账的格式和登记方法与现金日记账相同。银行存款日记账一般格式如表 6-7 所示。

表 6-7　银行存款日记账(三栏式)　　　　第　页

年		凭证字号	摘要	结算凭证		对方科目	借方	贷方	借或贷	余额
月	日			种类	字号					

二、总分类账的格式与登记方法

（一）总分类账的格式

总分类账是按照一级会计科目的编号顺序分类开设并登记全部经济业务的账簿。总账能够全面地反映企业经济活动情况，并为编制会计报表提供数据。

总分类账最常用的格式为三栏式，设置借方金额、贷方金额和余额三个基本金额栏目。总分类账（三栏式）一般格式如表6-8所示。

表6-8 总分类账（三栏式）

会计科目： 第 页

年		凭证字号	摘要	借方	贷方	借或贷	余额
月	日						

总分类账（多栏式）一般格式如表6-9所示。

表6-9 总分类账（多栏式）

会计科目： 第 页

年		凭证字号	摘要	发生额	____科目		____科目		____科目	
月	日				借方	贷方	借方	贷方	借方	贷方

（二）总分类账的登记方法

总分类账的登记方法由于采用的账务处理程序不同，其登记依据和登记程序不一样，既可以直接根据记账凭证逐笔登记，也可以将记账凭证汇总，编制汇总记账凭证或科目汇总表后再进行登记。

采用记账凭证账务处理程序的企业，可以直接根据记账凭证逐笔登记总账；采用科目汇总表账务处理程序的企业，可以根据定期汇总编制的科目汇总表登记总账；采用汇总记账凭证账务处理程序的企业，可以根据“汇总收款凭证”“汇总付款凭证”和“汇总转账凭证”登记总账。

科目汇总表账务处理程序是最常用的一种核算组织程序。科目汇总表是根据专用记账凭证汇总编制而成，其汇总方法是根据一定时期内的全部记账凭证，按照相同会计科目分类，定期分别汇总每一个账户的借、贷发生额。汇总的发生额就是登记总账的依据，并将其填列在科目汇总表的相应栏内，借以反映全部账户的借、贷发生额。根据科目汇总表登记总分类账时，只要将该表中汇总起来的各科目的本期借、贷方发生额的合计数，分次或月末一次记入相应总分类账的借方或贷方即可。该方法可以大大减少登记总分类账的工作量，而且科目汇总表还能起到试算平衡的作用。但是，它同时也使得总分类账不能清楚地反映出经济业务的来龙去脉，不便于根据账簿资料分析检查企业的经济活动。这种根据科目汇总表登记总账的方法适用于经营规模较大、经济业务量较多的单位。

【例 6—4】现用正大股份有限公司的相关资料，说明如何根据科目汇总表登记总账。本例假定按 10 天汇总一次科目汇总表，一个月共登记三次总账。正大股份有限公司 20×8 年 4 月的科目汇总表如表 6-10、6-11、6-12 所示。

表 6-10　科目汇总表

20×8 年 04 月 01 日 至 10 日　　　　科汇 第 01 号

会计科目	本期发生额		记账凭证起止号数
	借方	贷方	略
库存现金		10 000	
银行存款	10 0000	32 000	
其他应收款	10 000		
原材料	32 000		
库存商品			
应交税费			
本年利润			
生产成本			
主营业务收入		100 000	
主营业务成本			
税金及附加			
销售费用			
所得税费用			
合计	142 000	142 000	

表 6-11　科目汇总表

20×8 年 04 月 11 日 至 20 日　　　　科汇 第 02 号

	本期发生额		记账凭证起止号数
	借方	贷方	略
库存现金		1 600	
银行存款			
其他应收款			
原材料		8 000	
库存商品			
应交税费			
本年利润			
生产成本	8 000		
主营业务收入			
主营业务成本			
税金及附加			
销售费用	1 600		
所得税费用			
合计	9 600	9 600	

表 6-12　科目汇总表

20×8 年 04 月 21 日 至 30 日　　　　科汇 第 03 号

会计科目	本期发生额		记账凭证起止号数
	借方	贷方	略
库存现金	1 000		
银行存款		6 000	
其他应收款		10 000	
原材料			
库存商品		60 000	
应交税费		9 120	
本年利润	85 720	100 000	
生产成本			

续表

会计科目	本期发生额		记账凭证起止号数
	借方	贷方	略
主营业务收入	100 000		
主营业务成本	60 000	60 000	
税金及附加	3 000	3 000	
销售费用		1 600	
所得税费用	6 120	6 120	
合计	255 840	255 840	

根据科目汇总表登记总分类账。只选登记“库存现金”“原材料”总分类账，如表 6-13 和表 6-14 所示。

表 6-13　库存现金总分类账

会计科目：库存现金　　第　页

20×8 年		凭证字号	摘要	借方	贷方	借或贷	余额
月	日						
4	1		期初余额			借	20 000
	10	科汇 1	1—10 日汇总		10 000	借	10 000
	20	科汇 2	1—20 日汇总		1 600	借	8 400
	30	科汇 3	21—30 日汇总	1 000		借	9 400
	30		本月合计	1 000	11 600	借	9 400

表 6-14　原材料总分类账

会计科目：原材料　　第　页

20×8 年		凭证字号	摘要	借方	贷方	借或贷	余额
月	日						
4	1		期初余额			借	10 000
4	10	科汇 1	1—10 日汇总	32 000		借	42 000
	20	科汇 2	11—20 日汇总		8 000	借	34 000
	30		本月合计	32 000	8 000	借	34 000

三、明细分类账的格式与登记方法

（一）明细分类账的格式

明细分类账是对各项经济业务按照明细账户进行分类登记核算的账簿。明细分类账能够反映和记录资产、负债、所有者权益、费用、成本、收入和利润的详细资料，为编制会计报表提供依据。

明细分类账的格式主要有三栏式、多栏式和数量金额式三种。

1. 三栏式明细账

三栏式明细账设有借方、贷方和余额三个栏目，其格式与三栏式总账格式相同，适用于只进行金额核算的账户，如应收账款、应付账款、预收账款、预付账款等往来结算和债权债务的明细核算。三栏式明细分类账账页的一般格式如表 6-15 所示。

表 6-15　明细分类账（三栏式）

会计科目：　　　　　　　　　　　　　　　　第　页

年		凭证字号	摘要	借方	贷方	借或贷	余额
月	日						

2. 多栏式明细分类账

多栏式明细分类账是根据经济业务的特点和企业管理的需要，在一张账页内，按照同一个总账账户内的有关明细科目分别设置若干专栏进行登记的账簿。这种账簿适用于只进行金额核算，但同时又需要了解其构成内容的详细情况的账户明细核算，如成本、费用、收入等科目的核算。

费用明细账一般按借方设多栏，若有需冲减有关费用的情况，可以在明细账中以红字在借方登记即可。收入明细账一般按贷方设多栏，若有需冲减有关收入的情况，可以在明细账中以红字在贷方登记即可。

多栏式费用明细分类账一般格式如表 6-16 所示。

表 6-16　制造费用明细分类账(借方多栏式)

会计科目:××生产车间　　　　　　　　　　　　　　　　　　　　第　页

年		凭证字号	摘要	借方(项目)						
月	日			工资	折旧费	修理费	办公费	水电费	……	合计

3.数量金额式明细分类账

数量金额式明细分类账的借方(收入)、贷方(发出)和余额(结存)都分别设有数量、单价和金额三个专栏,适用于既要进行金额核算又要进行数量核算的账户。数量金额式明细分类账一般格式如表 6-17 所示。

表 6-17　数量金额式明细分类账

第　页

会计科目:　　　　　　　　　　　　　　　　　　　　计量单位:

年		凭证字号	摘要	收入			发出			结存		
月	日			数量	单价	金额	数量	单价	金额	数量	单价	金额

(二)明细分类账的登记方法

登记明细分类账的依据有记账凭证、原始凭证和原始凭证汇总表三种。登记的具体方法有三种:一是逐笔登记;二是逐日登记;三是定期(每周、旬或月)汇总登记。具体采用哪种登记方法,应根据明细账的种类来确定。一般情况下,固定资产、债权债务等明细账应当逐日登记。对于库存商品和材料明细账,如果业务不是太多,可以逐笔登记,反之,为简化记账工作,可以汇总登记。对于费用成本等明细账可以定期汇总登记。

四、总分类账户和明细分类账户的平行登记

(一)总分类账户与明细分类账户的关系

在会计核算工作中,为了适应经济管理上的需要,对于一切经济业务都要在有关账

户中进行登记，既要提供总括的核算资料，又要提供详细的核算资料。各会计主体日常使用的账户，按其提供资料的详细程度不同，可以分为总分类账户和明细分类账户两种。总分类账户和明细分类账户既有内在联系，但又有区别。

各单位在进行总分类核算的同时，应根据管理的需要，进行必要的明细分类核算。总分类账户与其所属的明细分类账户有着密切的联系。总分类账户是按照总分类科目开设的，提供总括的核算资料，是对其所属明细分类账户资料的综合。明细分类账户是按照明细分类科目设置的，提供明细的核算资料，是对其总分类账户资料的进一步说明。总分类账户和明细分类账户都是用以提供会计核算指标的，其经济内容是相同的，登记的依据(即会计凭证)也是相同的，所提供的核算资料是相互补充的，不同的是它们所提供资料的详细程度不同。

总分类账户是所属明细分类账户核算资料的综合，对所属明细分类账户起着统驭的作用；明细分类账户是有关总分类账户的具体化，对有关总分类账户起着补充说明的作用。总分类账户和所属明细分类账户提供的资料相互补充，两者结合起来，既总括又详细地反映同一经济事物。

在会计核算中，为了便于对账户记录进行核对，保证对各种经济业务处理的正确性和完整性，必须对同一经济业务在总分类账户与其所属的明细分类账户中进行平行登记。

(二)平行登记

总分类账户与所属明细分类账户之间的关系，决定了它们在处理经济业务时，必须采取平行登记法来进行。

所谓平行登记法，是指根据同一会计凭证，一方面登记有关总分类账户，另一方面登记该总分类账户所属有关明细分类账户。

采用平行登记法处理经济业务时，应按其平行登记法的要点进行。

1. 同依据登记

对于发生的经济业务事项，要依据相同的会计凭证，一方面要在有关的总分类账户中登记，另一方面要在该总分类账户所属明细分类账户中登记。

2. 同期间登记

对于每一项经济业务，都要在同一会计期间登记，即一方面要在有关总分类账户进行总括登记，另一方面要在有关明细分类账户中进行明细登记。

3. 同方向登记

将每项经济业务同时在总分类账户及其所属的有关明细分类账户中登记时，必须记在相同的方向。如果在总分类账户中登记借方，在所属明细分类账中也应登记借方；如果在总分类账户中登记贷方，在所属明细分类账户中也应登记贷方。可见，无论是本期发生额还是余额，总分类账户与其所属明细分类账户的方向都一致。

4. 同金额登记

对每一项经济业务，记入有关总分类账户中的金额，必须与记入其所属明细分类账户中的金额之和相等。

根据平行登记原理，登记总分类账户和所属明细分类账户后，总分类账户和所属明细分类账户必然存在以下关系：

总分类账户期初余额＝所属明细分类账户期初余额合计数

总分类账户本期发生额＝所属明细分类账户本期发生额合计数

总分类账户期末余额＝所属明细分类账户期末余额合计数

在会计核算工作中，我们可以利用上述关系发挥记账的监督作用。通过总分类账户和明细分类账户的平行登记，对其双方所提供的资料进行相互核对、相互验证，以保证核算资料的正确性和完整性。

下面分别以“原材料”和“应付账款”两个账户为例，说明总分类账户和明细分类账户平行登记的方法。

【例 6-5】某工业生产企业 20×8 年 3 月 31 日有关总分类账户和明细分类账户余额如表 6-18 和表 6-19 所示。

表 6-18　原材料账户

材料名称	数量（千克）	单价（元/千克）	金额（元）
甲材料	800	150	120 000
乙材料	200	100	20 000
丙材料	500	120	60 000
合　计			200 000

表 6-19　应付账款账户

单位名称	金额（元）
A 公司	30 000
B 公司	20 000
合　计	50 000

该工业企业 4 月份发生的有关经济业务及会计分录如下：

3 日，以银行存款偿还 A 公司前欠货款 15 000 元。

对于这项经济业务，应编制如下会计分录：

借：应付账款——A 公司　　15 000

　贷：银行存款　　15 000

7 日，从 B 公司购进甲材料 100 千克，单价 150 元（暂不考虑增值税），材料已入库，货款尚未支付。

对于这项经济业务，应编制如下会计分录：

借：原材料——甲材料　　15 000

　贷：应付账款——B 公司　　15 000

10 日，生产车间向仓库领用材料一批，共计甲材料 200 千克，单价 150 元，乙材料 100 千克，单价 100 元，丙材料 250 千克，单价 120 元，共计领料金额 70 000 元。

对于这项经济业务，应编制如下会计分录：

借：生产成本　　70 000

　贷：原材料——甲材料　　30 000

　　　　　——乙材料　　10 000

　　　　　——丙材料　　30 000

15 日，以银行存款偿还 B 公司前欠货款 10 000 元。

对于这项经济业务，应编制如下会计分录：

借：应付账款——B 公司　　10 000

　　贷：银行存款　　10 000

20 日，向 A 公司购入乙材料 100 千克，单价 100 元（暂不考虑增值税），材料已入库，货款 10 000 元，以银行存款支付。

对于这项经济业务，应编制如下会计分录：

借：原材料——乙材料　　10 000

　　贷：银行存款　　10 000

根据上述资料，运用平行登记，登记“原材料”及“应付账款”总分类账户及其明细分类账户如下。

（1）“原材料”总分类账户及所属明细分类账户的登记

① 在“原材料”总分类账户中登记期初余额，同时在“甲材料”“乙材料”“丙材料”明细账户（数量金额式明细账）中也分别登记期初余额，包括数量、单价、金额等。

② 根据会计分录，按经济业务的先后顺序，把本月购进的材料记入“原材料”总分类账户的借方，同时把每批收到各种材料的数量、单价、金额等也记入有关明细账户的“收入”栏。

③ 把本月发出的材料，根据会计分录，记入“原材料”总分类账户的贷方，以及有关明细账户的“发出”栏。

④ 根据“原材料”总分类账户和所属材料明细分类账户（原材料明细分类账表头的部分内容略）的记录，分别计算它们的本期发生额和本期余额，如表 6-20 至表 6-23 所示。

表 6-20　总分类账

会计科目：原材料　　　　第×页

20×8 年		凭证字号	摘要	借方	贷方	借或贷	余额
月	日						
4	1	略	月初余额			借	200 000
4	7	略	购入材料	15 000		借	215 000
4	10	略	生产领用		70 000	借	145 000
4	20	略	购入材料	10 000		借	155 000
4	30		本月合计	25 000	70 000	借	155 000

表 6-21　原材料明细分类账

材料名称:甲材料　　　　第×页

20×8 年		凭证字号	摘要	收入			发出			结存		
月	日			数量（千克）	单价（元/千克）	金额（元）	数量（千克）	单价（元/千克）	金额（元）	数量（千克）	单价（元/千克）	金额（元）
4	1	略	月初余额							800	150	120 000
4	7	略	购入材料	100	150	15 000				900	150	135 000
4	10	略	生产领用				200	150	30 000	700	150	105 000
4	30		本月合计	100	150	15 000	200	150	30 000	700	150	105 000

表 6-22　原材料明细分类账

材料名称:乙材料　　　　第×页

20×8 年		凭证字号	摘要	收入			发出			结存		
月	日			数量（千克）	单价（元/千克）	金额（元）	数量（千克）	单价（元/千克）	金额（元）	数量（千克）	单价（元/千克）	金额（元）
4	1	略	月初余额							200	100	20 000
4	10	略	生产领用				100	100	10 000	100	100	10 000
4	20	略	购入材料	100	100	10 000				200	100	20 000
4	30		本月合计	100	100	10 000	100	100	10 000	200	100	20 000

表 6-23　原材料明细分类账

材料名称:丙材料　　　　第×页

20×8 年		凭证字号	摘要	收入			发出			结存		
月	日			数量（千克）	单价（元/千克）	金额（元）	数量（千克）	单价（元/千克）	金额（元）	数量（千克）	单价（元/千克）	金额（元）
4	1	略	月初余额							500	120	60 000
4	10	略	生产领用				250	120	30 000	250	120	30 000
4	30		本月合计				250	120	30 000	250	120	30 000

以上“原材料”总分类账户及其所属的明细分类账户平行登记的结果表明，“原材料”总分类账户的期初借方余额为 200 000 元，借方本期发生额为 25 000 元，本期贷方发生额为 70 000 元，期末借方余额为 155 000 元。其所属的三个明细分类账的期初余额合计为 200 000 元，即 120 000＋20 000＋60 000＝200 000(元)，本期借方发生额合计为 25 000 元，即

15 000＋10 000＝25 000(元)，本期贷方发生额合计为 70 000 元，即 30 000＋10 000＋30 000＝70 000(元)，期末余额合计为 155 000 元，即 105 000＋20 000＋30 000＝155 000(元)。可见，总分类账户和其所属的明细分类账户的合计金额是相等的，说明“原材料”总分类账户和明细分类账户平行登记正确。

(2)“应付账款”总分类账户及其所属明细分类账户的登记

① 在“应付账款”总分类账户中登记期初余额，同时在“A 公司”“B 公司”两个明细账户中登记期初余额。

② 根据会计分录，把本期发生的应付购买材料款登记在“应付账款”总分类账户的贷方和有关明细分类账户的贷方。

③ 根据会计分录，把本期偿还的应付购买材料款记入“应付账款”总分类账户的借方和有关明细分类账户的借方。

④ 根据“应付账款”总分类账户及其所属明细分类账户的记录，分别计算其本期发生额和期末余额，如表 6-24 至表 6-26 所示。

表 6-24　总分类账

会计科目：应付账款　　　　第×页

20×8 年		凭证字号	摘要	借方	贷方	借或贷	余额
月	日						
4	1	略	月初余额			贷	50 000
4	3	略	偿还货款	15 000		贷	35 000
4	7	略	欠购货款		15 000	贷	50 000
4	15	略	偿还货款	10 000		贷	40 000
4	30		本月合计	25 000	15 000	贷	40 000

表 6-25　应付账款明细分类账

客户名称：A 公司　　　　第×页

20×8 年		凭证字号	摘要	借方	贷方	借或贷	余额
月	日						
4	1	略	月初余额			贷	30 000
4	3	略	偿还货款	15 000		贷	15 000
4	30		本月合计	15 000		贷	15 000

表 6-26　应付账款明细分类账

客户名称:B公司　　　　　　　　　　　　　　　　　　　　　　　　　　　　第×页

20×8年		凭证字号	摘要	借方	贷方	借或贷	余额
月	日						
4	1	略	月初余额			贷	20 000
4	7	略	欠购货款		15 000	贷	35 000
4	15	略	偿还货款	10 000		贷	25 000
4	30		本月合计	10 000	15 000	贷	25 000

以上“应付账款”总分类账户及其所属的明细分类账户平行登记的结果表明,“应付账款”总分类账户的期初贷方余额为 50 000 元,借方本期发生额为 25 000 元,贷方本期发生额为 15 000 元,期末贷方余额为 40 000 元。其所属的两个明细分类账户的期初余额合计为 50 000 元,即 30 000+20 000=50 000(元),本期借方发生额合计为 25 000 元,即 15 000+10 000=25 000(元),本期贷方发生额合计为 15 000 元,期末余额合计为 40 000 元,即 15 000+25 000=40 000(元)。可见,总分类账户和其所属的明细分类账户的合计金额是相等的,说明“应付账款”总分类账户和明细分类账户平行登记正确。

总分类账户与明细分类账户的平行登记的结果应当是相关数据相等,因此,我们可以通过定期核对双方有关数据,来检查账户的记录是否正确、完整。如果通过核对发现有些数据不等,则表明账户的记录有误,应及时予以更正。在实务中,该项工作通常是在月末通过编制“明细分类账户本期发生额及余额表”来进行的。例如,根据前面列示的“原材料”明细分类账户的记录,编制其本期发生额及余额表见表 6-27。

表 6-27　原材料明细分类账户本期发生额及余额表

材料名称	单价(元/千克)	期初余额		本期发生额				期末余额	
		数量(千克)	金额(元)	收入		发出		数量(千克)	金额(元)
				数量(千克)	金额(元)	数量(千克)	金额(元)		
甲材料	150	800	120 000	100	15 000	200	30 000	700	105 000
乙材料	100	200	20 000	100	10 000	100	10 000	200	20 000
丙材料	120	500	60 000			250	30 000	250	30 000
合计			200 000		25 000		70 000		155 000

从表 6-27 中可以看出,“原材料”各明细分类账户期初余额合计数、本期借方发生额合计数、本期贷方发生额合计数和期末贷方余额合计数分别与“原材料”总分类账户中的期初余额、本期借方发生额、本期贷方发生额和期末余额相等,表明总分类账户与明细分类账户的平行登记没有错误。

第四节　对账和结账

一、对账

对账就是指核对账目，是对账簿记录的内容进行核对。会计部门应建立对账制度，在做好日常记账工作的基础上，做好对账工作，保证账证相符、账账相符和账实相符。保证各种账簿记录的完整和正确，为编制会计报表提供真实可靠的数据资料。

对账的主要内容包括以下几个方面：

1. 账证核对

账证核对是将各种账簿与会计凭证（记账凭证及其所附的原始凭证）进行核对，核对账簿记录与这些凭证的时间、凭证字号、内容、金额等是否相同，记账方向是否一致。通常这些核对工作是在日常编制凭证和记账工作中进行的。进行账证核对时，可以根据不同情况既可采用逐笔核对，也可以抽查核对。若发现差错，应重新对账簿记录和会计凭证进行复核，直到查出错误的原因为止，以保证账证相符。

2. 账账核对

账账核对是将一个单位各种账簿的有关数字进行互相核对。各个单位的账簿是一个有机的整体，既有分工又有衔接，相互之间存在钩稽关系，通过核对，可以保证各个账簿记载内容的一致性和真实性。主要包括：

(1)总分类账有关账户的核对

总账之间的核对是根据会计恒等式和借贷记账法的记账原理。主要内容包括总分类账各账户本期借方发生额合计数与贷方发生额合计数是否相等；期末借方余额合计数与贷方余额合计数是否相等，如果不相等，说明总分类账记录有差错，应进一步查明原因，予以更正。如果相等，也不能完全认为账簿记录是正确的。

(2)总分类账与明细分类账之间的核对

总分类账与明细账之间的核对是根据平行登记的原理。主要内容包括总分类账各账户的期末余额与所属各明细分类账户的期末余额之和是否相等，总分类账各账户的本期发生额与所属各明细分类账户的本期发生额之和是否相等。

(3)总分类账与日记账之间的核对

对既有总分类账又有日记账的账户如“库存现金”“银行存款”等，在进行核对时，应将总分类账的期末余额与日记账的期末余额进行核对，以检查总分类账记录中是否存在差错。

(4)会计部门有关财产物资的明细分类账余额，应该同财产物资保管或使用部门的登记账簿上的明细记录的余额，按月或定期相互核对，以检查双方记录是否正确。

3. 账实核对

账实核对是将各种财产物资的账面余额与实物结存数相核对，通过核对达到账实相符。具体内容包括：

（1）现金日记账账面余额与实地盘点的库存现金实有数是否相等；

（2）银行存款日记账账面余额与开户银行账目是否相等；

（3）各种财产物资明细分类账账面余额与其清查盘点后的实存数是否相等；

（4）各种应收、应付款明细分类账账面余额与有关债务、债权单位的账目是否相等。

实际工作中，账实核对一般是通过财产清查来进行的。对账工作每年至少应进行一次。

二、结账

结账是指会计人员在会计期末（如月末、季末、年末）将一定期间内所发生的经济业务全部登记入账，结算出本期发生额和期末余额，根据账簿编制会计报表。每个企业的经济活动是连续不断进行的，为了总结每一会计期间（月度、季度、年度）的经济活动情况，考核经营成果，编制会计报表，就必须在每一个会计期末进行结账。

1.结账的内容

（1）结转收入、费用类账户

对于收入和费用类账户，会计期末应将其余额结平，据以计算确定本期的利润或亏损，为编制利润表提供有关的依据。

（2）结算资产、负债和所有者权益类账户

对于资产、负债和所有者权益三类账户，会计期末应分别结出其总分类账和明细分类账的本期发生额及期末余额，并将期末余额结转为下期的期初余额，为编制资产负债表提供有关的依据。

2.结账的主要程序

（1）结账前，对本期内已经发生而尚未办妥会计凭证手续或尚未入账的经济业务，要及时入账，并保证全部入账事项和金额的正确性和完整性。

（2）调整有关账簿记录。首先要按照权责发生制基础计算各项费用，计提各种应由本期负担但尚未实际支出的费用，如应付职工薪酬、应交税费等，摊销应由本期负担的各项待摊费用，计提应由本期负担的固定资产折旧；然后要按照配比原则，对有关费用进行分配，以合理地确定成本，进行成本结转。上述调整均为转账业务，应编制相应的转账凭证入账。将包括调整业务在内的所有经济业务登记入账后，即完成了结账的准备工作。

（3）计算并结转期末余额。在本期业务全部入账的基础上，将各种账簿中的借、贷双方的发生额累加起来，并计算出期末余额后结转到下期。如将损益类账户转入“本年利润”账户；结算出资产、负债和所有者权益类账户的本期发生额和余额，将余额作为下期的期初余额。

（4）结账后，若年度结束，更换账簿，登记期初余额。

3.结账的方法

结账的具体方法因账簿的种类和账页的格式不同而有所不同，一般方法是，结账时结出每个账户的期末余额。

（1）对不需要按月结计本期发生额的账户，如各项应收款明细账和财产物资明细账等，因每次记账后都要随时结出余额，所以只需要月结时在每月最后一笔经济业务下通栏画单红线，年结时通栏画双红线，以示结账即可，不需要再结计一次余额。

(2)对需要按月结计发生额的现金日记账、银行存款日记账和收入、费用等明细分类账，每月结账时，要在最后一笔经济业务记录下面结出本月发生额和余额，在摘要栏内注明“本月合计”字样，并在月结数上下都通栏画单红线。

(3)对需要结出本年累计发生额的某些明细分类账，应在月结完后，结计自年初起至本月末止的累计发生额，登记在“本月合计”下一行的相关栏内，并在摘要栏内注明“本年合计”或“本年累计”字样，并在下面通栏画单红线；年结时，将全年发生额和年末余额写在 12 月月结下一行相关栏内，在摘要栏注明“本年合计”或“本年累计”字样，并在年结数下面通栏画双红线，以示封账。

(4)总账账户平时只需结出月末余额。年终结账时，将所有总账账户结出全年发生额和年末余额，在摘要栏内注明“本年合计”字样，并在合计数下通栏画双红线。

(5)年度终了结账时，有余额的账户，要将其余额结转下年，并在摘要栏注明“结转下年”字样；在下一会计年度新建有关会计账户的第一行余额栏内填写上年结转的余额，并在摘要栏注明“上年结转”字样。

案例思考

资料

宏大股份公司下属的某分公司 20×8 年 4 月底因意外事故造成部分账册损坏，包括“应交税费”账簿、“主营业务成本”账簿等，很多资料无法取得。为了确定这些丢失的数据，会计人员根据尚存的账簿记录进行整理，提供了如下表 6-28 所示的有关账户记录(假设不考虑增值税，各账户的期初余额是完整的，且为正常方向)：

表 6-28　账户记录表

单位：元

账户名称	期初余额	本期发生额		本期发生额的对应账户
		借方	贷方	
库存现金	1 400			
银行存款	32 000			
在途物资		68 960 1 040		银行存款 库存现金
原材料	9 800	70 000		在途物资
生产成本	42 000	40 000		原材料
制造费用		6 000		原材料
库存商品	20 000	80 000		生产成本
固定资产	1 800 000			
累计折旧	180 000			
应付职工薪酬	5 200	20 000		库存现金
实收资本	1 680 000			
主营业务收入			116 000	银行存款
销售费用		1 840		银行存款
管理费用		1 200		原材料
本年利润	40 000			

其他资料如下：

(1)银行存款日记账4月30日的余额为57 200元。

(2)公司本月工资总额的70%为生产工人工资，10%为其他生产人员工资，20%为行政管理人员工资。

(3)本月固定资产没有增减变化，生产部门固定资产原价为1 600 000元，年折旧率为6%，行政管理部门固定资产原价为200 000元，年折旧率为4.8%。

(4)产品销售税率为13%。

(5)本月利润总额为15 000元，企业所得税税率为25%。

思考题

1. 请帮助该公司会计确定各有关账户的发生额和余额。

2. 结合案例论述资产类账户、负债类账户、所有者权益类账户、收入类账户、费用类账户期末余额的计算公式。

3. 简要评述该公司经营是否成功。

4. 为什么账簿的设置和登记要严谨？如果缺乏严谨细致精神，将会对会计信息产生什么影响？

第七章　财产清查

【本章学习目标】本章主要讲述财产清查的概念、种类、方法，以及财产清查结果账务处理的相关内容。本章的知识目标在于理解财产清查的意义和种类，理解各种财产物资、货币资金和应收款项的清查方法，重点掌握盘存制度，以及财产清查结果的账务处理。本章的能力目标在于学生通过对财产清查方法的学习，能够规划和执行财产清查，能够理解和遵守相关法规和会计准则。本章的素养目标在于培养学生的观察力和独立思考的能力，以确保财产清查和账务处理的合规性。

第一节　财产清查的意义和种类

一、财产清查的概念

财产清查，就是通过对财产物资、现金的实地盘点和对银行存款、债权债务的核对，确定财产物资、货币资金和债权债务的实存数，并查明账面结存数与实存数是否相符的一种专门方法。

财产清查不仅是会计核算的一种专门方法，而且是企业内部会计控制的一项重要制度。通过对财产物资的清查，以及对账簿记录的核对，可以及时发现账实是否相符。如果出现账实不符的情况，则需要及时发现原因，调整账簿记录，并通过建立和完善财产物资的管理制度，以确保企业财产物资的安全完整，做到账实相符。

造成账实不符的原因有人为的，也有非人为的，主要有以下几种原因：

(1)财产物资在保管过程中发生的自然损耗或升溢；

(2)在收发财产物资时，由于计量、计算、检验不准确而发生的品种、数量、质量上的差错；

(3)在财产物资增减变动时，没有及时办理手续，或在计算、登记上发生了差错；

(4)由于管理不善或工作人员失职而造成财产物资的损坏、变质或短缺，以及货币资金、往来款项的差错；

(5)由于不法分子的营私舞弊、贪污盗窃而造成的财产物资的损失；

(6)由于自然灾害而造成的非常损失；

(7)在结算过程中由于未达账项的存在而造成的账实不符。

为了确保会计核算资料的客观、真实、准确，保证财产物资的安全完整，一方面要建立健全企业的岗位责任制，另一方面要建立财产清查制度，对企业各项财产物资、债权债务进行细致的清查、核对。《会计法》第十七条明确规定："各单位应当定期将会计账簿记录与实物、款项及有关资料相互核对，保证会计账簿记录与实物及款项的实有数额相符、会计账簿记录与会计凭证的有关内容相符、会计账簿之间相对应的记录相符、会计账簿记录与会计报表的有关内容相符。"

二、财产清查的意义

加强财产清查工作，对于加强企业管理，保证企业经济活动正常有序地进行，发挥会计监督职能具有十分重要的意义。

(一)保证会计核算资料的真实性

通过财产清查，可以查明各项财产物资的实有数，并通过与账簿记录相核对，发现是否有账实不符的情况。若不相符，要查明原因，明确责任，并按规定的手续及时进行调整，直至账实相符。这样的过程使以账簿信息为基础编制的财务报表真实可靠，从而保证会计核算资料的可信性。

(二)保护财产物资的安全完整

财产清查的作用，既可以查清各项财产物资的真实状况，还能通过对差异原因的追查发现是否存在计量不准确、保管不力或者监守自盗等问题，能使企业及时调整管理体制，弥补管理的漏洞，促使企业建立一套健全的物资管理制度，达到保证财产物资安全完整的目的。

(三)挖掘财产物资的潜力，保证资金的有效周转

在财产物资清查的过程中，可以全面及时地了解各项财产物资的使用情况，发现是否有过量积压或存货不足的情况，以便采取有效措施调整存货物资的存放量，发掘潜力，使库存物资的数量和质量处于良好的状态，既不会占用资金，又能够保证生产的顺利进行。

(四)监督财经纪律和结算制度的执行

通过对财产物资、货币资金及往来账户的清查，可以发现企业有关人员是否按照财经纪律和结算制度的要求来完成相应工作内容；可以发现本企业与其他单位或个人的往来款项是否符合国家的财经制度，是否合乎相互间的合同条款，是否有违法的经济行为等。如果在清查过程中发现问题，要及时采取措施加以纠正，使企业的管理得到加强，财经法规得到切实遵守。

三、财产清查的种类

企业财产清查的对象和范围往往是不同的，在时间上也是有区别的，因此，财产清查主要有两种不同的分类。

（一）按财产清查的对象和范围分类

1. 全面清查

全面清查是指对企业所有的财产物资、货币资金和债权债务进行彻底的盘点和核对。就企业而言，全面清查的内容包括：

(1)实物资产，如固定资产、原材料、库存商品、工程物资等；

(2)库存现金、银行存款及各种有价证券；

(3)在途材料、在途商品、委托加工物资等；

(4)应收、应付、预收、预付的各种往来结算款项等。

由于全面清查的时间长、范围广、内容多、工作量大，因此一般只在以下几种情况下才进行：

(1)年终决算之前，为了保证年终决算时会计资料的真实、正确，需要进行全面清查；

(2)单位撤销、合并或改变隶属关系时，需要进行全面清查；

(3)中外合资、国内联营时，需要进行全面清查；

(4)开展清产核资、资产评估等时，需要进行全面清查；

(5)单位主要负责人调离工作岗位时，需要进行全面清查。

2. 局部清查

局部清查是企业根据需要，对部分财产物资、货币资金和债权债务进行的盘点与核对。相对而言，局部清查需要的人力少，费用低。一般情况下，对于流动性较强的材料物资，除年度清查外，还应根据需要随时轮流盘点或重点抽查；对各种贵重物资，每月至少清查一次；对于银行存款和银行借款，每月同银行核对一次；对于现金，每日由出纳员在业务终了时盘点核对一次，做到日清月结；对于债权债务，应在年度内至少同有关单位核对一次。

（二）按财产清查的时间分类

1. 定期清查

定期清查就是根据制度的规定预先计划安排时间对财产物资、货币资金和债权债务所进行的清查。定期清查一般在年末、季末、月末结账时进行。定期清查的范围根据需要和实际情况而定，可以是全面清查，也可以是局部清查。

2. 不定期清查

不定期清查是指根据实际需要进行的临时清查。不定期清查一般是在更换出纳人员时对现金、银行存款所进行的清查，更换仓库保管人员时对其所保管的财产物资的清查；或者发生自然灾害和意外损失时进行的清查，以及发现贪污舞弊等情况时所进行的清查，以达到查明受损程度，明确责任的目的。不定期清查与定期清查一样，可以是全面清查，也可以是局部清查。

四、财产清查的一般程序

财产清查工作涉及范围广，工作量大，为保证财产清查工作顺利、有效地进行，需要按照一定的程序有组织地进行。一般来说，财产清查的程序包括以下几个步骤：

（一）成立财产清查组织

清查工作应该在正式开展前确定负责清查的人员，以工作小组的形式开展工作。清查小组应以企业主要领导或部门主管和财务负责人为领导，由会计部门主要负责，还应包括技术、生产和设备等有关部门的人员。清查小组应当完成的主要任务包括：在清查工作开始前，按照有关部门和企业管理要求制订清查计划和工作步骤；清查过程中完成清查工作，保证工作质量，解决相关问题；在清查结束后，将清查结果及时汇总分析，得出处理意见提交上级有关部门审批。

（二）清查前准备

为了做好清查工作，清查前应做好财产物资和业务上的准备。各相关部门，特别是会计部门和会计工作人员应在清查小组的安排下，开展清查前的准备工作。

1. 会计部门的人员应将清查时间点之前的经济业务登记入账，并结出当期余额，通过对账证、账账的核对做到内容完整准确，账证、账账相符。

2. 财产物资管理和使用部门应在清查前，完成对其所管理的财产物资收发凭证的登记入账，结出当期余额，并同会计部门账簿的相关余额进行核对，做到账账相符。同时，还应该对其所保管的各种财产物资进行整理、排列，标注名称、规格和现有结存数量以备清查。

3. 负责实地清查的人员应为清查准备好需要的计量工具，并保证计量工具的准确有效，以及准备好清查需要的各种表格、清单、资料和辅助工具等。

（三）实施财产清查

在清查时间点到来后展开清查，各级参与清查的部门及各部门参与人员应按照清查计划和既定的步骤实施清查工作。

（四）财产清查结果的处理

对财产清查的结果，必须按照国家有关财务制度的规定，严肃认真地进行处理。财产清查中发现的盘盈、盘亏、毁损、变质、超储、积压等问题，应按规定的程序上报，待批准后再进行相应处理；对于清查过程中发现的长期未了结或与其他企业未达成共同意见的债权债务，也应该在核对数额后上报，待批准后处理。

第二节 财产清查的方法

财产清查是一项涉及面广，工作量大，既重要又细致的工作，为了保证财产清查工作的质量，提高财产清查工作效率，达到财产清查的目的，在财产清查时应针对不同的清查对象而采用不同的清查方法。

一、实物的清查

实物的清查是指对具有实物形态的各种财产物资的清查，主要包括固定资产、原材料、在产品、库存商品、半成品等。实物清查主要通过盘存制度来完成，通过盘存制度可以了解财产物资的实际数量，再和账面结存数核对后确定实物资产的真实情况。

（一）实物账面结存数量的确定方法

盘存的方法主要有两种：永续盘存制和实地盘存制。

1. 永续盘存制

永续盘存制，又叫账面盘存制，即对日常各种财产物资的增加数和减少数，都要根据会计凭证记入有关账簿，并随时在账簿中结出各种财产物资的账面余额的一种盘存制度。其计算公式如下：

账面期末余额＝账面期初余额＋本期增加数－本期减少数

永续盘存制对于财产物资的增减变化要逐日逐笔进行登记，并随时结出账面结存数，手续比较严密，便于加强会计监督。同时，这种盘存制度能及时掌握财产物资的收发结存动态情况，对于加强财产物资的管理，保证其安全完整有重要作用。其不足之处在于要逐日逐笔登记各种财产物资的增减变动及结存情况，工作量较大。在实际工作中，除少数特殊情况外，一般企业均应采用永续盘存制。

2. 实地盘存制

实地盘存制也称为“以存记销制”，是指企业对各种财产物资只在账簿中登记其增加数，不登记其减少数，期末通过对实物的实地盘点来确定财产物资的结余数，然后采取推算的方法，倒挤出本期减少数的盘存制度。其计算公式如下：

本期减少数＝账面期初余额＋本期增加数－期末实际结存数

实地盘存制平时只记增加，不记减少，相应减少了各种明细账的登记工作，但是各种财产物资的减少，没有办理严密的手续，不便于施行会计监督。期末以实存数作为账存数，倒轧发出数量的方法容易掩盖财产物资管理工作中的问题，也不利于随时掌握财产物资的动态。这种方法一般用于单位价值小、收发频繁的财产物资或鲜活产品的核算。

不论财产物资账面结存数的确定采用哪一种方法，对财产物资都必须定期或不定期地进行清查盘点。

（二）实物实际结存数量的确定方法

对于实物实际结存数量的确定，应采用盘点法来进行。由于实物的形态、体积、重量、堆放方式不同，需采用不同的清查方法，一般有实地盘点法和技术推算法。

1. 实地盘点法

实地盘点法是指在采用这种方法时，工作人员需要亲自到实物的存放现场，通过实际清点或使用计量工具确定实存数的一种方法。这种方法可以得到比较准确的实物结存数，适用于容易清点或计量的财产物资（如原材料、包装物、库存商品、固定资产）的清查，适用范围较广。缺点是清查时间长、工作量较大。

2. 技术推算法

技术推算法是指通过一定的技术方法，如量方、计尺，对液体或砂石等财产物资，在抽样盘点的基础上，推算得到存货数量的方法。这种方法工作量小，但不够精确，适用于大量成堆，难以精确测量，单位价值较低的实物。

为了明确经济责任，在进行盘点时，实物保管人员必须在场并参加盘点工作。对盘点结果应逐一如实地登记在“盘存表”上，并由参加盘点人员和实物保管人员同时签章。“盘存表”是记录实物盘点结果的书面证明，也是反映各项财产物资实有数的原始凭证。其一般格式如表 7-1 所示。

表 7-1 盘存表

单位名称：　　　　　　盘点时间：

财产类别：　　　　　　存放地点：

序号	名称	规格型号	计量单位	实存数量	单价	金额	备注

盘点人：　　　　　　保管人：

为了进一步查明盘点结果与账面结存余额是否一致，还要根据“盘存表”和有关账簿记录，填制“实存账存对比表”。通过对比，确定各种实物的实存同账存之间的差异，用以调整账簿记录，分析产生差异的原因，明确经济责任。其一般格式如表 7-2 所示。

表 7-2　实存账存对比表

单位名称：　　　　　　　　　　年　月　日

存放地点：

序号	名称	规格	计量单位	单价	实存		账存		实存账存对比				备注
									盘盈		盘亏		
					数量	金额	数量	金额	数量	金额	数量	金额	

盘点人：　　　　　　　　　　　　　　　　　　　　保管人：

二、货币资金的清查

货币资金的清查主要是对库存现金和银行存款的清查，是财产清查中的重点。

（一）库存现金的清查方法

库存现金的清查采用实地盘点的方法，通过实地盘点确定库存现金的实存额，然后与现金日记账的账面余额进行核对，以查明账实是否相符。

由于现金的收支业务十分频繁，容易出现差错，因此，出纳员应当经常进行现金盘点并与账面余额核对。清查前，出纳员应将现金收付凭证全部登记入账。清查时，出纳员必须在场。在清查过程中，除了查明账实是否相符外，还要检查现金管理制度的遵守情况，查明有无坐支现金情况，是否超过库存现金的限额，有无白条抵库等现象。

现金盘点后，应根据盘点的结果和现金日记账余额，编制“库存现金盘点报告表”。该表是反映现金实存数的原始凭证，是反映账实差异及调整账簿记录的依据。其一般格式如表 7-3 所示。

表 7-3　库存现金盘点报告表

单位名称：　　　　　　　　　　年　月　日　　　　　　　　　　单位：元

实存金额	账存金额	对比结果		备注
		盘盈	盘亏	

财务负责人：　　　　　　　　盘点人：　　　　　　　　出纳员：

（二）银行存款的清查

银行存款的清查采取与银行核对账目的方法。核对前，应把截至清查日所有银行存款的收、付业务登记入账，再与银行对账单逐笔核对，如发现错账、漏账，应及时查清更正。但即使双方记账均无错误，也常常会出现银行存款日记账余额与银行对账单余额不一致的情况，这主要是由于“未达账项”引起的。所谓“未达账项”是指银行和企业之间对于同一业务，由于结算凭证传递时间差异而发生的一方已登记入账，另一方尚未入账的款项。未达账项主要有以下四种：

(1)企业已收款记账，而银行尚未收款记账。例如，企业将销售产品收到的支票送存银行，根据银行盖章退回的“进账单”回单联登记银行存款增加，而银行则要等到款项收妥后才登记银行存款增加。

(2)企业已付款记账，银行尚未付款记账。例如，企业购买原材料，开出支票一张，企业根据支票存根、发票等登记银行存款减少，而银行由于尚未收到付款凭证未登记银行存款减少。

(3)银行已收款记账，企业尚未收款记账。例如，企业委托银行收取的货款已收到，银行已登记企业银行存款增加，但企业尚未收到收款通知而未入账。

(4)银行已付款记账，企业尚未付款记账。例如，企业的借款利息，银行已从企业银行存款中扣付，但企业尚未接到付款通知而未入账。

上述未达账项的存在，会使银行存款日记账的余额与银行对账单余额不符。因此，在核对双方账目时，应注意检查有无未达账项，并对未达账项进行调整。调整未达账项是通过编制“银行存款余额调节表”来进行的。下面举例说明“银行存款余额调节表”的编制方法。

【例 7-1】某企业 20×8 年 1 月 31 日的银行存款日记账余额为 124 950 元，银行对账单上的银行存款余额为 129 395 元，经逐笔核对，发现以下未达账项：

(1)1 月 31 日，企业销售产品，收到转账支票一张 11 200 元，企业已送存银行，银行尚未入账；

(2)1 月 31 日，企业购买材料，开出转账支票 9 100 元，银行尚未入账；

(3)1 月 31 日，企业委托银行代收货款 6 790 元，银行已代收入账，企业尚未收到收款通知，未入账；

(4)1 月 31 日，银行代企业向供电局支付电费 245 元，企业未收到付款通知，尚未入账。

根据上述资料，企业编制的银行存款余额调节表如表 7-4 所示。

表 7-4　银行存款余额调节表

20×8 年 1 月 31 日　　　　单位：元

项目	金额	项目	金额
银行对账单余额	129 395	企业银行存款日记账余额	124 950
加：企业已收，银行未收款	11 200	加：银行已收，企业未收款	6 790
减：企业已付，银行未付款	9 100	减：银行已付，企业未付款	245
调整后余额	131 495	调整后余额	131 495

经办人：　　　　　　　　会计主管：

需要注意的是，调节后的余额既不是企业银行存款日记账的余额，也不是银行对账单的余额，而是银行存款的实有金额。企业不能根据该余额调整账簿记录，而应在有关结算凭证到达后再据以记账。

三、应收款项的清查

应收款项包括各种应收及暂付的款项。对应收款项的清查一般采用“函证核对法”进行，清查时应在本单位各应收款项账目准确无误的基础上，按往来单位分户编制对账单，送交对方单位进行核对。对账单一般一式两联，第二联作为回单，对方单位如核对相符，应在回单上盖章退回。如对方发现数字不符，应将不符的情况在回单上注明，或另抄对账单退回，以便进一步清查。在收到对方回单后，应编制“债权（债务）清查报表”，其格式如表7-5所示。

表7-5　债权（债务）清查报表

总分类账户名称：　　　　　　　　　　年　月　日

明细账户名称	账面结存余额	清查结果		日期	不符原因				备注
		核对相符金额	核对不符金额		有争议款项金额	未达账项	其他	合计	

记账人员：　　　　　　　　　　　　　　　　　　清查人员：

第三节　财产清查结果的处理

一、财产清查结果的处理程序

财产清查后，如果实存数与账存数不一致，会出现两种情况：实存数大于账存数，称为盘盈；实存数小于账存数，称为盘亏。当实存数与账存数一致，但实存的财产物资有质量问题，不能按正常的财产物资使用，称为毁损。不论是盘盈、盘亏还是毁损，都需要进行账务处理，调整账存数，以保证账实相符。盘盈、盘亏和毁损都说明企业在经营管理和财产物资保管中存在一定的问题。因此，一旦发现账存数与实存数不一致，应分析产生差异的原因，明确经济责任，提出相应的处理意见，按规定的程序上报，经批准后，对差异进行处理。

1. 分析差异，查明原因，确定处理办法

对于财产清查中发现的各种盘盈、盘亏，在核实盘盈、盘亏的数额后，必须经过调查研究，查明原因，明确责任，由清查小组提出处理建议。对于定额内的自然损耗所引起的盘亏，应按有关规定处理；对于责任事故引起的盘亏和毁损，必须查清原因，并按制度规定做出相应的处理;对于贪污盗窃案件,应会同有关部门或报请有关单位处理;对于自然灾害等引起的财产物资损失,如已经向保险公司投保,还应及时报保险公司理赔。

2.积极处理各种积压物资,清理债权债务

通过财产清查发现的呆滞、积压、未充分利用和不需用的物资,应查明原因,分别进行处理。对于盲目采购或产品结构调整而造成的物资积压,应积极组织销售;对于长期拖欠以及存在争议的往来款项应指定专人负责清理。

3.总结经验教训,健全财产管理制度

对财产清查中发现的问题和管理制度上的薄弱环节,应总结经验教训,提出改进措施,建立健全必要的规章制度,以利于财产物资的有效利用,并保证财产物资的安全完整。

4.调整账簿记录,做到账实相符

为了做到账实相符,对财产清查中所发现的各种物资盘盈、盘亏和毁损,都应在账簿上予以反映,并及时调整账簿记录。

二、财产清查账户的设置

为了反映和监督财产清查中查明的各种财产物资的盘盈、盘亏和毁损及其处理情况,应设置"待处理财产损溢"账户。该账户的贷方登记待处理财产物资的盘盈数及经批准后的盘亏转销数;借方登记待处理财产物资的盘亏和毁损数及经批准后的盘盈转销数;贷方余额表示企业尚未批准处理的各种财产物资的净溢余,借方余额表示企业尚未批准处理的各种财产物资的净损失。

为了分别反映和监督企业流动资产和固定资产的盘盈、盘亏及毁损情况,应在"待处理财产损溢"账户下设"待处理流动资产损溢""待处理固定资产损溢"两个明细分类账户,进行明细分类核算。"待处理财产损溢"的结构如图 7-1 所示。

借方　　　　　　待处理财产损溢	贷方
(1)发生的待处理财产物资盘亏和毁损数 (2)结转已批准处理的财产物资盘盈数	(1)发生的待处理财产物资盘盈数 (2)结转已批准处理的财产物资盘亏和毁损数
余额:尚未批准处理的各种财产物资净损失	余额:尚未批准处理的各种财产物资净溢余

图 7-1 "待处理财产损溢"账户结构

三、财产清查结果的账务处理

财产清查结果的处理需分两步进行:批准前,应根据已查明属实的财产盘盈、盘亏和毁损数,及时编制会计凭证,据以入账,使财产物资的实存与账存相符;经审查批准后,应根据批准的处理意见,编制会计凭证,记入有关账户。

1.实物清查结果的处理

在财产清查中发现存货(如原材料、在产品等)有盘盈、盘亏和毁损的情况时,报经批准前应先通过"待处理财产损溢——待处理流动资产损溢"账户核算,报经有关部门批准后,再根据不同的情况进行转账处理。

一般处理方法为:若属于收发计量或核算上的误差造成的盘盈,经批准可冲减管理费用;若发生存货盘亏,属于定额内损耗或管理不善造成的损失,转作管理费用;属于责任事故造成的损失,应由过失人赔偿的,转入其他应收款;属于非常事故造成的损失,在扣除保险公司的赔偿和残料价值后,经批准列作营业外支出。

【例 7-2】某企业在财产清查中,盘盈甲材料 2 000 元。

①在批准前,根据"实存账存对比表"所确定的原材料盘盈数,编制会计分录如下:

借:原材料——甲材料　　2 000
　　贷:待处理财产损溢——待处理流动资产损溢　　2 000

②经查,盘盈材料系收发计量误差所致,经批准冲减"管理费用",编制会计分录如下:

借:待处理财产损溢——待处理流动资产损溢　　2 000
　　贷:管理费用　　2 000

【例 7-3】某企业在财产清查中,盘亏乙材料 3 000 元。

①在批准前,根据"实存账存对比表",调整原材料账面记录,编制会计分录如下:

借:待处理财产损溢——待处理流动资产损溢　　3 000
　　贷:原材料——乙材料　　3 000

②经查,乙材料短缺系管理不善所致。编制会计分录如下:

借:管理费用　　3 000
　　贷:待处理财产损溢——待处理流动资产损溢　　3 000

【例 7-4】某企业因自然灾害造成丙材料损失 50 000 元。

①在批准前,根据"实存账存对比表",调整原材料账面记录,编制会计分录如下:

借:待处理财产损溢——待处理流动资产损溢　　50 000
　　贷:原材料——丙材料　　50 000

②上述自然灾害造成丙材料损失,保险公司确定赔偿 30 000 元,其余作营业外支出处理。编制会计分录如下:

借:其他应收款　　30 000
　　营业外支出　　20 000
　　贷:待处理财产损溢——待处理流动资产损溢　　50 000

2.货币资金清查结果的处理

货币资金清查结果的处理应当分为库存现金和银行存款两部分内容。对于库存现金清查结果的处理程序和方法,与实物资产清查结果的处理程序和方法相同。而对银行存款清查结果的处理,应根据不同的情况进行不同的处理:(1)属于记账错误造成的账实不符,应及时进行错账的更正;(2)属于未达账项造成的账实不符,只需编制银行存款余额调节表,不需要立即处理,应在有关结算凭证到达后再据以记账。

【例 7-5】某企业盘点现金时发现短缺 150 元现金,经查明是该企业出纳人员工作疏忽造成。

① 在批准前,根据"库存现金清查报告表"的记录,编制会计分录如下:

借:待处理财产损溢——待处理流动资产损溢　　150
　贷:库存现金　　150

② 在批准后,编制会计分录如下:

借:其他应收款——出纳员　　150
　贷:待处理财产损溢——待处理流动资产损溢　　150

3. 应收款项清查结果的处理

对于应收款项清查结果的处理,应根据不同情况进行不同的处理:对于企业存在的未达账项,不需要立即进行处理,而应在有关结算凭证到达后再据以记账;对于存有争议的应收款项,应及时与对方单位协商解决;对于无法收回的应收款项,应作为坏账进行核销。

企业无法收回的应收款项称为坏账,如因债务人破产或死亡,以其破产财产或者遗产清偿后,仍然不能收回的应收款项;因债务人逾期未履行偿债义务,且有明显迹象表明无法收回(如超过3年仍然不能收回)的应收款项。

对于坏账的核销,按照企业会计准则的规定应采用备抵法。所谓备抵法是指在每一会计期末,对应收款项中可能发生的坏账损失进行合理估计并计入当期费用,计提坏账准备,当某一应收款项部分或全部被确认为坏账时,将其金额冲减坏账准备并相应转销应收款项的会计处理方法。

采用备抵法处理坏账,需要设置"坏账准备"账户。该账户是"应收账款"账户的备抵账户,同属于资产类账户,用于核算企业坏账准备的计提和冲减情况。该账户的贷方登记按规定计提的坏账准备金额,借方登记确认冲减的坏账准备金额。该账户的期末余额方向不确定,年度内如为借方余额,表示企业多冲减的坏账准备金额,说明上年度计提坏账准备金额不足,未能满足本年内发生的坏账损失的抵扣需要;该时期的贷方余额为已计提但尚未使用的金额。年末经过冲减或补提后,该账户应为贷方余额,是为下年度准备的坏账准备金额。

【例7-6】A公司20×8年年末计提坏账准备6 000元。次年8月在财产清查中,查明应收甲单位货款2 000元,因该单位撤销,确定无法收回,符合坏账确认标准,予以核销。编制如下会计分录:

①计提坏账准备时:

借:资产减值损失　　6 000
　贷:坏账准备　　6 000

②核销坏账时:

借:坏账准备　　2 000
　贷:应收账款　　2 000

案例思考

资料

王强毕业后到一家规模不大的私营企业上班,负责仓库物资的保管工作。该企业是一个高档保温瓶厂,由于企业的管理人员都是老板的家人或亲戚,规章制度缺失,管理上比较混乱。一天老板的侄子——市场部负责人张雷想从仓库里拿几个保温瓶回家用,王强性格外向,善于交际,一直希望能到市场部工作,张雷也几次说想调王强到市场部做经理助理,于是,王强拿了几个保温瓶给张雷。期末盘存库存商品时,王强将张雷拿走的几个保温瓶,都算入了本期销售的商品数量中。此外，王强将公司正在使用的一台设备借给其朋友使用，未办理任何手续。清查人员在年底盘点时发现盘亏了一台设备，原值为19万元，已提折旧3万元，净值为16万元。经查，属王强所为。于是，企业派人向借方追索，但借方声称，该设备已被人偷走。当问及对此的处理意见时，王强建议按正常报废处理。

思考题

1. 请判断该企业对库存商品采用的是什么盘存制度。
2. 公司应怎样正确处理盘亏的保温瓶？
3. 盘亏的设备按正常报废处理是否符合会计准则要求？
4. 如果你是王强，会怎么做？
5. 你对提高该公司资产内部控制管理水平有何建议？

第八章　财务报告

【本章学习目标】本章阐述财务报告的定义、构成、编制的意义和要求，以及资产负债表、利润表、现金流量表、所有者权益变动表和会计报表附注的概念、作用、内容、格式与编制方法等相关内容。本章的知识目标在于了解编制财务会计报告的意义，明确会计报表的分类，熟悉编制会计报表的基本要求，掌握资产负债表和利润表的格式、内容和编制方法，清楚现金流量表、所有者权益变动表和会计报表附注的基本内容。本章的能力目标在于学生能够理解不同财务报表的基本概念和报表项目的界定，具备编制财务报表的基本技能。本章的素养目标在于培养学生的责任感，鼓励学生在财务报告编制中遵守职业道德和法规。

第一节　财务报告概述

一、财务报告的定义及种类

（一）财务报告的定义

财务报告，又称为财务会计报告，是指企业对外提供的反映企业某一特定日期财务状况和某一会计期间经营成果、现金流量等会计信息的书面文件。“财务报告”从国际范围来看是较通用的术语，但是在我国现行有关法律行政法规中使用的术语是“财务会计报告”。使用“财务会计报告”术语是为了保持法规体系一致性。基本准则仍然使用“财务会计报告”术语，但同时又引入了“财务报告”术语，并指出“财务会计报告”又称“财务报告”，从而较好地解决了立足国情与国际趋同的问题。

财务报告的主要作用是向财务报告使用者提供真实、公允的信息，用于落实和考核企业领导人经济责任的履行情况，并有助于包括所有者在内的财务报告使用者的经济决策。我国《企业财务会计报告条例》规定：企业不得编制和对外提供虚假的或隐瞒重要事实的财务会计报告；企业负责人对本企业财务会计报告的真实性、完整性负责。

（二）财务报告的分类

1.按照编报期间分类

我国《企业财务会计报告条例》规定：财务会计报告分为年度、半年度、季度和月度财务会计报告。月度、季度财务报告，是指月度和季度终了提供的财务报告；半年度财务报告，是指在每个会计年度的前6个月结束后对外提供的财务报告；年度财务报告，是指年度终了对外提供的财务报告。其中，半年度、季度和月度财务报告统称为“中期财务报告”。

通常情况下，企业年度财务报告的会计期间是指公历每年的1月1日至12月31日，半年度财务报告的会计期间是指公历每年的1月1日至6月30日，季度财务报告的会计期间是指公历每一季度，月度财务报告的会计期间则指公历每月1日至最后一日。

2.按编报主体分类

企业的财务报表按编报主体可分为单位财务报表、汇总财务报表、合并财务报表。单位财务报表是指独立核算单位编制的财务报表；汇总财务报表是指上级公司或主管部门根据单位财务报表和单位本身的报表汇总编制而成的财务报表；合并财务报表是指反映母公司和其子公司构成的企业集团整体财务状况、经营成果和现金流量情况的财务报表。

3.按反映资金运动形态分类

会计报表按其资金运动形态的不同，可以分为静态会计报表和动态会计报表。企业的生产经营活动持续进行，形成了资金运动，资金运动又分为绝对运动和相对静止两种状态。资产负债表属于静态会计报表，利润表、现金流量表和所有者权益变动表属于动态会计报表。

二、财务报告的构成

根据《企业会计准则第30号——财务报表列报》的规定，企业财务会计报告包括会计报表、会计报表附注和财务情况说明书三个组成部分。

（一）会计报表

会计报表，由主表和附表两部分组成，其中主表包括资产负债表、利润表、现金流量表和所有者权益变动表。附表根据各行业的特点编制，企业的附表包括利润分配表、所有者权益增减变动表、资产减值准备明细表、应交增值税明细表，等等。

（二）会计报表附注

会计报表附注，是对在资产负债表、利润表、现金流量表和所有者权益变动表中列示项目的文字描述或明细资料，以及对未能在这些报表中列示项目的说明等。附注应当披露财务报表的编制基础，相关信息应当与资产负债表、利润表、现金流量表和所有者权益变动表等报表中列示的项目相互参照。此外，企业应当在附注中披露，资产负债表日后财务报告报出前提议或宣布发放的股利总额和每股股利金额。

（三）财务情况说明书

财务情况说明书包括：企业生产经营的基本情况，利润实现和分配情况，资金增减和周转情况，对企业财务状况、经营成果和现金流量有重大影响的其他事项。

三、编制财务会计报告的意义

（一）满足外部信息使用者的共同需求

财务会计报告所提供的会计信息，应当是准备、可靠、及时、完整的，是投资者、债权人、银行、供应商等会计信息使用者了解企业的财务状况、经营成果和经济效益，进而了解投资风险和投资报酬，货款或借款能否按期收回等情况的主要来源，是投资者进行决策、贷款者决定贷款去向、供应商决定销售策略的重要依据，也是国家经济管理部门制定宏观经济管理政策、经济决策的重要信息来源。

（二）高度综合、系统地反映企业的经济活动

通过日常会计核算，虽然可以提供反映会计主体经营活动和财务收支情况的会计信息，但是，反映在会计凭证和会计账簿上的会计资料还比较分散，不便于理解和利用，很难符合国家宏观经济管理要求。因此，有必要在日常会计核算的基础上，根据会计信息使用者的需要，定期对日常会计核算资料进行加工处理和分类，通过编制财务会计报告，综合反映会计主体的财务状况和经营成果，以及财务收支情况。

四、财务报告编制的基本要求

（一）以持续经营为基础编制

企业应当以持续经营为基础，根据实际发生的交易和事项，按照《企业会计准则——基本准则》和其他各项会计准则的规定进行确认和计量，在此基础上编制财务报告。当以持续经营为基础编制财务报告不再合理时，企业应当采用其他基础编制财务报告，并在附注中声明财务报告未以持续经营为基础编制，披露未以持续经营为基础编制的原因和财务报表的编制基础。

（二）按正确的会计基础编制

除现金流量表按照收付实现制原则编制外，企业应当按照权责发生制原则编制财务报告。

（三）至少按年编制财务报告

企业至少应当按年编制财务报告。年度财务报告涵盖的期间短于 1 年的，应当披露年度财务报告的涵盖期间、短于 1 年的原因，以及报表数据不具可比性的事实。

（四）项目列报遵守重要性原则

应当根据企业所处的具体环境，从项目的性质和金额两个方面予以判断重要性，且对各项目重要性的判断标准一经确定，不得随意变更。判断项目性质的重要性，应当考虑该项目在性质上是否属于企业日常活动，是否显著影响企业的财务状况、经营成果和现金流量等因素；判断项目金额大小的重要性，应当考虑该项目金额占资产总额、负债总额、所有者权益总额、营业收入总额、营业成本总额、净利润、综合收益总额等直接相关项目金额的比重或所属报表单列项目金额的比重。性质或功能不同的项目，应当在财务报告中单独列报，但不具有重要性的项目除外。性质或功能类似的项目，其所属类别具有重要性的，应当按其类别在财务报告中单独列报。某些项目的重要性程度不足以在资产负债表、利润表、现金流量表或所有者权益变动表中单独列示，但对附注却具有重要性，则应当在附注中单独披露。

（五）保持各个会计期间财务报告项目列报的一致性

财务报告项目的列报应当在各个会计期间保持一致，除会计准则要求改变财务报告项目的列报或企业经营业务的性质发生重大变化，变更财务报告项目的列报能够提供更可靠、更相关的会计信息外，不得随意变更。

（六）各项目之间的金额不得相互抵销

财务报告中的资产项目和负债项目的金额、收入项目和费用项目的金额、直接计入当期利润的利得项目和损失项目的金额不得相互抵销，但其他会计准则另有规定的除外。一组类似交易形成的利得和损失应当以净额列示，但具有重要性的除外。资产或负债项目按扣除备抵项目后的净额列示，不属于抵销。

非日常活动产生的利得和损失，以同一交易形成的收益扣减相关费用后的净额列示更能反映交易实质的，不属于抵销。

（七）提供前期比较数据

当期财务报告的列报，至少应当提供所有列报项目上一个可比会计期间的比较数据，以便进行趋势分析比较以及与理解当期财务报告相关的说明，但其他会计准则另有规定的除外。

（八）应当在财务报告的显著位置披露编报企业的名称等重要信息

企业应当在财务报告的显著位置（如表头）至少披露下列各项：(1)编报企业的名称；(2)资产负债表日或财务报表涵盖的会计期间；(3)人民币金额单位；(4)财务报表是合并财务报告的，应当予以标明。

五、财务报告编制前的准备工作

在编制财务报告前，需要完成下列工作：(1)严格审核会计账簿的记录和有关资料；(2)进行全面财产清查、核实债务，并按规定程序报批，进行相应的会计处理；(3)按规定的结账日进行结账，结出有关会计账簿的余额和发生额，并核对各会计账簿之间的余额；(4)检查相关的会计核算是否按照国家统一的会计制度的规定进行；(5)检查是否存在因会计差错、会计政策变更等原因需要调整前期或本期相关项目的情况等。

第二节　资产负债表

一、资产负债表的概念与作用

(一)资产负债表的概念

资产负债表是反映企业在一定时期内全部资产、负债和所有者权益的财务报表，是企业经营活动的静态体现。它根据“资产＝负债＋所有者权益”这一平衡公式，依照一定的分类标准和一定的次序，将某一特定日期的资产、负债、所有者权益的具体项目予以适当的排列编制而成。

(二)资产负债表的作用

1.可以反映企业资产的构成及其状况

资产代表企业的经济资源，是企业经营的基础，资产总量的高低在一定程度上可以说明企业的经营规模和盈利基础大小、企业的结构及资产的分布，企业的资产结构反映其生产经营过程的特点，有利于报表使用者进一步分析企业生产经营的稳定性。

2.可以反映企业某一日期的负债总额及其结构

负债总额表示企业承担的债务的多少，负债和所有者权益的比重反映了企业的财务安全程度。负债结构反映了企业偿还负债的紧迫性和偿债压力的大小，通过资产负债表可以了解企业负债的基本信息。

3.可以反映企业所有者权益的情况

实收资本和留存收益是所有者权益的重要内容，反映了企业投资者对企业的初始投入和资本累积的多少，也反映了企业的资本结构和财务实力，有助于报表使用者分析、预测企业生产经营安全程度和抗风险的能力。

二、资产负债表的内容与格式

(一)资产负债表的内容

资产负债表的内容就是企业在特定日期的资产、负债和所有者权益状况。因此，资产负债表采取了资产、负债与所有者权益总额相平衡对照的结构。

为了更方便信息使用者理解和做出相关决策，还应在三大类别的基础上按照一定的分类标准对资产、负债和所有者权益进行进一步细分。

1. 资产类项目

资产，是指由过去的交易或者事项形成的，企业在某一特定日期所拥有或控制的，预期会给企业带来经济利益的资源。资产应当按照流动资产和非流动资产两大类别在资产负债表中列示，在流动资产和非流动资产类别下进一步按性质分项列示。

(1)流动资产

流动资产，是指预计在一个正常营业周期中变现、出售或耗用，或者主要为交易目的而持有，或者预计在资产负债表日起 1 年内(含 1 年)变现的资产，或者自资产负债表日起 1 年内交换其他资产或清偿负债的能力不受限制的现金或现金等价物。

资产负债表中列示的流动资产项目通常包括：货币资金、以公允价值计量且其变动计入当期损益的金融资产、应收票据及应收账款、预付款项、其他应收款、存货和一年内到期的非流动资产等。

(2)非流动资产

非流动资产，是指流动资产以外的资产。资产负债表中列示的非流动资产项目通常包括：其他债权投资、其他权益工具投资、债权投资、长期应收款、长期股权投资、投资性房地产、固定资产、在建工程、工程物资、固定资产清理、无形资产、开发支出、长期待摊费用以及其他非流动资产等。

2. 负债类项目

负债，是指在某一特定日期企业所承担的、预期会导致经济利益流出企业的现时义务。负债应当按照流动负债和非流动负债在资产负债表中进行列示，在流动负债和非流动负债类别下再进一步按性质分项列示。

(1)流动负债

流动负债，是指预计在一个正常营业周期中清偿，或者主要为交易目的而持有，或者自资产负债表日起 1 年内(含 1 年)到期应予以清偿，或者企业无权自主地将清偿推迟至资产负债表日后 1 年以上的负债。

资产负债表中列示的流动负债项目通常包括：短期借款、以公允价值计量且其变动计入当期损益的金融负债、应付票据及应付账款、预收款项、应付职工薪酬、应交税费、其他应付款、一年内到期的非流动负债等。

(2)非流动负债

非流动负债，是指流动负债以外的负债。非流动负债项目通常包括长期借款、应付债券、长期应付款、预计负债和其他非流动负债等。

3. 所有者权益类项目

所有者权益，是指企业资产扣除负债后的剩余权益，反映企业在某一特定日期股东(投资者)拥有的净资产的总额，它一般按照实收资本(股本)、资本公积、盈余公积和未分配利润分项列示。

(二)资产负债表的格式

资产负债表正表部分的格式主要有账户式和报告式两种。在我国，资产负债表采用账户式的格式。

1. 账户式资产负债表

账户式资产负债表由表头和表体两部分组成。表头部分应列明报表名称、编表单位名称、资产负债表日和人民币金额单位;表体部分反映资产、负债和所有者权益的内容。

账户式资产负债表,其直接依据"资产＝负债＋所有者权益"等式,采用左右对称排列的结构列示财务信息,左方(借方)为资产项目,大体按资产的流动性大小排列,流动性大的资产如"货币资金""以公允价值计量且其变动计入当期损益的金融资产"等排在前面,流动性小的资产如"长期股权投资""固定资产"等排在后面。右方(贷方)为负债及所有者权益项目,一般按要求清偿时间的先后顺序排列,"短期借款""应付票据及应付账款"等需要在 1 年以内或者长于 1 年的一个正常营业周期内偿还的流动负债排在前面,"长期借款"等在 1 年以上才需偿还的非流动负债排在中间,在企业清算之前不需要偿还的所有者权益项目排在后面。左右两方总额相等,这种格式因类似"T"形账户而得名,如表 8-1 所示。

表 8-1　资产负债表

编制单位:　　　　　　　　　　　　年　月　日　　　　　　　　　　　　单位:元

资产	年初余额	期末余额	负债及所有者权益	年初余额	期末余额
流动资产:			流动负债:		
货币资金			短期借款		
以公允价值计量且其变动计入当期损益的金融资产			以公允价值计量且其变动计入当期损益的金融负债		
应收票据及应收账款			应付票据及应付账款		
预付款项			预收款项		
其他应收款			应付职工薪酬		
存货			应交税费		
其中:数据资源			其他应付款		
一年内到期的非流动资产			一年内到期的长期负债		
其他流动资产			其他流动负债		
流动资产合计			流动负债合计		
非流动资产:			非流动负债:		
其他债权投资			长期借款		
其他权益工具投资			应付债券		
债权投资			长期应付款		
长期应收款			递延收益		
长期股权投资			预计负债		
投资性房地产			其他非流动负债		
固定资产			非流动负债合计		
在建工程			负债合计		
无形资产			所有者权益:		

续表

资产	年初余额	期末余额	负债及所有者权益	年初余额	期末余额
其中:数据资源			实收资本(或股本)		
开发支出			资本公积		
其中:数据资源			盈余公积		
长期待摊费用			未分配利润		
其他非流动资产			所有者权益合计		
非流动资产合计					
资产总计			负债及所有者权益总计		

由表 8-1 可见:账户式资产负债表采用"T"形账户形式,将资产项目与负债和所有者权益项目左右平行列示,较为直观清晰,便于对比分析和利用。目前,企业主要采用这种格式编制资产负债表。另外,财政部制定印发了《企业数据资源相关会计处理暂行规定》,自 2024 年 1 月 1 日起施行,在资产负债表相关列示中要求:"企业在编制资产负债表时,应当根据重要性原则并结合本企业的实际情况,在'存货''项目下增设'其中:数据资源'项目,反映资产负债表日确认为存货的数据资源的期末账面价值;在'无形资产'项目下增设'其中:数据资源'项目,反映资产负债表日确认为无形资产的数据资源的期末账面价值;在'开发支出'项目下增设'其中:数据资源'项目,反映资产负债表日正在进行数据资源研究开发项目满足资本化条件的支出金额。

2.报告式资产负债表

报告式资产负债表,亦称为"垂直式资产负债表",是将资产、负债和所有者权益项目采用垂直分列的形式排列于表格的上下两段,资产总额=负债总额+所有者权益总额,或者,资产总额-负债总额=所有者权益总额。报告式资产负债表如表 8-2 所示。

表 8-2　资产负债表

编制单位:　　　　　　年　月　日　　　　　　单位:元

项目名称	金额
资产	
资产的各个项目	
资产合计	
负债	
负债的各个项目	
负债合计	
所有者权益	
所有者权益各个项目	
所有者权益合计	

此外,还有财务状况式资产负债表。其依据"流动资产-流动负债=运营资本"和"营运资本+非流动资产-非流动负债=所有者权益"等式编制,重点对衡量企业短期偿债能力的营运资本进行揭示,有利于使用者清晰了解企业支付能力情况。

三、资产负债表的编制

（一）“年初余额”栏的填列

本表的“年初余额”栏通常根据上年末有关项目的期末余额填列，且与上年末资产负债表“期末余额”栏一致。如果企业上年度资产负债表规定的项目名称和内容与本年度不一致，应当对上年年末资产负债表相关项目的名称和数据按照本年度的规定进行调整，填入“年初余额”栏。

（二）“期末余额”栏的填列

资产负债表“期末余额”栏内各项数据，一般应根据资产、负债和所有者权益类科目的期末余额填列，具体方法如下：(1)根据一个或几个总账科目的余额填列；(2)根据明细账科目的余额计算填列；(3)根据总账科目和明细账科目的余额分析计算填列；(4)根据有关账户余额减去其备抵账户余额后的净额填列；(5)综合运用上述填列方法分析填列。

（三）资产负债表编制举例

【例 8-1】东风公司 20×8 年 7 月 31 日全部总账和有关明细账余额如表 8-3 所示。

表 8-3　东风公司总账和有关明细账余额表　　单位：元

总账	明细账	借或贷	期末余额	总账	明细账	借或贷	期末余额
库存现金		借	10 000	短期借款		贷	100 000
银行存款		借	1 420 000	应付票据		贷	350 000
应收票据		借	282 000	应付账款		贷	25 000
					E 公司	贷	300 000
					F 公司	借	50 000
应收账款		借	150 000	应交税费		贷	100 068
	A 公司	借	200 000	预收账款		贷	20 000
	B 公司	贷	50 000		G 公司	贷	30 000
预付账款		借	50 000		H 公司	借	10 000
	C 公司	借	70 000	应付股利			
	D 公司	贷	20 000	长期借款		贷	880 000
坏账准备		贷	2 000	实收资本		贷	2 000 000
原材料		借	100 000	资本公积		贷	900 000
库存商品		借	170 000	盈余公积		贷	19 932
生产成本		借	160 000	未分配利润		贷	1 120 000
长期股权投资		借	1 300 000				
固定资产		借	2 500 000				

续表

总账	明细账	借或贷	期末余额	总账	明细账	借或贷	期末余额
累计折旧		贷	400 000				
固定资产减值准备							
在建工程							

要求：根据上述资料，编制该公司 20×8 年 7 月 31 日的资产负债表。

现将东风公司 20×8 年 7 月 31 日的资产负债表各项的应填列金额计算分析如下：

(1)“货币资金”项目，反映企业库存现金、银行结算户存款、外埠存款、银行汇票存款、银行本票存款、信用卡存款、信用证保证金存款等的合计数。本项目应根据“库存现金”“银行存款”和“其他货币资金”账户的期末余额合计填列，简化公式：货币资金＝库存现金＋银行存款＋其他货币资金，本例题中，资产负债表中“货币资金”项目应填 1 430 000 元，即 10 000＋1 420 000＝1 430 000(元)。

(2)“以公允价值计量且其变动计入当期损益的金融资产”项目，反映企业为了交易目的而购入的股票、债券、基金、权证等投资的公允价值等。本项目应根据“交易性金融资产”期末账面余额直接填列，本例题中，资产负债表中“以公允价值计量且其变动计入当期损益的金融资产”项目应填 0 元，或者不填。

(3)“应收票据及应收账款”项目，包括“应收票据”和“应收账款”两个子项目。“应收票据”反映企业收到的未到期也未向银行贴现的商业汇票，包括商业承兑汇票和银行承兑汇票。该子项目应根据“应收票据”期末账面余额直接填列，已经向银行贴现和已经背书转让的应收票据不包括在本子项目内。“应收账款”，反映企业因销售商品、产品或提供劳务等而应向购买单位收取的各种款项，减去已经计提的坏账准备后的净额。该子项目应根据“应收账款”和“预收账款”账户所属各明细账的期末借方余额合计，减去“坏账准备”账户中的有关坏账准备期末余额后的金额填列。简化公式：应收账款＝应收账款(借)＋预收账款(借)－“应收账款”计提的“坏账准备”期末余额。本例题中，资产负债表中“应收票据及应收账款”项目，应填写 490 000 元，即 282 000＋200 000＋10 000－2 000＝490 000(元)。

(4)“预付款项”项目，反映企业预付给供应单位的款项。本项目应根据“预付账款”和“应付账款”账户所属各明细账的期末借方余额合计填列。简化公式：预付款项＝预付账款(借)＋应付账款(借)，本例题中，资产负债表中“预付款项”项目，应填写 120 000 元，即 70 000＋50 000＝120 000(元)。

(5)“其他应收款”项目，反映企业对其他单位和个人的应收和暂付的款项，减去已经计提的坏账准备后的净额。本项目应根据“其他应收款”“应收股利”和“应收利息”账户的期末余额，减去“坏账准备”账户中的有关坏账准备期末余额后的金额填列。本例题中，资产负债表中“其他应收款”项目，应填写 0 元，或者不填。

(6)“存货”项目，反映企业期末在库、在途和在加工中的各项存货的可变现净值，包括各种材料、商品、在产品、半成品、包装物、低值易耗品、发出商品等。本项目应根据“在途物资”(“材料采购”)及“原材料”“库存商品”“周转材料”“委托加工物资”“生产成本”等账户的期末余额合计，减去“存货跌价准备”账户期末余额后的金额填列。简化公式：存货＝各种材料＋商品＋在产品＋半成品＋包装物＋低值易耗品＋委托代销商品等－存货跌价准备，本例题中，资产负债表中“存货”项目，应填写 430 000 元，即 100 000＋170 000＋160 000＝430 000(元)。

(7)“其他流动资产”项目，反映企业除以上流动资产项目外的其他流动资产。本项目应根据有关科目的期末余额填列。本例题中，资产负债表中“其他流动资产”项目，应填写 0 元，或者不填。

(8)“其他债权投资”项目，反映资产负债表日企业分类为以公允价值计量且其变动计入其他综合收益的长期债权投资的期末账面价值。本项目应根据“其他债权投资”科目的相关明细科目期末余额分析填列。自资产负债表日起 1 年内到期的长期债权投资的期末账面价值，在“一年内到期的非流动资产”项目中反映。企业购入的以公允价值计量且其变动计入其他综合收益的 1 年内到期的债权投资的期末账面价值，在“其他流动资产”项目中反映。本例题中，资产负债表中“其他债权投资”项目，应填写 0 元，或者不填。

(9)“其他权益工具投资”项目，反映企业指定为以公允价值计量且其变动计入其他综合收益的非交易性权益工具投资。本项目应根据“其他权益工具投资”账户的期末余额填列。本例题中，资产负债表中“其他权益工具投资”项目，应填写 0 元，或者不填。

(10)“债权投资”项目，反映企业不准备在 1 年内(含 1 年)变现的各种债权性质的投资的可收回金额。本项目应根据“债权投资”账户的期末余额减去“债权投资减值准备”账户的期末余额后的金额填列。本例题中，资产负债表中“债权投资”项目，应填写 0 元，或者不填。

(11)“长期应收款”项目，反映企业应收期限在 1 年以上的款项。本项目应根据“长期应收款”账户的期末余额减去相应的坏账准备后的余额填列。本例题中，资产负债表中“长期应收款”项目，应填写 0 元，或者不填。

(12)“长期股权投资”项目，反映企业不准备在 1 年内(含 1 年)变现的各种股权性质的投资的可收回金额。本项目应根据“长期股权投资”账户的期末余额减去“长期股权投资减值准备”账户的期末余额后的金额填列。本例题中，资产负债表中“长期股权投资”项目，应填 1 300 000 元。

(13)“投资性房地产”项目，反映企业拥有的用于出租的建筑物和土地使用权的金额。本项目应根据“投资性房地产”账户的期末余额填列。本例题中，资产负债表中“投资性房地产”项目，应填写 0 元，或者不填。

(14)“固定资产”项目，反映企业的各种(包括融资租入的固定资产)固定资产的净值和企业尚未清理完毕的固定资产清理净损益。本项目应根据“固定资产”账户余额减去“累计折旧”和“固定资产减值准备”账户余额后的金额填列。本例题中，资产负债表中“固定资产”项目应填写 2 100 000 元，即 2 500 000－400 000－0＝2 100 000(元)。

(15)“在建工程”项目，反映企业期末各项未完工程的实际支出，包括交付安装的设备价值，未完建筑安装工程已经耗用的材料、工资和费用支出，预付出包工程的价款，已经建筑安装完毕但尚未交付使用的工程等的可收回金额。本项目应根据“在建工程”账户的期末余额减去“在建工程减值准备”账户的期末余额后的金额填列。本例题中，资产负债表中“在建工程”项目，应填写 0 元，或者不填。

(16)“固定资产清理”项目，反映企业因出售、毁损、报废等原因转入清理但尚未清理完毕的固定资产的账面价值，以及固定资产清理过程中所发生的清理费用和变价收入等各项金额的差额。本项目应根据“固定资产清理”账户的期末借方余额填列，如“固定资产清理”账户期末为贷方余额，以“－”号填列。本例题中，资产负债表中“固定资产清理”项目，应填写 0 元，或者不填。

(17)“无形资产”项目，反映企业各项无形资产的净额。本项目应根据“无形资产”期末账户余额减去“累计摊销”和“无形资产减值准备”账户期末余额后的金额填列。本例题中，资产负债表中“无形资产”项目，应填写 0 元，或者不填。

(18)“开发支出”项目，反映企业自行研究开发无形资产在期末尚未完成开发阶段的无形资产的价值。本项目应根据“研发支出”账户期末余额填列。本例题中，资产负债表中“开发支出”项目，应填写 0 元，或者不填。

(19)“长期待摊费用”项目，反映企业尚未摊销的摊销期限在 1 年以上的各种费用，如租入固定资产改良支出、大修理支出，以及摊销期限在 1 年以上的其他待摊费用。本项目应根据“长期待摊费用”账户的期末余额减去将于 1 年内（含 1 年）摊销的金额后的余额填列。本例题中，资产负债表中“长期待摊费用”项目，应填写 0 元，或者不填。

(20)“其他非流动资产”项目，反映企业除以上资产以外的其他长期资产。本项目应根据有关账户的期末余额填列。如其他长期资产价值较大的，应在会计报表附注中披露其内容和金额。本例题中，资产负债表中“其他非流动资产”项目，应填写 0 元，或者不填。

(21)“短期借款”项目，反映企业借入尚未归还的 1 年期以内（含 1 年）的借款。本项目应根据“短期借款”账户的期末余额填列。本例题中，资产负债表中“短期借款”项目，应填写 100 000 元。

(22)“以公允价值计量且其变动计入当期损益的金融负债”项目，反映企业承担的以公允价值计量且其变动计入当期损益的为交易目的所持有的金融负债等。本项目应根据“交易性金融负债”账户期末余额填列。本例题中，资产负债表中“以公允价值计量且其变动计入当期损益的金融负债”项目，应填写 0 元，或者不填。

(23)“应付票据及应付账款”，包括“应付票据”和“应付账款”两个子项目。“应付票据”反映企业为了支付货款等而开出的尚未到期付款的商业汇票，包括银行承兑汇票和商业承兑汇票。该子项目应根据“应付票据”账户的期末余额填列。“应付账款”，反映企业购买原材料、商品和接受劳务等而应付给供应单位的款项。该子项目应根据“应付账款”和“预付账款”账户所属各有关明细科目的期末贷方余额合计填列。简化公式：应付账款＝应付账款（贷）＋预付账款（贷），本例题中，资产负债表中“应付票据及应付账款”项目，应填写 670 000 元，即 350 000＋300 000＋20 000＝670 000（元）。

(24)“预收款项”项目，反映企业预收购买单位的货款。本项目应根据“预收账款”和“应收账款”账户所属各有关明细账户的期末贷方余额合计填列。简化公式：预收账款＝预收账款（贷）＋应收账款（贷），本例题中，资产负债表中“预收款项”项目，应填写 80 000 元，即 30 000＋50 000＝80 000（元）。

(25)“应付职工薪酬”项目，反映企业应付未付的职工工资、福利费等。本项目应根据“应付职工薪酬”账户期末贷方余额填列。如“应付职工薪酬”账户期末有借方余额，以“－”号填列。本例题中，资产负债表中“应付职工薪酬”项目，应填写0元，或者不填。

(26)“应交税费”项目，反映企业期末未交、多交或未抵扣的各种税金及其他费用。本项目应根据“应交税费”科目的期末贷方余额填列。如“应交税费”账户期末为借方余额，以“－”号填列。本例题中，资产负债表中“应交税费”项目，应填写100 068元。

(27)“其他应付款”项目，反映企业所有应付和暂收其他单位及个人的款项。本项目应根据“其他应付款”“应付利息”和“应付股利”账户的期末余额填列。本例题中，资产负债表中“其他应付款”项目，应填写0元，或者不填。

(28)“其他流动负债”项目，反映企业除以上流动负债以外的其他流动负债。本项目应根据有关账户的期末余额填列，若其他流动负债价值较大的，应在会计报表附注中披露其内容及金额。本例题中，资产负债表中“其他流动负债”项目，应填写0元，或者不填。

(29)“长期借款”项目，反映企业借入尚未归还的1年期以上(不含1年)的借款本息。本项目应根据“长期借款”账户的期末余额填列。本例题中，资产负债表中“长期借款”项目，应填写880 000元。

(30)“应付债券”项目，反映企业发行的尚未偿还的各种长期债券的本息。本项目应根据“应付债券”账户的期末余额填列。本例题中，资产负债表中“应付债券”项目，应填写0元，或者不填。

(31)“长期应付款”项目，反映企业除长期借款和应付债券以外的其他各种长期应付款以及政府给企业拨入的具有特定用途的款项。本项目应根据“长期应付款”和“专项应付款”账户的期末余额减去“未确认融资费用”账户期末余额后的金额填列。本例题中，资产负债表中“长期应付款”项目，应填写0元，或者不填。

(32)“递延收益”项目，反映企业确认的应在以后期间计入当期损益的政府补助。本项目应根据“递延收益”账户的期末余额填列。本例题中，资产负债中“递延收益”项目，应填写0元或不填。

(33)“其他非流动负债”项目，反映企业除以上长期负债项目以外的其他长期负债。本项目应根据有关账户的期末余额填列。如其他长期负债价值较大，应在会计报表附注中披露其内容和金额。上述长期负债各项目中将于1年内(含1年)到期的长期负债，应在“1年内到期的长期负债”项目内单独反映。上述长期负债各项目均应根据有关科目期末余额减去将于1年内(含1年)到期的长期负债后的金额填列。本例题中，资产负债表中“其他非流动负债”项目，应填写0元，或者不填。

(34)“实收资本(或股本)”项目，反映企业各投资者实际投入的资本(或实收资本)总额。本项目应根据“实收资本(或股本)”账户的期末余额填列。本例题中，资产负债表中“实收资本”项目，应填写2 000 000元。

(35)“资本公积”项目，反映企业资本公积的期末余额。本项目应根据“资本公积”账户的期末余额填列。本例题中，资产负债表中“资本公积”项目，应填写900 000元。

(36)“盈余公积”项目，反映企业盈余公积的期末余额。本项目应根据“盈余公积”账户的期末余额填列。本例题中，资产负债表中“盈余公积”项目，应填写 19 932 元。

(37)“未分配利润”项目，反映企业尚未分配的利润。本项目应根据“本年利润”账户和“利润分配”账户的余额计算填列。未弥补的亏损在本项目内以“－”号填列。本例题中，资产负债表中“未分配利润”项目，应填写 1 120 000 元。

因此，东风公司的资产负债表的结果如表 8-4 所示。

表 8-4 资产负债表

编制单位：东风公司　　20×8 年 7 月 31 日　　单位：元

资产	年初余额	期末余额	负债及所有者权益	年初余额	期末余额
流动资产：			流动负债：		
货币资金		1 430 000	短期借款		100 000
以公允价值计量且其变动计入当期损益的金融资产			以公允价值计量且其变动计入当期损益的金融负债		
应收票据及应收账款		490 000	应付票据及应付账款		670 000
预付款项		120 000	预收款项		80 000
其他应收款			应付职工薪酬		
存货		430 000	应交税费		100 068
其中：数据资源			其他应付款		
一年内到期的非流动资产			一年内到期的长期负债		
其他流动资产			其他流动负债		
流动资产合计		2 470 000	流动负债合计		950 068
非流动资产：			非流动负债：		
其他债权投资			长期借款		880 000
其他权益工具投资			应付债券		
债权投资			长期应付款		
长期应收款			递延收益		
长期股权投资		1 300 000	预计负债		
投资性房地产			其他非流动负债		
固定资产		2 100 000	非流动负债合计		880 000
在建工程			负债合计		1 830 068
无形资产			所有者权益：		
其中：数据资源			实收资本(或股本)		2 000 000
开发支出			资本公积		900 000
其中：数据资源			盈余公积		199 32
长期待摊费用			未分配利润		1 120 000
其他非流动资产					
非流动资产合计		3 400 000	所有者权益合计		4 039 932
资产总计		5 870 000	负债及所有者权益总计		5 870 000

第三节　利润表

一、利润表的概念与作用

（一）利润表的概念

利润表是反映企业一定会计期间（如月度、季度、半年度或年度）生产经营成果的会计报表。企业一定会计期间的经营成果既可能表现为盈利，也可能表现为亏损，因此，利润表也被称为损益表。它全面揭示了企业在某一特定时期实现的各种收入，发生的各种费用、成本或支出，以及企业实现的利润或发生的亏损情况。

利润表是根据“收入－费用＝利润”的基本关系来编制的，其具体内容取决于收入、费用、利润等会计要素及其内容。从反映企业经营资金运动的角度看，它是一种反映企业经营资金动态表现的报表，主要提供有关企业经营成果方面的信息，属于动态会计报表。

（二）利润表的作用

1. 可据以解释、评价和预测企业的经营成果和获利能力

经营成果，是指以营业收入、其他收入抵扣成本、费用、税金等的差额信息。经营成果是一个绝对值指标，可以反映企业财富增长的规模。获利能力是一个相对值指标，它指企业运用一定经济资源（如人力、物力）获取经营成果的能力。根据利润表所提供的经营成果信息，股东、债权人和管理部门可解释、评价和预测企业的获利能力，据以对是否投资或追加投资、投向何处、投资多少等做出决策。

2. 可据以解释、评价和预测企业的偿债能力

偿债能力，指企业以资产清偿债务的能力。利润表本身并不提供偿债能力的信息，然而企业的偿债能力不仅取决于资产的流动性和资本结构，也取决于获利能力。企业在个别年份获利能力不足，不一定影响偿债能力，但若一家企业长期丧失获利能力，则资产的流动性必然由好转坏，资本结构也将逐渐由优变劣，陷入资不抵债的困境。因而一家多年收益很少，获利能力不强，甚至亏损的企业，通常其偿债能力不会很强。债权人和管理部门通过分析和比较损益表的有关信息，可以间接地解释、评价和预测企业的偿债能力，尤其是长期偿债能力，并揭示偿债能力的变化趋势，进而做出各种信贷决策和改进企业管理工作的决策，如维持、扩大或收缩现有信贷规模，应提出何种信贷条件等。管理部门则可据以找出企业偿债能力不强的原因，努力提高企业的偿债能力，改善企业的公共形象。

3. 企业管理人员可据以做出经营决策

比较和分析利润表中各种构成要素，可知悉各项收入、成本、费用与收益之间的消长趋势，发现各方面工作中存在的问题，改善经营管理，并做出合理的经营决策。

4.可据以评价和考核管理人员的绩效

比较前后期利润表上各项收入、费用、成本及收益的增减变动情况，并考查其增减变动的原因，可以较为客观地评价各职能部门、各生产经营单位的绩效，以及这些部门和人员的绩效与整个企业经营成果的关系，以便评判各部门管理人员的功过得失，及时做出采购、生产销售、筹资和人事等方面的调整，使各项活动趋于合理。

二、利润表的内容与格式

（一）利润表的内容

通常，利润表主要反映以下几个方面的内容：

(1)构成营业利润的各项要素。营业收入减去营业成本、税金及附加、销售费用、管理费用、研发费用、财务费用等项目。

(2)构成利润总额(或亏损总额)的各项要素。在营业利润的基础上加营业外收入，减营业外支出。

(3)构成净利润(或净亏损)的各项要素。在利润总额(或亏损总额)的基础上，减去本期计入损益的所得税费用。

（二）利润表的格式

利润表一般有表头、正表两部分。其中，表头概括地说明报表的名称、编制单位、报表所属期间、报表编号、货币名称、计量单位等；正表反映形成经营成果的各个项目和计算过程。利润表正表格式一般有单步式利润表和多步式利润表。

1.单步式利润表

单步式利润表，首先列示当期的所有收入并加计汇总，再列示当期所有的费用并加计汇总，然后将收入总额减去费用总额得出净利润。因为这种计算净利润的方式只有一个相减的步骤，故称为单步式利润表。

这种格式具有简明、直观、易于理解的优点，但它所提供的资料无法判断企业营业性收益与非营业性收益对实现利润的影响，不便于报表使用者进行具体分析。故我国企业一般不采用这种格式的利润表。

2.多步式利润表

多步式利润表，是通过对当期的收入、费用、支出项目按性质加以归类，按利润形成的主要环节列示一些中间性利润指标，如主营业务利润、营业利润、利润总额、净利润，分步计算当期净损益。

多步式利润表的优点是按利润的性质分步计算利润，利润表中的收入和费用合理配比，反映了净利润各要素之间的内在联系，便于报表使用者进行盈利分析和预测企业的盈利能力，不足之处是报表编制方法比较复杂。在我国，企业应当采用多步式利润表。我国企业利润表的格式如表8-5所示。

表 8-5 利润表

编制单位： 年 月 单位：元

项目	本期金额	上期金额
一、营业收入		
减：销售折让		
营业收入净额		
减：营业成本		
税金及附加		
销售费用		
管理费用		
研发费用		
财务费用		
其中：利息费用		
利息收入		
资产减值损失		
加：其他收益		
投资收益(损失以“－”号填列)		
其中：对联营企业和合营企业的投资收益		
公允价值变动收益(损失以“－”号填列)		
资产处置收益(损失以“－”号填列)		
二、营业利润(亏损以“－”号填列)		
加：营业外收入		
减：营业外支出		
三、利润总额(亏损总额以“－”号填列)		
减：所得税费用		
四、净利润(净亏损以“－”号填列)		
(一)持续经营净利润(净亏损以“－”号填列)		
(二)终止经营净利润(净亏损以“－”号填列)		
五、其他综合收益的税后净额		
(一)以后不能重分类进损益的其他综合收益		
1.重新计量设定受益计划净负债或净资产的变动		
2.权益法下不能转损益的其他综合收益		
3.其他权益工具投资公允价值变动		
4.其他		
(二)以后将重分类进损益的其他综合收益		
1.权益法下可转损益的其他综合收益		
2.其他债权投资公允价值变动		
3.金融资产重分类计入其他综合收益的金额		
4.其他债权投资信用减值准备		
5.现金流量套期储备		
6.外币财务报表折算差额		
7.其他		
六、综合收益总额		
七、每股收益		

续表

项目	本期金额	上期金额
（一）基本每股收益		
（二）稀释每股收益		

三、利润表的编制

企业会计准则规定:会计报表至少应当反映相关两个期间的比较数据。也就是说,企业需要提供比较利润表,所以,利润表各项目需要分为“本期金额”和“上期金额”两栏分别填列。

（一）利润表中“上期金额”的填列

在编报月、季度、半年利润表时,填列上年同期实际发生数;在编报年度利润表时,填列上年全年实际发生数。如果上年度利润表与本年度利润表项目名称和内容不一致,应对上年度利润表项目的名称和内容按本年度的规定进行调整,填入本表“上期金额”。

（二）利润表中“本期金额”的填列

反映各项目的本期实际发生额。一般应根据损益类科目年初至本期的累计发生额分析或计算填列。也可根据本期损益类科目发生额分析计算后,与上期利润表相同项目之和填列,1 月利润表只根据本期损益类科目发生额分析计算填列。

（三）利润表的编制举例

【例 8-2】悦达公司 20×8 年损益类账户发生额资料如表 8-6 所示。

表 8-6　损益类账户发生额资料

单位:元

项目	借方发生额	贷方发生额
主营业务收入		1 250 000
其他业务收入		
投资收益		31 500
营业外收入		50 000
主营业务成本	750 000	
销售费用	20 000	
税金及附加	2 000	
其他业务成本		
资产减值损失	30 900	
管理费用	157 100	
财务费用	41 500	

续表

项目	借方发生额	贷方发生额
营业外支出	19 700	
所得税费用	85 300	
合计	1 106 500	1 331 500

要求：编制悦达公司 20×8 年的利润表。

现将悦达公司 20×8 年利润表各项目分析如下：

(1)“营业收入”项目，反映企业经营业务所得的收入总额。本项目应根据“主营业务收入”和“其他业务收入”账户的发生额分析填列。本例题中，利润表“营业收入”项目应填写 1 250 000 元，即 1 250 000＋0＝1 250 000(元)。

(2)“营业成本”项目，反映企业经营业务发生的实际成本。本项目应根据“主营业务成本”和“其他业务成本”账户的发生额分析填列。本例题中，利润表“营业成本”项目，应填写 750 000 元，即 750 000＋0＝750 000(元)。

(3)“税金及附加”项目，反映企业经营业务应负担的营业税、消费税、城市维护建设税、资源税、土地增值税和教育费附加等。本项目应根据“税金及附加”账户的发生额分析填列。本例题中，利润表“税金及附加”项目，应填写 2 000 元。

(4)“销售费用”项目，反映企业在销售商品和商品流通企业在购入商品等过程中发生的费用。本项目应根据“销售费用”账户的发生额分析填列。本例题中，利润表“销售费用”项目，应填写 20 000 元。

(5)“管理费用”项目，反映企业行政管理等部门所发生的费用。本项目应根据“管理费用”账户的发生额分析填列。本例题中，利润表“管理费用”项目，应填写 157 100 元。

(6)“研发费用”项目，反映企业研究与开发某项目所支付的费用。本项目应根据“管理费用”科目下的“研发费用”明细科目的发生额分析填列。本例题中，利润表“研发费用”项目，应填写 0 元，或者不填。

(7)“财务费用”项目，反映企业发生的利息费用等。本项目应根据“财务费用”账户的发生额分析填列。本例题中，利润表“财务费用”项目，应填写 41 500 元。

(8)“资产减值损失”项目，反映企业发生的各项减值损失。本项目应根据“资产减值损失”账户的发生额分析填列。本例题中，利润表“资产减值损失”项目，应填写 30 900 元。

(9)“公允价值变动损益”项目，反映企业交易性金融资产等公允价值变动所形成的当期利得和损失。本项目应根据“公允价值变动损益”账户的发生额分析填列，若为净损失，本项目以“－”号填列。本例题中，利润表“公允价值变动损益”项目，应填写 0 元，或者不填。

(10)“投资收益”项目，反映企业以各种方式对外投资所取得的收益。本项目应根据“投资收益”账户的发生额分析填列，如为投资损失，本项目以“－”号填列。本例题中，利润表“投资收益”项目，应填写 31 500 元。

(11)“营业利润”项目，反映企业实现的营业利润。若为亏损，本项目以“－”号填列。简化公式：营业利润＝营业收入－营业成本－税金及附加－销售费用－管理费用－财务费用－资产减值损失＋公允价值变动收益(－公允价值变动损失)＋投资收益(－投资损失)。本例题中，利润表“营业利润”项目，应填写 280 000 元，即 1 250 000－750 000－2 000－

20 000－157 100－41 500－30 900＋0＋31 500＝280 000(元)。

(12)"营业外收入"项目,反映企业发生的与其生产经营无直接关系的各项收入,本项目应根据"营业外收入"账户发生额分析填列。本例题中,利润表"营业外收入"项目,应填写 50 000 元。

(13)"营业外支出"项目,反映企业发生的与其生产经营无直接关系的各项支出,本项目应根据"营业外支出"账户发生额分析填列。本例题中,利润表"营业外支出"项目,应填写 19 700 元。

(14)"利润总额"项目,反映企业实现的利润。若为亏损,本项目以"－"号填列。简化公式:利润总额＝营业利润＋营业外收入－营业外支出。本例题中,利润表"利润总额"项目,应填写 310 300 元,即 280 000＋50 000－19 700＝310 300(元)。

(15)"所得税费用"项目,反映企业按规定从本期损益中减去的所得税。本项目应根据"所得税费用"账户的发生额分析填列。本例题中,利润表"所得税费用"项目,应填写 85 300 元。

(16)"净利润"项目,反映企业实现的净利润。若为亏损,本项目以"－"号填列。简化公式:净利润＝利润总额－所得税费用。本例题中,利润表"净利润"项目,应填写 225 000 元,即 310 300－85 300＝225 000(元)。

所以,编制悦达公司 20×8 年 12 月份的利润表如表 8-7 所示。

表 8-7　利润表

编制单位:悦达公司　　20×8 年 12 月　　单位:元

项目	本期金额	上期金额(略)
一、营业收入	1 250 000	
减:营业成本	750 000	
税金及附加	2 000	
销售费用	20 000	
管理费用	157 100	
研发费用		
财务费用	41 500	
资产减值损失	30 900	
加:公允价值变动收益(损失以"－"号填列)		
投资收益(损失以"－"号填列)	31 500	
其中:对联营企业和合营企业的投资收益		
二、营业利润(亏损以"－"号填列)	280 000	
加:营业外收入	50 000	
减:营业外支出	19 700	
三、利润总额(亏损总额以"－"号填列)	310 300	
减:所得税费用	85 300	
四、净利润(净亏损以"－"号填列)	225 000	

续表

项目	本期金额	上期金额(略)
五、每股收益		
(一)基本每股收益	(略)	
(二)稀释每股收益	(略)	
六、其他综合收益	(略)	
七、综合收益总额	(略)	

第四节　现金流量表

一、现金流量表的概念与作用

(一)现金流量表的概念

现金流量表,是反映企业一定会计期间内的现金流入、现金流出和现金净流量的财务报表。现金流量表是以现金及现金等价物的流入和流出,汇总说明企业在报告期内的经营活动、投资活动和筹资活动的动态报表。它揭示企业在一定期间内各项活动所产生的现金流入、现金流出和现金变动净额,全面反映企业的现金及现金等价物从期初到期末的变化过程。

(二)现金流量表的作用

现金流量表与资产负债表和利润表等财务报表相结合,构成一个完整的财务报表体系,分别从不同角度反映企业的财务状况、经营成果和现金流量。现金流量表的具体作用主要体现以下几个方面:

1.现金流量表能够说明企业一定期间内现金流入和流出的原因

现金流量表将现金流量划分为经营活动、投资活动和筹资活动所产生的现金流量,并按照现金流入和现金流出项目分别反映,能反映出现金流入和流出的原因,便于报表使用者掌握企业的现金流动情况。

2.现金流量表能够说明企业的偿债能力和支付能力

投资者投入资金、债权人提供给企业短期或长期使用的资金其目的主要是有利可图。通常情况下,报表的使用者比较关注企业的获利能力,并往往以获利多少作为衡量标准,企业获利多少在一定程度上表明了企业具有多大的现金支付能力。但企业一定期间内获得的利润并不代表真正具有偿债能力。在某种情况下,虽然企业利润表上的利润很可观,但财务困难,不能偿还到期债务;也有的企业利润表上反映的经营成果并不乐观,但却有足够的偿还债务的能力和支付能力。产生这些情况的原因有很多,其中会计核算采用权责发生制、配比原则等所含的估计因素是主要原因之一。现金流量表完全以现金的收支为基础，消除了权责发生制等产生的获利能力和支付能力，反映出企业实际的现金流动情况，以及由此形成的实际偿付能力。

3.现金流量表能够提供企业未来获取现金的信息

现金流量表反映企业在一定期间内的现金流入和现金流出的整体情况。现金流量表中的经营活动产生的现金流量，代表企业运用其经济资源创造现金流量的能力；投资活动产生的现金流量代表企业运用资金产生现金流量的能力；筹资活动产生的现金流量代表企业筹集资金获取现金流量的能力。通过这些信息及现金流量表的其他信息，可以分析企业未来获取或支付现金的能力。

4.现金流量表能够分析企业投资和理财活动对经营成果和财务状况的影响

资产负债表能够提供企业一定时期的财务状况的信息，但它所提供的是静态的财务信息，并不能反映财务状况的变动原因，也不能表明这些资产负债给企业带来多少现金、用去了多少现金；利润表虽然能反映企业一定期间的经营成果，但利润表只能反映利润的构成，不能反映经营活动、投资活动和筹资活动的全部事项。现金流量表提供一定期间现金流入和流出的动态财务信息，对资产负债表和利润表起补充说明作用。

二、现金流量表的内容与格式

现金流量表主要由表头、正表两部分组成。表头部分包括报表的名称、报表编号、编制单位、编制日期和计量单位等。正表反映现金流量表的各项内容。我国现金流量表的一般格式及内容如表 8-8 所示。

表 8-8　现金流量表

编制单位：　　　　　　年　月　　　　　　单位：元

项目	上期金额	本期金额
一、经营活动产生的现金流量		
出售商品、提供劳务收到的现金		
收到的税费返还		
收到的其他与经营活动有关的现金		
经营活动现金流入小计		
购买商品、接受劳务支付的现金		
支付给职工以及为职工支付的现金		
支付的各项税费		
支付的其他与经营活动有关的现金		
经营活动现金流出小计		
经营活动产生的现金流量净额		
二、投资活动产生的现金流量		
收回投资所收到的现金		
取得投资收益所收到的现金		

续表

项目	上期金额	本期金额
处置固定资产、无形资产和其他长期资产所收回的现金净额		
收到的其他与投资活动有关的现金		
投资活动现金流入小计		
购建固定资产、无形资产和其他长期资产所支付的现金		
投资所支付的现金		
支付的其他与投资活动有关的现金		
投资活动现金流出小计		
投资活动产生的现金流量净额		
三、筹资活动产生的现金流量		
吸收投资所收到的现金		
借款所收到的现金		
收到的其他与筹资活动有关的现金		
筹资活动现金流入小计		
归还债务所支付的现金		
分配股利、利润或偿付利息所支付的现金		
支付的其他与筹资活动有关的现金		
筹资活动现金流出小计		
筹资活动产生的现金流量净额		
四、汇率变动对现金的影响		
五、现金及现金等价物净增加额		

三、现金流量表的编制基础

现金流量表是以现金及现金等价物为基础编制的，这里的现金是指企业的库存现金、可以随时用于支付的存款及现金等价物。具体包括：

（一）现金

我国会计上所说的现金通常指企业的库存现金。而现金流量表中的“库存现金”，不仅包括“库存现金”账户核算的库存现金，还包括企业“银行存款”账户核算的存入金融企业，随时可以支付的存款，也包括“其他货币资金”账户核算的外埠存款、银行汇票存款、银行本票存款和在途货币资金等其他货币资金。

应注意的是银行存款和其他货币资金中有些不能随时用于支付的存款，不能作为现金，而应作为投资，提前通知便可以支取的定期存款，则应包括在现金范围。

（二）现金等价物

现金等价物是指企业持有的期限短、流动性强、易于转换为已知金额现金、价值变动风险很小的投资。现金等价物虽然不是现金，但是其支付能力与现金差别不大，可视为现金。

（三）现金流量

现金流量是指一定时期内企业的现金流入和流出量。企业一定时期内现金流入量减去现金流出量就是企业的现金净流量。应该注意的是，企业现金形式的转换不会产生现金流入和现金流出，如从银行提取现金或将现金存入银行，现金并未流出企业，不构成现金流量，同样现金与现金等价物之间相互转换也不属于现金流量。

四、现金流量表的编制

（一）现金流量表的编制方法

编制现金流量表时，列报经营活动现金流量的方法有两种：一是直接法，二是间接法。直接法，一般是以利润表中的营业收入为起算点，调节与经营活动有关的项目的增减变动，然后计算出经营活动产生的现金流量。间接法，是将净利润调节为经营活动现金流量，实际上就是将按权责发生制原则确定的净利润调整为现金净流入，并剔除投资活动和筹资活动对现金流量的影响。

采用直接法编报的现金流量表，便于分析企业经营活动产生的现金流量的来源和用途，预测企业现金流量的未来前景；采用间接法编报现金流量表，便于将净利润与经营活动产生的现金流量净额进行比较，了解净利润与经营活动产生的现金流量差异的原因，从现金流量的角度分析净利润的质量。所以，我国企业会计准则规定企业应当采用直接法编报现金流量表，同时要求在附注中提供以净利润为基础调节到经营活动现金流量的信息。

（二）采用直接法编制现金流量表各项目的具体填列方式

1.经营活动产生的现金流量

（1）“销售商品、提供劳务收到的现金”项目，反映企业销售商品、提供劳务实际收到的现金（含销售收入和向购买者收取的增值税额），包括本期销售的商品、提供劳务收到的现金，以及前期销售和前期提供劳务本期收到的现金和本期预收的账款，减去本期退回本期销售的商品和前期销售本期退回的商品支付的现金。企业销售材料和代购代销业务收到的现金，也在本项目中反映。本项目根据“库存现金”“银行存款”“应收账款”“主营业务收入”和“其他业务收入”等账户的记录分析填列。

（2）“收到的税费返还”项目，反映企业收到的返还税费，如收到的增值税、所得税返还等。本项目根据“库存现金”“银行存款”“税金及附加”等账户的记录分析填列。

（3）“收到的其他与经营活动有关的现金”项目，反映企业除了上述各项目外，收到的其他与经营活动有关的现金流入，如罚款收入、流动资产损失中由个人赔偿的现金收入等。本项目根据“库存现金”“银行存款”“营业外收入”和“营业外支出”等账户的记录填列。

（4）“购买商品、接受劳务支付的现金”项目，反映企业购买材料、商品、接受劳务实际支付的现金。包括本期购入材料、商品、接受劳务支付的现金（包括增值税进项税额），以及本期偿付前期购入商品、接受劳务的应付款项和本期预付款项。本期发生的购货退出收到的现金应从本项目内减去。本项目根据“库存现金”“银行存款”“应付账款”“应付票据”和“主营业务成本”等账户的记录分析填列。

(5)“支付给职工以及为职工支付的现金”项目,反映企业实际支付给职工以及为职工支付的现金,包括本期实际支付给职工的工资、奖金及各种津贴、补贴等。企业支付给离退休人员的各项费用,包括支付的统筹退休金,以及未参加统筹的退休人员的费用,在“支付的其他与经营活动有关的现金”项目中反映;企业支付给在建工程人员的工资,在“购建固定资产、无形资产和其他长期资产所支付的现金”项目中反映。本项目根据“应付职工薪酬”“库存现金”“银行存款”等账户的记录填列。

(6)“支付的各项税费”项目,反映企业按规定支付的各种税费,包括本期发生并支付的税费,以及本期支付以前各期发生的税费和预缴的税金等。本项目可以根据“库存现金”“银行存款”和“应交税费”等账户的记录分析填列。

(7)“支付的其他与经营活动有关的现金”项目,反映企业支付的其他与经营活动有关的现金支出,如罚款支出、差旅费及业务招待费支出、支付的保险费等。本项目根据“库存现金”“银行存款”“管理费用”“销售费用”和“营业外支出”等有关账户的记录分析填列。

2.投资活动产生的现金流量

(1)“收回投资所收到的现金”项目,反映企业出售、转让或到期收回除现金等价物以外的投资而收到的现金。本项目根据“交易性金融资产”“长期股权投资”“债权投资”“库存现金”和“银行存款”等账户的记录分析填列。

(2)“取得投资收益所收到的现金”项目,反映企业因股权性投资和债权性投资而取得的现金股利、利息,以及从子公司、联营企业和合营企业分回利润收到的现金,不包括股票股利。本项目根据“库存现金”“银行存款”“投资收益”“交易性金融资产”“长期股权投资”和“债权投资”等账户的记录分析填列。

(3)“处置固定资产、无形资产和其他长期资产所收回的现金净额”项目,反映企业处置固定资产、无形资产和其他长期资产所收到的现金,减去为处置这些资产而支付的有关费用后的净额。由于自然灾害所造成的固定资产等长期资产损失而收到的保险赔偿收入,也在本项目中反映。本项目根据“库存现金”“银行存款”和“固定资产清理”等账户的记录分析填列。

(4)“收到的其他与投资活动有关的现金”项目,反映企业除了上述各项以外,收到的其他与投资活动有关的现金流入。其他现金流入价值较大时,应单列项目反映。本项目根据“库存现金”和“银行存款”等账户的记录分析填列。

(5)“购建固定资产、无形资产和其他长期资产所支付的现金”项目,反映企业处置固定资产、无形资产和其他长期资产所支付的现金,不包括为购建固定资产而发生的借款利息和融资租入固定资产支付的租赁费。本项目根据“库存现金”“银行存款”“在建工程”“无形资产”和“固定资产”等账户的记录分析填列。

(6)“投资所支付的现金”项目,反映企业进行权益性投资和债权性投资支付的现金,包括企业取得的除现金等价物以外的股票投资和债券投资等支付的现金等。本项目根据“库存现金”“银行存款”“交易性金融资产”“长期股权投资”和“债权投资”等账户的记录分析填列。

(7)“支付的其他与投资活动有关的现金”项目,反映企业除了上述各项以外,支付的其他与投资活动有关的现金流出。其他流出如价值较大的，应单列项目反映。本项目可以根据有关账户的记录分析填列。

3.筹资活动产生的现金流量

(1)“吸收投资所收到的现金”项目，反映企业收到的投资者投入现金，包括以发行股票、债券等方式筹集的资金实际收到的净额。以发行股票、债券等方式筹集资金而由企业直接支付的审计、咨询等费用，在“支付的其他与筹资活动有关的现金”项目中反映，不包括在本项目内。本项目根据“实收资本(或股本)”“库存现金”和“银行存款”等账户的记录分析填列。

(2)“借款所收到的现金”项目，反映企业举借各种短期、长期借款所收到的现金。本项目根据“短期借款”“长期借款”“库存现金”和“银行存款”等账户的记录分析填列。

(3)“收到的其他与筹资活动有关的现金”项目，反映企业收到的其他与筹资活动有关的现金流入，如接受现金捐赠等。本项目根据“资本公积”“库存现金”和“银行存款”等账户的记录分析填列。

(4)“偿还债务所支付的现金”项目，反映企业以现金偿还债务的本金，包括偿还金融企业的借款本金、偿还债券本金等。企业偿还的借款利息、债券利息，在“分配股利、利润或偿付利息所支付的现金”项目中反映，不包括在本项目内。本项目根据“短期借款”“长期借款”“库存现金”和“银行存款”等账户的记录分析填列。

(5)“分配股利、利润或偿付利息所支付的现金”项目，反映企业实际支付给投资人的利润，以及支付的借款利息、债券利息等。本项目根据“应付股利”“财务费用”“长期借款”“库存现金”和“银行存款”等账户的记录分析填列。

(6)“支付的其他与筹资活动有关的现金”项目，反映企业支付的其他与筹资活动有关的现金流出。如融资租入固定资产支付的租赁费等。本项目根据有关账户的记录分析填列。

(7)“汇率变动对现金的影响”项目，反映企业外币现金流量及境外子公司的现金流量折算为人民币时，所采用的现金流量发生日的汇率或平均汇率折算的人民币金额与“现金及现金等价物净增加额”中外币现金净增加按期末汇率折算的人民币金额之间的差额。

第五节　所有者权益变动表

一、所有者权益变动表的概念及作用

所有者权益变动表，是反映构成所有者权益各组成部分当期增减变动情况的报表。其中，所有者权益变动表应当全面反映一定时期所有者权益变动的情况。2007 年以前，公司所有者权益变动情况是以资产负债表附表形式予以体现的。新准则颁布后，要求上市公司于 2007 年正式对外呈报所有者权益变动表，所有者权益变动表将成为与资产负债表、利润表和现金流量表并列披露的第四张财务报表。

通过所有者权益变动表，既可以为报表使用者提供所有者权益总量增减变动的信息，也能为其提供所有者权益增减变动的结构性信息，特别是能够让报表使用者理解所有者权益增减变动的根源。

二、所有者权益变动表的内容与格式

所有者权益变动表以矩阵的形式列示：一方面，列示引起所有者权益变动的交易或事项，即所有者权益变动的来源，对一定时期所有者权益的变动情况进行全面反映；另一方面，按照所有者权益各组成部分（即实收资本、资本公积、盈余公积、未分配利润和库存股）列示交易或事项对所有者权益各部分的影响。

我国企业所有者权益变动表的格式如表 8-9 所示。

表 8-9　所有者权益变动表

编制单位：　　　　年　月　日　　　　单位：元

项目	本年金额							上年金额
	实收资本（或股本）	资本公积	减：库存股	其他综合收益	盈余公积	未分配利润	所有者权益合计	（略）
一、上年年末余额								
加：会计政策变更								
前期差错更正								
二、本年年初余额								
三、本年增减变动金额（减少以“一”号填列）								
（一）综合收益总额								
（二）所有者投入和减少资本								
1. 所有者投入资本								
2. 股份支付计入所有者权益的金额								
3. 其他								
（三）利润分配								
1. 提取盈余公积								
2. 对所有者（或股东）的分配								
3. 其他								
（四）所有者权益内部结转								
1. 资本公积转增资本（或股本）								
2. 盈余公积转增资本（或股本）								
3. 盈余公积弥补亏损								
4. 其他								

续表

项目	本年金额							上年金额
	实收资本（或股本）	资本公积	减：库存股	其他综合收益	盈余公积	未分配利润	所有者权益合计	（略）
四、本年年末余额								

三、所有者权益变动表的编制

所有者权益变动表各项目均需填列“本年金额”和“上年金额”两栏。

所有者权益变动表“上年金额”栏内各项数字，应根据上年度所有者权益变动表“本年金额”栏内所列数字填列。上年度所有者权益变动表规定的各个项目的名称和内容同本年度不一致的，应对上年度所有者权益变动表各项目的名称和数字按照本年度的规定进行调整，填入所有者权益变动表的“上年金额”栏内。

所有者权益变动表“本年金额”栏内各项数字一般应根据“实收资本（或股本）”“资本公积”“盈余公积”“利润分配”“库存股”和“以前年度损益调整”科目的发生额分析填列。所有者权益（或股权权益）各项目的具体列报如下：

（1）“其他综合收益”项目，反映企业当年的综合收益总额，应根据当年利润表中“其他综合收益的税后净额”和“净利润”项目填列，对应列在“其他综合收益”“未分配利润”栏。

（2）“所有者投入和减少资本”项目，反映企业当年所有者投入的资本和减少的资本。其中：①“所有者投入资本”项目，反映企业接受投资者投入形成的实收资本（或股本）和资本溢价或股本溢价，对应列在“实收资本（或股本）”和“资本公积”栏；②“股份支付计入所有者权益的金额”项目，反映企业处于等待期时的权益结算的股份支付当年计入资本公积的金额，对应列在“资本公积”栏。

（3）“利润分配”下各项目，反映当年对所有者（或股东）分配的利润（或股利）金额和按照规定提取的盈余公积金额，对应列在“未分配利润”和“盈余公积”栏。其中：①“提取盈余公积”项目，反映企业按照规定提取的盈余公积；②“对所有者（或股东）的分配”项目，反映企业对所有者（或股东）分配的利润（或股利）金额。

（4）“所有者权益内部结转”下各项目，反映不影响当年所有者权益总额的所有者权益各组成部分之间当年的增减变动，包括资本公积转增资本（或股本）、盈余公积转增资本（或股本）、盈余公积弥补亏损等项金额。其中：①“资本公积转增资本（或股本）”项目，反映企业以资本公积转增资本或股本的金额；②“盈余公积转增资本（或股本）”项目，反映企业以盈余公积转增资本或股本的金额；③“盈余公积弥补亏损”项目，反映企业以盈余公积弥补亏损的金额。

第六节 附注

会计报表附注是会计报表的重要组成部分，是对会计报表本身无法或难以充分表达的内容和项目所做的补充说明和详细解释。

一、会计报表附注的意义

首先，它拓展了企业财务信息的内容，打破了四张主要报表内容必须符合会计要素的定义，又必须同时满足相关性和可靠性的限制。其次，它突破了揭示项目必须用货币加以计量的局限性。再次，它充分满足了企业财务报告是为其使用者提供有助于经济决策的信息的要求，增强了会计信息的可理解性。最后，它还能增强会计信息的可比性，比如，通过揭示会计政策的变更原因及事后的影响，可以使不同行业或同一行业不同企业的会计信息的差异更具可比性，从而便于进行对比分析。

二、会计报表附注的内容

它是为了便于会计报表使用者理解会计报表的内容 ，而对会计报表的编制基础、编制依据、编制原则和方法及主要项目等所做的解释。按照《企业会计准则 30 号—财务报表列报》的规定，会计报表附注一般应当按照下列顺序披露：(1)财务报表的编制基础；(2)遵循会计准则的声明；(3)重要会计政策的说明，包括财务报表项目的计量基础和会计政策的确定依据；(4)重要会计估计的说明，包括下一会计期间内可能导致资产、负债账面价值重大调整的会计估计的确定依据等；(5)会计政策和会计估计变更，以及差错更正的说明；(6)对已在资产负债表、利润表、现金流量表和所有者权益变动表中列示的重要项目的进一步说明，包括终止经营税后利润的金额及其构成情况等；(7)或有和承诺事项、资产负债表日后非调整事项、关联方关系及其交易等需要说明的事项。

除上述信息外，企业还应针对会计信息使用者的需要披露一些相关信息，如企业注册地、组织形式和总部地址；企业的业务性质和主要经营活动；母公司及集团最终母公司的名称等信息。根据财政部制定印发的《企业数据资源相关会计处理暂行规定》，企业应当按照相关企业会计准则及规定等，在会计报表附注中对数据资源相关会计信息进行披露，具体要求如下所示。

1. 确认为无形资产的数据资源相关披露

(1)企业应当按照外购无形资产、自行开发无形资产等类别，对确认为无形资产的数据资源（以下简称“数据资源无形资产”）相关会计信息进行披露，并可以在此基础上根据实际情况对类别进行拆分。

(2)对于使用寿命有限的数据资源无形资产，企业应当披露其使用寿命的估计情况及摊销方法；对于使用寿命不确定的数据资源无形资产，企业应当披露其账面价值及使用寿命不确定的判断依据。

(3)企业应当按照《企业会计准则第 28 号——会计政策、会计估计变更和差错更正》的规定，披露对数据资源无形资产的摊销期、摊销方法或残值的变更内容、原因以及对当期和未来期间的影响数。

(4)企业应当单独披露对企业财务报表具有重要影响的单项数据资源无形资产的内容、账面价值和剩余摊销期限。

(5)企业应当披露所有权或使用权受到限制的数据资源无形资产，以及用于担保的数据资源无形资产的账面价值、当期摊销额等情况。

(6)企业应当披露计入当期损益和确认为无形资产的数据资源研究开发支出金额。

(7)企业应当按照《企业会计准则第 8 号——资产减值》等规定，披露与数据资源无形资产减值有关的信息。

(8)企业应当按照《企业会计准则第 42 号——持有待售的非流动资产、处置组和终止经营》等规定，披露划分为持有待售类别的数据资源无形资产有关信息。

2. 确认为存货的数据资源相关披露

(1)企业应当按照外购存货、自行加工存货等类别，对确认为存货的数据资源(以下简称数据资源存货)相关会计信息进行披露，并可以在此基础上根据实际情况对类别进行拆分。

(2)企业应当披露确定发出数据资源存货成本所采用的方法。

(3)企业应当披露数据资源存货可变现净值的确定依据、存货跌价准备的计提方法、当期计提的存货跌价准备的金额、当期转回的存货跌价准备的金额，以及计提和转回的有关情况。

(4)企业应当单独披露对企业财务报表具有重要影响的单项数据资源存货的内容、账面价值和可变现净值。

(5)企业应当披露所有权或使用权受到限制的数据资源存货，以及用于担保的数据资源存货的账面价值等情况。

3. 其他披露要求

企业对数据资源进行评估且评估结果对企业财务报表具有重要影响的，应当披露评估依据的信息来源，评估结论成立的假设前提和限制条件，评估方法的选择，各重要参数的来源、分析、比较与测算过程等信息。

企业可以根据实际情况，自愿披露数据资源(含未作为无形资产或存货确认的数据资源)的下列相关信息：

(1)数据资源的应用场景或业务模式、对企业创造价值的影响方式，与数据资源应用场景相关的宏观经济和行业领域前景等；

(2)用于形成相关数据资源的原始数据的类型、规模、来源、权属、质量等信息；

(3)企业对数据资源的加工维护和安全保护情况，以及相关人才、关键技术等的持有和投入情况；

(4)数据资源的应用情况，包括数据资源相关产品或服务等的运营应用、作价出资、流通交易、服务计费方式等情况；

(5)重大交易事项中涉及的数据资源对该交易事项的影响及风险分析，重大交易事项包括但不限于企业的经营活动、投融资活动、质押融资、关联方及关联交易、承诺事项、或有事项、债务重组、资产置换等；

(6)数据资源相关权利的失效情况及失效事由、对企业的影响及风险分析等，如数据资源已确认为资产的，还包括相关资产的账面原值及累计摊销、减值准备或跌价准备、失效部分的会计处理；

(7)数据资源转让、许可或应用所涉及的地域限制、领域限制及法律法规限制等权利限制；

(8)企业认为有必要披露的其他数据资源相关信息。

三、会计报表附注的编制形式

会计报表附注的编制形式灵活多样，常见的有以下五种：

1. 尾注说明

尾注说明是附注的主要编制形式，一般适用于说明内容较多的项目。

2. 括号说明

此种形式常用于为会计报表主表提供补充信息，因为它把补充信息直接纳入会计报表主体，所以比起其他形式来，显得更直观，不易被人忽视，缺点是它包含内容过短。

3. 备抵账户与附加账户

设立备抵与附加账户，在会计报表中单独列示，能够为会计报表使用者提供更多有意义的信息，这种形式目前主要是指坏账准备等账户的设置。

4. 脚注说明

脚注说明，指在报表下端进行的说明，例如，说明已贴现的商业承兑汇票和已包括在固定资产原价内的融资租入的固定资产原价等。

5. 补充说明

有些无法列入会计报表主体中的详细数据、分析资料，可用单独的补充报表进行说明，比如，可利用补充报表的形式来揭示关联方的关系和交易等内容。

案例思考

资料

安然(Enron)公司曾是世界上最大的电力、天然气和电讯公司之一。安然在2000年创下了1010亿美元的营收，连续六年被《财富》杂志评选为“美国最具创新精神公司”，世界500强排名第16位。然而，2001年底，Enron公司宣布破产，揭开了一个令人震惊的财务舞弊案。在其繁荣时期，Enron高层管理人员采取了多种手段，通过特殊目的实体(SPEs)等复杂而不透明的财务工程，将公司真实财务状况掩盖，使其财务报表呈现一幅虚假的繁荣景象。具体来说，Enron在其财务报表中未揭示的巨额负债达到了数十亿美元，而虚构的销售额也达到了数十亿美元。这使得公司的市值一度达到了700多亿美元。在这个过程中，公司的外部审计公司安达信(Arthur Andersen)也涉及其中，与公司高层管理层合谋，未履行审计职责，未揭示公司真实财务状况，导致投资者和利益相关者对公司的信任受到严重破坏。这个财务丑闻不仅导致了Enron公司的破产，也引发了对企业治理、财务报表透明度和外部审计公司责任的广泛反思。Enron案例成为全球商业界的一个教训，强调了企业应该遵循透明度、真实性和独立性的职业道德原则，以维护财务市场的公正和有效运作。

思考题

1. Enron 未揭示的巨额负债如何影响公司资产负债表的准确性和透明度？

2. 如果你是财务负责人，你会如何确保资产负债表的真实性？

3. Enron 案例引发了对企业治理和财务报表透明度的反思。你认为企业应该采取什么措施来防范类似的财务丑闻？

第九章　会计工作组织

【本章学习目标】本章主要介绍会计工作组织的含义、会计机构的设置、会计人员的配备与任免、会计法律规范的构成，以及会计档案的内容和管理程序等相关内容。本章的知识目标在于通过对本章的学习，掌握会计工作组织形式及会计人员任职资格；明确组织会计工作的意义和组织会计工作的要求，理解会计机构设置的基本原理；本章的能力目标在于能将会计法律法规内化于会计工作中，能够熟悉会计档案的保管与交接及会计法律规范的构成；本章的素养目标在于培养学生遵守法律法规的意识，坚守会计职业道德的底线。

第一节　会计工作组织概述

一、会计工作组织的含义与内容

从广义上讲，凡是与组织会计工作有关的一切事项都可以包括在会计组织之内。从狭义上讲，会计工作组织，是指如何安排、协调和管理好企业的会计工作。会计机构和会计人员是会计工作系统运行的必要条件，而会计法规是保证会计工作系统正常运行的必要的约束机制。

会计工作组织的内容主要包括：(1)会计机构的设置；(2)会计人员的配备；(3)会计人员的职责权限；(4)会计工作的规范；(5)会计法规制度的制定；(6)会计档案的保管；(7)会计工作的信息化等。

二、组织会计工作的意义

科学组织会计工作对于完成会计职能、实现会计目标、发挥会计在经济管理中的作用，具有十分重要的意义，其意义具体表现在以下四个方面。

(一)有利于保证会计工作的质量和提高会计工作的效率

会计工作是一项细致复杂的工作，各个部门、各种程序、各项手续，以及各项数据之间必须密切联系，要求会计机构和会计人员通过合理的手续制度和处理程序，有机地联系和沟通生产经营的各个环节，并且相互配合协调，以保证会计工作质量，提高会计工作效率。

（二）有利于提高企业整体管理水平

会计工作是企业经济管理工作的一部分，它既独立于其他的经济管理工作，又与其他经济管理工作有着密切的联系。会计工作一方面能够促进其他经济管理工作，另一方面也需要其他经济管理工作的配合。只有这样才能充分发挥会计工作的重要作用。

（三）有利于完善企业单位的内部经济责任

企业内部的经济责任制，离不开会计工作。科学地组织会计工作，可以促使单位内部及有关部门提高资金的使用效率，增强经济管理水平，并对经济预测、经济决策、业绩评价等工作提供支持，从而加强单位内部的经济责任制。

（四）有利于维护财经法纪，贯彻经济工作的方针政策

正确地组织会计工作，对于贯彻执行国家的方针、政策和法规、制度，维护财经纪律，建立良好的社会经济秩序，具有重要的意义。

三、组织会计工作应符合的要求

（一）按照国家对会计工作的统一要求来组织会计工作

会计工作组织受到各种法规、制度的制约，比如《会计法》《总会计师条例》《会计基础工作规范》《会计专业职务试行条例》《会计档案管理办法》《企业会计信息化工作规范》等。

（二）根据各企业生产经营管理特点来组织会计工作

国家对组织会计工作的统一要求，只是一般的原则规定，每一个会计主体的经济活动范围、业务内容有很大不同，对会计信息的要求也有差别，因而，各企业应根据自身的特点，确定本企业的会计制度，对会计机构的设置和会计人员的配备做出切合实际的安排。

（三）在保证会计工作质量的前提下，提高工作效率，节约工作时间和费用

会计工作非常繁杂，对会计管理程序、会计机构的设置，以及会计人员的配备等，都需进行科学的组织和设计。只有这样，才能保证会计工作的质量。同时，在保证会计工作质量的前提下，也应注意提高工作的效率，尽量节约会计工作的时间和费用。

第二节 会计机构

会计机构是直接从事和组织领导会计工作的职能部门。建立和健全会计机构是加强会计工作、保证会计工作顺利进行的重要条件。

一、会计机构的设置

(一)会计工作管理

《会计法》第七条规定,国务院财政部门主管全国的会计工作,县级以上地方各级人民政府财政部门管理本行政区域内的会计工作。为此,财政部设会计司,具体负责管理全国的会计工作。其主要职责是在财政部领导下,拟订全国的会计法令,研究、制定改进会计工作的措施和总体规划,颁布会计工作的各项规章制度,管理报批外国会计公司在我国设立的常驻代表机构,会同有关部门制定并实施全国会计人员专业技术职称考评制度。

地方财政部门、企业主管部门一般设财务会计局、会计处等,主管本地区或者本企业的会计工作。其主要职责是:根据财政部的统一规定,制定适合本地区、本系统的会计规章制度;负责组织、领导和监督所属企业的会计工作;审核、分析、批复所属企业的财务会计报告,并编制本地区、本系统的汇总会计报表;了解和检查所属企业的会计工作情况;负责本地区、本系统会计人员的业务培训,以及会同有关部门评聘会计人员技术职称等。同时,基层企事业单位的主管部门在会计业务上受同级财政部门的指导和监督。

由此可见,我国基层企事业单位的会计工作,受财政部门和单位主管部门的双重领导。

(二)设置会计机构的基本前提

《会计法》第三十四条和《会计基础工作规范》第六条都规定,是否单独设置会计机构由各单位根据自身会计业务的需要自主决定。一般而言,一个单位是否单独设置会计机构,往往取决于下列各因素。

1. 单位规模的大小

一个单位的规模,往往决定了这个单位内部职能部门的设置,也决定了会计机构的设置与否。一般来说,大中型企业和具有一定规模的事业行政单位,以及财务收支金额较大、会计业务较多的社会团体和其他经济组织,都应单独设置会计机构,如会计(或财务)处、部、科、股、组等,以便及时组织本单位各项经济活动和财务收支的核算,实行有效的会计监督。

对于不具备单独设置会计机构的单位,如财务收支金额不大、会计业务比较简单的企业、机关、团体、事业单位和个体工商户等,为了适合这些单位的内部客观需要和组织结构特点,《会计基础工作规范》允许其在有关机构中配备专职会计人员,这类机构一般应是单位内部与财务会计工作接近的机构,如计划、统计或经营管理部门,或者是有利于发挥会计职能作用的内部综合部门,如办公室等。只配备专职会计人员的单位也必须具有健全的财务会计制度和严格的财务手续,其专职会计人员的专业职能不能被其他职能所替代。

2.经济业务和财务收支的繁简

经济业务多、财务收支量大的单位,有必要单独设置会计机构,以保证会计工作的效率和会计信息的质量。

3.经营管理的要求

有效的经营管理是以信息的及时准确和全面系统为前提的。一个单位在经营管理上的要求越高,对会计信息的需求也相应增加,对会计信息系统的要求也越高,从而决定了该单位设置会计机构的必要性。

(三)会计机构与财务机构

在我国,由于会计工作(主要是会计核算)同财务工作(主要是财务管理)都是综合性的经济管理工作,它们之间的关系又非常密切,因此,通常把二者结合起来,设置一个财务会计机构(如财会处、科、组)来统一办理财务工作和会计工作。所以,会计机构通常是指财务会计部门。

目前,我国应逐步推行财务与会计分设机构,以利于相互监督、互相促进,防止职责不清、相互扯皮和"重会计核算轻财务管理"的现象。

二、会计工作组织形式

由于企业会计工作的组织形式不同,企业财务会计机构的具体工作范围也有所不同。企业会计工作的组织形式有独立核算和非独立核算、集中核算和非集中核算、专业核算和群众核算几种组织形式。

(一)独立核算和非独立核算

1.独立核算

独立核算是指对本单位的业务经营过程及其结果,进行全面的、系统的会计核算。实行独立核算的单位称为独立核算单位,它的特点是具有一定的资金,在银行单独开户,独立经营,计算盈亏,具有完整的账簿系统,定期编制报表。独立核算单位应单独设置会计机构,配备必要的会计人员,如果会计业务不多,也可只设专职会计人员。

2.非独立核算

非独立核算又称报账制。实行非独立核算的单位称为报账单位。它是由上级拨给一定的备用金和物资,平时进行原始凭证的填制和整理,以及备用金账和实物账的登记,定期将收入、支出向上级报销,由上级汇总,它本身不独立计算盈亏,也不编制报表。如商业企业所属的分销店就属于非独立核算单位。非独立核算单位一般不设置专门的会计机构,但需配备专职会计人员,负责处理日常的会计事务。

（二）集中核算与非集中核算

实行独立核算的单位，其工作的组织形式可以分为集中核算和非集中核算两种。

1. 集中核算

集中核算就是将企业的主要会计工作都集中在企业会计机构内进行。企业内部的各部门、各单位一般不进行单独核算，只是对所发生的经济业务进行原始记录，办理原始凭证的取得、填制、审核和汇总工作，并定期将这些资料报送企业会计部门进行总分类核算和明细分类核算。实行集中核算，可以减少核算层次，精简会计人员，但是企业各部门和各单位不便于及时利用核算资料进行日常的考核和分析。

2. 非集中核算

非集中核算又称为分散核算。就是企业的内部单位要对本身所发生的经济业务进行比较全面的会计核算。如在工业企业里，车间设置成本明细账，登记本车间发生的生产成本并计算出所完成产品的车间成本，厂部会计部门只根据车间报送的资料进行产品成本的总分类核算。又如在商业企业里，把库存商品的明细核算和某些费用的核算等，分散在各业务部门进行，至于会计报表的编制，以及不宜分散核算的工作，如物资供销、现金收支、银行存款收支、对外往来结算等，仍由企业会计部门集中办理。实行非集中核算，使企业内部各部门、各单位能够及时了解本部门、本单位的经济活动情况，有利于及时分析、解决问题，但这种组织形式会增加核算手续和核算层次。

（三）专业核算和群众核算

我国有些企业除实行专业核算外，还开展群众性核算。专业核算是由专职会计人员进行核算。群众核算是由职工群众参加进行的经济核算，如工业企业的班组核算和商业企业的柜组核算等。其具体做法是确定核算单位，制订核算指标，推选群众核算员，定期计算各项经济指标的实绩和得失，以及开展劳动竞赛等。群众核算可以使群众及时了解班组或柜组完成的业绩，激发广大职工群众的生产积极性和主动性。

三、内部会计监督制度

（一）内部会计监督的地位

内部会计监督制度是企业会计监督体系的基础。企业作为一个会计实体，它的会计监督来自三个方面：一是政府部门监督；二是社会中介机构监督；三是企业内部监督，即内部会计监督。

在我国企业“三位一体”的会计监督体系中，政府部门的监督带有强制性，社会监督带有鉴定性，这两者是外界对企业实施的监督，这种监督对企业来讲是被动型的。而内部会计监督，则是企业为了在社会主义市场经济中求得健康良好发展而进行的自我监督，这种监督是自觉的，是主动型的监督。

（二）内部会计监督的目的及作用

内部会计监督系统是微观层次上的会计监督系统。内部会计监督的根本目的在于保证会计资料的真实准确和企业资金、财产的安全、完整，确保企业的各项财务收支及其会计核算符合国家法律、法规和国家统一的会计制度的规定。组织内部会计监督主要体现为核算监督和制度监督两种手段，核算监督和制度监督共同构成了内部会计监督系统。核算监督主要依赖于会计核算职能的发挥，会计机构和会计人员是核算监督的行为主体，制度监督则主要依赖于单位内部控制制度的完善，单位负责人是其第一行为与责任主体。

内部会计监督制度可以规范会计行为，明确责任，防止工作差错和舞弊，避免管理失控。因此，单位内部会计监督制度是一项行之有效的内部监督管理制度，是内部控制制度的重要组成部分，对确保单位会计工作的正常运行和经营管理水平的提高具有十分重要的作用。

第三节　会计人员

会计人员是从事会计工作、处理会计业务、完成会计任务的人员。企业、事业、行政机关等单位，都应根据实际需要配备一定数量的会计人员，这是做好会计工作的决定性因素。

为了充分发挥会计人员的积极性，使全体会计人员更好地完成会计工作任务，在《会计法》和有关会计人员管理的法规中，对会计人员的职责与权限、专业职务、任免和奖惩都做了明确的规定。

一、会计人员的职责与权限

（一）会计人员的职责

1.进行会计核算

会计人员应当按照会计制度的规定，切实做好记账、算账、报账工作。各单位必须根据实际发生的经济业务事项进行会计核算，要认真填制和审核原始凭证，编制记账凭证，登记会计账簿，正确计算各项收入、支出、成本、费用、财务成果。按期结算，核对账目，进行财产清查，在保证账证、账实、账账相符的基础上，按照手续完备、数字真实、内容完整的要求编制和报出财务会计报告。

2.实行会计监督

《会计法》第十四条规定，会计机构、会计人员必须按照国家统一的会计制度的规定对原始凭证进行审核，对不真实、不合法的原始凭证有权不予接受，并向单位负责人报告；对记载不准确、不完整的原始凭证予以退回，并要求按照国家统一的会计制度的规定更正、补充。《会计法》第二十七条规定，会计机构、会计人员发现会计账簿记录与实物、款项及有关资料不相符的，按照国家统一的会计制度的规定有权自行处理的，应当及时处理，无权处理的，应当立即向单位负责人报告，请求查明原因，作出处理。《会计法》第二十六条规定，会计机构、会计人员对违反本法和国家统一的会计制度的会计事项，有权拒绝办理或者按照职权予以纠正。此外,各单位必须依照法律和国家有关规定,接受有关监督检查部门依法实施的监督,如实提供会计凭证、会计账簿、账务会计报告和其他会计资料以及有关情况,不得拒绝、隐匿、谎报。

《会计法》第二十五条规定,单位内部会计监督制度应当符合下列要求:(1)记账人员与经济业务事项和会计事项的审批人员、经办人员、财物保管人员的职责权限应当明确,并相互分离、相互制约;(2)重大对外投资、资产处置、资金调度和其他重要经济业务事项的决策和执行的相互监督、相互制约程序应当明确;(3)财产清查的范围、期限和组织程序应当明确;(4)对会计资料定期进行内部审计的办法和程序应当明确;(5)国务院财政部门规定的其他要求。

3. 制订本单位办理会计事务的具体办法

国家制定的统一的会计法规只对会计工作管理和会计事务处理办法做出一般规定。各单位要根据国家颁发的会计法规结合本单位的特点和需要,建立、健全本单位内部使用的会计处理办法。例如,建立会计人员岗位责任制、内部牵制制度和稽核制度;制订分级核算、分级管理办法和费用开支报销管理办法;等等。

4. 参与制订企业的经济计划、业务计划及财务计划,并考核、分析其执行情况

各单位制订的经济计划或业务计划是指导本单位经济活动或业务活动的主要依据,也是会计人员制订财务计划的重要依据,会计人员参与经济计划、业务计划的制订,不仅有利于制订切实可行的财务计划,而且可以发挥会计人员联系面广泛,经济信息灵通的优势,在拟订经济计划、业务计划方面起到参谋的作用。会计人员通过会计核算和会计监督,可以考核、检查各项收支预算或者财务计划的执行情况,提出进一步改善经营管理、提高经济效益的建议和措施。

5. 办理其他会计事务

发展经济离不开会计,经济越发展,社会分工越细,生产力水平越高,人们对经济管理的要求也越高,作为经济管理的重要组成部分的会计也越来越重要,会计事务也必然日趋丰富多样。例如,实行责任会计、经营决策会计、信息化会计,等等。

(二)会计人员的主要权限

为保障会计人员能够顺利地履行自己的职责,《会计法》及其他相关法规在明确了会计人员职责的同时,也赋予了会计人员相应的权限,具体有以下三个方面的权限:

1. 有权要求本单位各有关部门及相关人员认真执行国家、上级主管部门等批准的计划和预算

会计人员有权要求本单位有关部门、人员认真执行国家批准的计划、预算,遵守国家财经纪律和财务会计制度;如有违反,会计人员有权拒绝付款、拒绝报销或拒绝执行,并向本单位领导人报告。对于弄虚作假、营私舞弊、欺骗上级等违法乱纪行为,会计人员必须坚决拒绝执行,并向本单位领导人或上级机关、财政部门报告。

会计人员对于违反制度、法令的事项,不拒绝执行,又不向领导人或上级机关、财政部门报告的,应同有关人员负连带责任。

2.有权履行管理职能

会计人员有权参与本单位计划的制订，经济合同的签订，参加有关生产、经营管理会议。领导人和有关部门对会计人员提出的有关财务开支和经济效果方面的问题和意见，要认真考虑，合理的意见要加以采纳。

3.有监督权

会计人员有权监督、检查本单位内部各部门的财务收支、资金使用和财产保管、收发、计量、检验等情况，各部门应该大力支持和协助会计人员的工作。

二、会计人员配备

（一）会计工作岗位

会计工作岗位，是指一个单位会计机构内部根据业务分工而设置的职能岗位。

1.会计工作岗位的内容

会计工作岗位一般可分为：总会计师（或行使总会计师职权），会计机构负责人或者会计主管人员，出纳，财产物资核算，工资核算，成本费用核算，财务成果核算，资金核算，资本、基金核算，收入、支出、债权、债务核算，财产物资收发，往来结算，总账报表，稽核，档案管理等。会计档案管理岗位，在会计档案正式移交之前，属于会计岗位，会计档案正式移交之后，不再属于会计岗位。档案管理部门的人员管理会计档案，收银员、单位内部审计、社会审计、政府审计工作也不属于会计岗位。

2.会计岗位的设置原则

(1)应根据业务需要设置工作岗位

应根据会计业务需要设置会计工作岗位，应与本单位业务活动的规模、特点和管理要求相适应，因此，会计岗位可以一人一岗、一人多岗、一岗多人。

(2)应符合内部牵制制度的要求

内部牵制制度，是指凡是涉及款项和财务收付、结算及登记的任何一项工作，必须由两人或两人以上分工办理，以起到相互制约作用的一种工作制度。内部牵制制度要求：出纳不得兼管稽核、会计档案保管及收入、费用、债权债务账目的登记工作（而不是所有记账工作）。出纳以外的人员不得经管现金、有价证券、票据。

(3)要实行轮岗

对会计人员的工作岗位要有计划地进行轮岗，以有利于会计人员全面熟悉业务，不断提高业务素质。

(4)要建立岗位责任制

会计机构岗位责任制，又称会计人员岗位责任制，是指在会计机构内部按照会计工作的内容和会计人员的配备情况，将会计机构的工作划分为若干个岗位，并按岗位规定职责进行考核的责任制度。各单位应本着有利于加强会计管理，改进工作作风，提高工作效率，以及有利于分清职责、严明纪律、考核干部的要求，建立健全会计机构岗位责任制。各单位建立岗位责任制，要从本单位会计业务量和会计人员配备的实际情况出发，按照效益和精简的原则划分工作岗位。

（二）会计人员专业技术资格与职务

1.会计专业技术资格

会计专业技术资格分为初级资格、中级资格和高级资格。初级、中级资格的取得实行全国统一考试制度。高级会计师资格的取得实行考试与评审相结合制度。

2.会计专业职务

会计专业职务分为正高级会计师、高级会计师、会计师、助理会计师、会计员。其中，正高级会计师与高级会计师为高级职务，会计师为中级职务，助理会计师与会计员为初级职务。总会计师是行政职务，国有和国有资产占控股地位或者主导地位的大中型企业必须设置总会计师。事业单位和业务主管部门经批准可以设置总会计师。

（三）会计人员配备要求及任职资格

1.一般会计人员

一般会计人员，要求具有一定的财务会计专业知识，熟悉财务会计业务，能够独立担负主要财务会计工作的人员。

2.会计机构负责人或会计主管人员

《会计基础工作规范》第六条规定："设置会计机构，应当配备会计机构负责人；在有关机构中配备专职会计人员，应当在专职会计人员中指定会计主管人员。"会计机构负责人或会计主管人员，是在一个单位内具体负责会计工作的中层领导人员。在单位领导人的领导下，会计机构负责人或会计主管人员负有组织、管理包括会计基础工作在内的所有会计工作的责任。

担任单位会计机构负责人（会计主管人员）的，应当具备会计师以上专业技术职务资格或者从事会计工作3年以上经历。

3.总会计师

担任总会计师，要求具有较高的经济核算和财务会计专业能力，能够组织和领导一个大中型经济单位的经济核算和财务会计工作，并有较丰富工作经验的人员。担任总会计师，需要拥有"会计师资格证书"，且应当在取得"会计师"任职资格后主管一个单位或者单位内部一个重要方面的财务工作不少于3年。

一般来说，总会计师应由具有会计师、高级会计师及以上技术职称的人员承担。

三、会计人员的任免

会计工作者既要为本单位经营管理服务，维护本单位的合法经济利益，又要执行国家的财政、财务制度和财经纪律，维护国家的整体利益，同各种本位主义行为、违法乱纪行为做斗争。针对会计这一特点，国家对会计人员，特别是会计机构负责人和会计主管人员的任免，在《会计法》和其他相关法律中做了若干特殊规定，其主要内容包括：

（一）会计人员回避制度

在我国，国有经济占主导地位，为了保证国有经济的健康发展，在国有企业单位中任用会计人员应实行回避制度。《会计基础工作规范》第十六条规定，单位领导人的直系亲属不得担任本单位的会计机构负责人、会计主管人员；会计机构负责人、会计主管人员的直系亲属不得在本单位会计机构中担任出纳工作；需要回避的直系亲属包括夫妻关系、直系血亲关系（父母，子女）、三代以内旁系血亲（兄弟姐妹）以及配偶亲关系。

（二）总会计师的任免

国有和国有资产占控股地位或者主导地位的大中型企业必须设置总会计师。《总会计师条例》第十五条规定，"企业的总会计师由本单位主要行政领导人提名，政府主管部门任命或者聘任；免职或者解聘程序与任命或者聘任程序相同"；"事业单位和业务主管部门的总会计师依照干部管理权限任命或聘任；免职或者解聘程序与任命或者聘任程序相同"。城乡集体所有制企事业单位任免（包括聘任或解聘）总会计师，可以参照《总会计师条例》的有关规定办理。其他单位的总会计师，应当按照有关法律的规定来任免（包括聘任或解聘），如中外合资经营企业应当按照《中外合资经营企业法》第六条的规定，由董事会任命或聘请总会计师，免职或解聘时同国有企业；又如，有限责任公司应当按照《公司法》第六十七条的规定，股份有限公司应当按照《公司法》第一百二十条的规定，由董事会根据公司经理的提名决定聘任或解聘公司总会计师，等等。

（三）一般企业单位会计人员的任免

同从事任何技术工作一样，从事会计工作的人员要在专业素质方面具备一定的条件。《会计基础工作规范》规定会计人员应当具备必要的专业知识和专业技能，熟悉国家有关法律、法规、规章和国家统一会计制度，遵守职业道德；按照国家有关规定参加会计业务的培训。

第四节　会计规范

会计规范是指国家权力机关和行政机关制定的，用以调整会计关系的各种法律、法规、规章和规范性文件的总称。会计关系，是指会计机构和会计人员在办理会计事务过程中，以及国家在管理会计工作过程中发生的各种经济关系。我国会计规范主要包括会计法律、会计行政法规、会计部门规章和地方性会计法规。

一、会计法律

会计法律，是指由全国人民代表大会及其常务委员会经过一定立法程序制定的有关会计工作的法律。我国目前的会计法律主要有《会计法》和《中华人民共和国注册会计师法》（以下简称《注册会计师法》）。

（一）《会计法》

我国的《会计法》经过了多次修订。最早的《会计法》于 1985 年 1 月 21 日，在第六届全国人民代表大会常务委员会第九次会议上通过，并于 1985 年 5 月 1 日实施。此后，在 1993 年 12 月 29 日的第八届全国人民代表大会常务委员会第五次会议上，对其进行了第一次修正。随着社会的发展和经济环境的变化，在 1999 年 10 月 31 日第九届全国人民代表大会常务委员会第十二次会议上，对《会计法》进行了修订，从 2000 年 7 月 1 日起实施。2017 年 11 月 4 日，第十二届全国人民代表大会常务委员会第三十次会议《关于修改〈中华人民共和国会计法〉等十一部法律的决定》进行第二次修正。2024 年 6 月 28 日，第十四届全国人民代表大会常务委员会第十次会议通过《关于修改〈中华人民共和国会计法〉的规定》再次进行修正，并自 2024 年 7 月 1 日起施行。该法共有 6 章 51 条，主要对会计工作总则、会计核算、公司和企业会计核算的特别规定、会计监督、会计机构和会计人员及法律责任等方面做了具体的规定。

（二）《注册会计师法》

《注册会计师法》于 1993 年 10 月 31 日，在第八届全国人民代表大会常务委员会第四次会议上通过，自 1994 年 1 月 1 日起施行。该法共有 7 章 46 条，包括：第一章，总则；第二章，考试和注册；第三章，业务范围和规则；第四章，会计师事务所；第五章，注册会计师协会；第六章，法律责任；第七章，附则。

二、会计行政法规

会计行政法规是指由国务院制定并发布，或者由国务院有关部门拟定并经国务院批准发布，调整经济生活中某些方面会计关系的法律规范。我国目前的会计行政法规主要有《企业财务会计报告条例》和《总会计师条例》。

（一）《企业财务会计报告条例》

《企业财务会计报告条例》是国务院于 2000 年 6 月 21 日发布的，自 2001 年 1 月 1 日起实施。它共分为 6 章 46 条。包括：第一章，总则；第二章，财务会计报告的构成；第三章，财务会计报告的编制；第四章，财务会计报告的对外提供；第五章，法律责任；第六章，附则。

（二）《总会计师条例》

《总会计师条例》是国务院 1990 年 12 月 31 日发布的，并自发布之日起施行。2011 年 1 月 8 日，修订。它共分为 5 章 23 条，包括：第一章，总则；第二章，总会计师的职责；第三章，总会计师的权限；第四章，任免与奖惩；第五章，附则。

三、会计部门规章

会计部门规章，是指国家主管会计工作的行政部门，即财政部及其他相关部委，根据法律和国务院的行政法规、决定、命令，在本部门的权限范围内制定的、调整会计工作中某些方面内容的，国家统一的会计准则制度和规范性文件，包括国家统一的会计核算制度、会计监督制度、会计机构和会计人员管理制度及会计工作管理制度等。

（一）国家统一的会计核算制度

国家统一的会计制度指的是狭义的会计制度，它包括会计准则和会计制度两个层次。会计准则一般按照会计对象要素、经济业务的特点和会计报表的种类分别制定，主要规范会计要素的确认、计量和报告，会计准则中一般不涉及会计科目和会计分录的列示。会计制度和会计准则作为会计规范形式，关键在于确认、计量、报告的标准、方式和内容是否适应本国的社会和经济环境，是否趋同国际惯例和便于国际交流。

国家统一的会计核算制度的具体内容如图 9-1 所示。

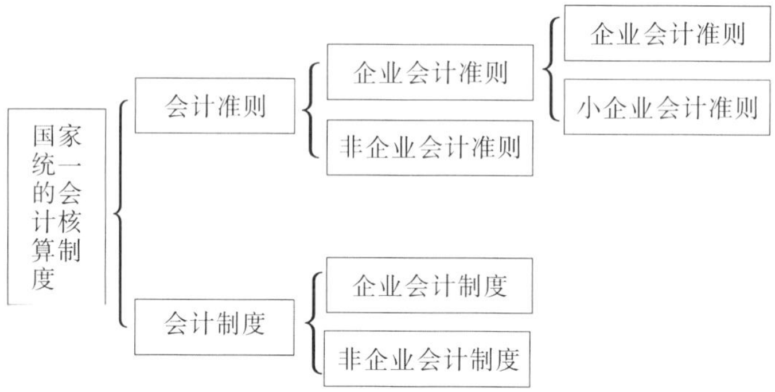

图 9-1　国家统一的会计核算制度

1. 会计准则

会计准则是对会计实践活动的规律性总结，是开展会计工作的标准和指导思想，是一个包括普遍性指导意义和具体指导会计业务处理意义在内的具有一定层次结构的会计规范。会计准则包括企业会计准则和非企业会计准则两个方面。

(1)企业会计准则

为规范企业会计确认、计量和报告行为，保证会计信息质量，根据《会计法》《企业会计准则——基本准则》等国家有关法律、行政法规，于 2006 年 2 月 15 日发布，自 2007 年 1 月 1 日起施行，2014 年 7 月 23 日根据《财政部关于修改〈企业会计准则——基本准则〉的决定》进行修订，财政部制定了《企业会计准则第 1 号——存货》等 42 项具体准则。执行该 42 项具体准则的企业不再执行之前所用准则、《企业会计制度》和《金融企业会计制度》。现行的企业会计准则包括《小企业会计准则》和《企业会计准则》。《企业会计准则》包括基本准则、具体准则和应用指南三个层次。

这 42 项准则分别为：《企业会计准则第 1 号——存货》《企业会计准则第 2 号——长期股权投资》《企业会计准则第 3 号——投资性房地产》《企业会计准则第 4 号——固定资产》《企业会计准则第 5 号——生物资产》《企业会计准则第 6 号——无形资产》《企业会计准则第 7 号——非货币性资产交换》《企业会计准则第 8 号——资产减值》《企业会计准则第 9 号——职工薪酬》《企业会计准则第 10 号——企业年金基金》《企业会计准则第 11 号——股份支付》《企业会计准则第 12 号——债务重组》《企业会计准则第 13 号——或有事项》《企业会计准则第 14 号——收入》《企业会计准则第 15 号——建造合

同》《企业会计准则第16号——政府补助》《企业会计准则第17号——借款费用》《企业会计准则第18号——所得税》《企业会计准则第19号——外币折算》《企业会计准则第20号——企业合并》《企业会计准则第21号——租赁》《企业会计准则第22号——金融工具确认和计量》《企业会计准则第23号——金融资产转移》《企业会计准则第24号——套期会计》《企业会计准则第25号——保险合同》《企业会计准则第26号——再保险合同》《企业会计准则第27号——石油天然气开采》《企业会计准则第28号——会计政策、会计估计变更和差错更正》《企业会计准则第29号——资产负债表日后事项》《企业会计准则第30号——财务报表列报》《企业会计准则第31号——现金流量表》《企业会计准则第32号——中期财务报告》《企业会计准则第33号——合并财务报表》《企业会计准则第34号——每股收益》《企业会计准则第35号——分部报告》《企业会计准则第36号——关联方披露》《企业会计准则第37号——金融工具列报》《企业会计准则第38号——首次执行企业会计准则》《企业会计准则第39号——公允价值计量》《企业会计准则第40号——合营安排》《企业会计准则第41号——在其他主体中权益的披露》和《企业会计准则第42号——持有待售的非流动资产、处置组和终止经营》。

(2)非企业会计准则

非企业会计准则是企业之外的其他单位适用的会计准则，主要包括《政府会计准则——基本准则》，该准则于2015年10月23日发布，自2017年1月1日起实施。该《准则》一共包含六章：第一章，总则；第二章，政府会计信息质量要求；第三章，政府预算会计要素；第四章，政府财务会计要素；第五章，政府决算报告和财务报告；第六章，附则。

2.会计制度

(1)企业会计制度

《企业会计制度》和《企业会计准则》两者均属于行政规范性文件，均对会计要素的确认、计量、披露或报告等做出了规定，均由财政部制定并公布，均在全国范围内实施，均属于国家统一的会计核算制度的组成部分。但《企业会计制度》是以特定行业的企业或所有的企业为对象，着重对会计科目的设置、使用和会计报表的格式及其编制加以详细规范；《企业会计准则》是以特定的经济业务(交易或事项)或特定的报表项目为对象，它详细分析各项业务或项目的特点，规定所引用概念的定义，然后以确认与计量为中心并兼顾披露，对围绕该业务或项目有可能发生的各种问题做出处理的规范。

两者之间的不同之处在于：第一，适用范围不同。具体会计准则大多只适用于股份有限公司，有些也适用于其他企业，而《企业会计制度》适用于所有符合条件的大、中型企业。第二，规范目标不同。具体会计准则对会计要素的确认、计量、披露或报告方面做了原则性的规范，侧重于确认和计量，重点规范会计决策过程。而会计制度则侧重于对会计要素的记录和报告做可操作性规范，确认和计量的内容只是有机地体现在会计科目及使用说明中。即会计制度重点规范会计的行为与结果。第三，结构体系不同。统一的会计制度自成体系：《企业会计制度》《金融企业会计制度》(2011年2月21日废止)、《小企业会计制度》(2013年1月1日废止，废止后执行《企业会计制度》和新的《小企业会计准则》)。而各具体准则之间相互独立，分别就企业的某项业务或某一方面核算内容做出规定。第四，规范形式不同。《企业会计准则》的规范形式、语言表述比较符合国际通用形式，并已构成国际通用会计惯例的一个组成部分。而会计制度的科目、报表式的规范形式则符合我国广大会计人员长期形成的思维方式和习惯，具有明显的中国特色。第五，对会计人员的素质要求不同。由于可操作性程度不同，准则要求会计人员具有较高的职业判断能力，而制度对这方面的要求相对较低。

(2)非企业会计制度

非企业会计制度是指除了企业以外的其他单位适用的会计制度，主要包括：《政府会计制度》《财政总会计制度》

2017 年 10 月 24 日，财政部发布了关于印发《政府会计制度—行政事业单位会计科目和报表》财会〔2017〕25 号文的通知。为了适应权责发生制政府综合财务报告制度改革需要，规范行政事业单位会计核算，提高会计信息质量，根据《中华人民共和国会计法》《中华人民共和国预算法》《政府会计准则——基本准则》等法律、行政法规和规章，财政部制定了《政府会计制度——行政事业单位会计科目和报表》，该制度于 2017 年 10 月 24 日发布，自 2019 年 1 月 1 日起施行。《政府会计制度——行政事业单位会计科目和报表》中一共包含六部分：第一部分，总说明；第二部分，会计科目名称和编号；第三部分，会计科目使用说明；第四部分，报表格式；第五部分，报表编制说明；以及附录，主要业务和事项财务处理举例。

2022 年 11 月 18 日，财政部印发《财政总会计制度》(财库〔2022〕41 号)，该制度自 2023 年 1 月 1 日起施行。

除了上述会计准则和会计制度之外，财政部还根据会计实务的需要，对会计准则和会计制度中没有规定或者虽有规定但已经不能适应新情况的会计问题，做出了暂行规定或者补充规定。它们也属于国家统一的会计核算制度的范畴。

(二)国家统一的会计监督制度

作为会计两大基本职能之一的会计监督，在我国会计规范体系中占有重要的地位。在会计规范体系的第一层次《会计法》中，专门有一章来规定“会计监督”。在这一章中，第二十五条明确规定“各单位应当建立、健全本单位内部会计监督制度”。其他各条分别就会计监督的基本要求、内容、方式、责任等做了规定。

财政部根据《会计法》的规定，制定了《会计基础工作规范》。在《会计基础工作规范》中，要求各单位的会计机构、会计人员对本单位的经济活动进行监督。

(三)国家统一的会计机构和会计人员制度

现行的国家统一的会计机构和会计人员制度主要包括《会计人员继续教育暂行规定》等。

《会计人员继续教育暂行规定》于 1998 年 1 月 23 日发布，自 1998 年 7 月 1 日起实施，共 5 章 27 条。《会计人员继续教育暂行规定》就会计人员继续教育的目的、任务、对象、内容、形式、组织、实施、检查、考核等做出了规定。2006 年对该规定进行了第一次修订，于 2006 年 11 月印发《会计人员继续教育规定》(财会字〔2006〕19 号)，本规定自 2007 年 1 月 1 日起施行。财政部 1998 年 1 月 23 日公布的《会计人员继续教育暂行规定》(财会字〔1998〕4 号)、1998 年 11 月 9 日印发的《财政部关于开展中央单位会计人员继续教育工作有关问题的通知》(财会字〔1998〕69 号)同时废止。2013 年对该规定进行了第二次修订，2013 年 8 月 27 日，财政部印发《会计人员继续教育规定》财会〔2013〕18 号。

2018 年 5 月 19 日，财政部印发《会计专业技术人员继续教育规定》财会〔2018〕10 号。该《规定》共 7 章 27 条：第一章，总则；第二章，管理体制；第三章，内容与形式；第四章，学分管理；第五章，会计继续教育机构管理；第六章，考核与评价；第七章，附则。该《规定》自 2018 年 7 月 1 日起施行。财政部 2013 年 8 月 27 日印发的《会计人员继续教育规定》（财会〔2013〕18 号）同时废止。

（四）国家统一的会计工作管理制度

现行的国家统一的会计工作管理制度主要包括：《会计档案管理办法》《企业会计信息化工作规范》等。

1.《会计档案管理办法》

《会计档案管理办法》是 1998 年 8 月 21 日由财政部、国家档案局联合发布，自 1999 年 1 月 1 日起实施，2015 年财政部对该办法进行了修订，修订后的《会计档案管理办法》自 2016 年 1 月 1 日起施行。1998 年 8 月 21 日财政部、国家档案局发布的《会计档案管理办法》（财会字〔1998〕32 号）予以废止。该办法主要就会计档案的内容与种类，会计档案管理的基本要求，会计档案的归档、保管、销毁、交接，会计档案的保管期限等做了明确的规定。

2.《企业会计信息化工作规范》

2013 年 12 月 6 日，财政部印发《企业会计信息化工作规范》（财会〔2013〕20 号）。要求该《规范》施行前已经投入使用的会计软件不符合工作规范要求的，应当自工作规范实施之日起 3 年内进行升级完善，达到要求。该《规范》施行之日起，《会计核算软件基本功能规范》（财会字〔1994〕27 号）、《会计电算化工作规范》（财会字〔1996〕17 号）不适用于企业及其会计软件。该《规范》自 2014 年 1 月 6 日起施行，1994 年 6 月 30 日财政部发布的《商品化会计核算软件评审规则》（财会字〔1994〕27 号）、《会计电算化管理办法》（财会字〔1994〕27 号）同时废止。

四、地方性会计法规

地方性会计法规，是指由省、自治区、直辖市人民代表大会或常务委员会在同宪法、会计法律、行政法规和国家统一的会计准则制度不相抵触的前提下，根据本地区情况制定发布的关于会计核算、会计监督、会计机构和会计人员，以及会计工作管理的规范性文件。

第五节　会计档案

一、会计档案的概念

会计档案是指会计凭证、会计账簿和财务报告等会计核算专业资料，是记录和反映企事业单位经济业务发生情况的重要史料和证据，属于单位的重要经济档案，是检查企事业单位过去经济活动的重要依据，也是国家档案的重要组成部分。

《会计法》规定，各单位对会计凭证、会计账簿、财务会计报告和其他会计资料应建立档案，妥善保管。会计档案的保管期限和销毁办法，由国务院财政部门会同有关部门制定。因此，法律主要依据是《会计档案管理办法》，由国务院财政部门和国家档案局会同制定。

二、会计档案的具体内容

1. 会计凭证类：原始凭证、记账凭证。

2. 会计账簿类：总账、明细账、日记账、固定资产卡片、其他辅助性账簿。

3. 财务报告类：月度、季度、半年度、年度财务会计报表。

4. 其他类：银行存款余额调节表、银行对账单、纳税申报表、会计档案移交清册、会计档案保管清册、会计档案销毁清册、会计档案鉴定意见书，其他具有保存价值的会计材料。

各单位的财务预算、计划、制度等文件材料属于文书档案，不属于会计档案。

三、会计档案的管理程序

各级人民政府财政部门和档案行政管理部门共同负责会计档案工作的指导、监督和检查。会计档案的管理程序应按照归档、移交、整理、外借、保管、销毁的顺序进行管理。

（一）归档

各单位每年形成的会计档案，应当由会计机构按照归档要求，负责整理立卷，装订成册，编制会计档案保管清册。采用电子计算机进行会计核算的单位，应当保存打印出的“纸质”会计档案。会计档案归档注意事项如图 9-2 所示。

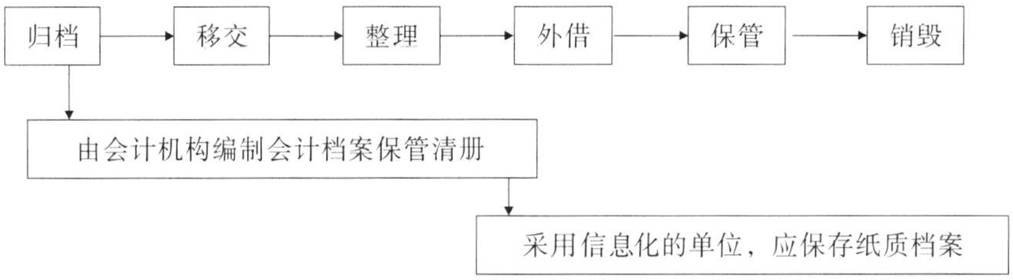

图 9-2　会计档案归档注意事项

（二）移交

当年形成的会计档案，在会计年度终了后，可暂由会计机构保管 1 年，期满之后，应当由会计机构编制移交清册，移交本单位档案机构统一保管；未设立档案机构的，应当在会计机构内部指定专人保管。出纳人员不得兼管会计档案。会计档案移交注意事项如图 9-3 所示。

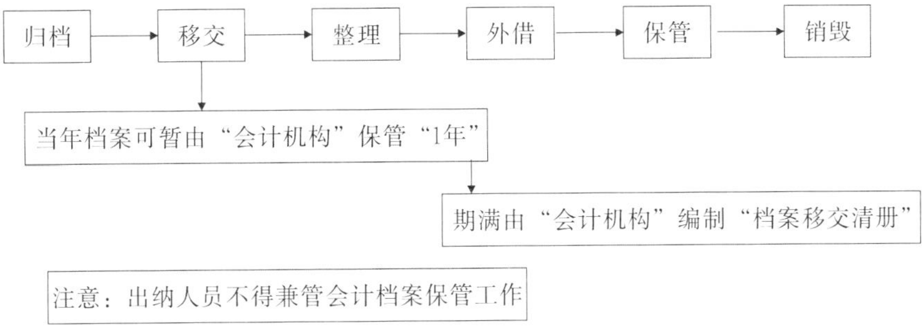

图 9-3　会计档案移交注意事项

（三）整理

移交本单位档案机构保管的会计档案，原则上应当保持原卷册的封装。个别需要拆封重新整理的，由档案机构、会计机构、经办人员共同拆封整理，以分清责任。会计档案整理过程如图 9-4 所示。

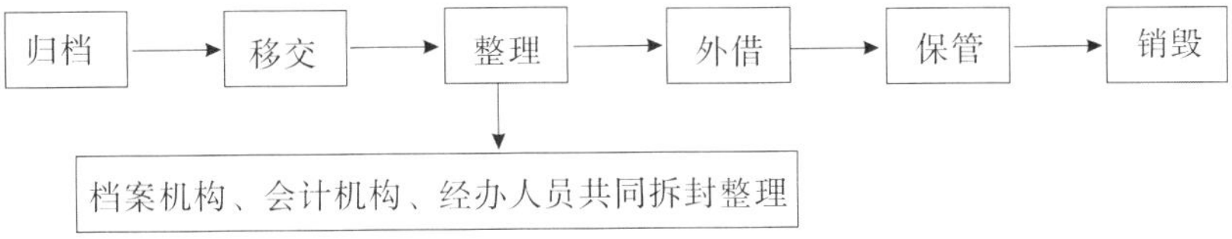

图 9-4　会计档案整理过程

（四）外借

单位保存的会计档案一般不得对外借出。确因工作需要且根据国家有关规定必须借出的，应该严格按照规定办理相关手续。如有特殊需要，经本单位负责人批准，可以提供查阅或者复制，并办理登记手续。原始凭证不得外借，其他单位如因特殊原因需要使用原始凭证时，经本单位会计机构负责人（会计主管人员）批准，可以复制。会计档案外借注意事项如图 9-5 所示。

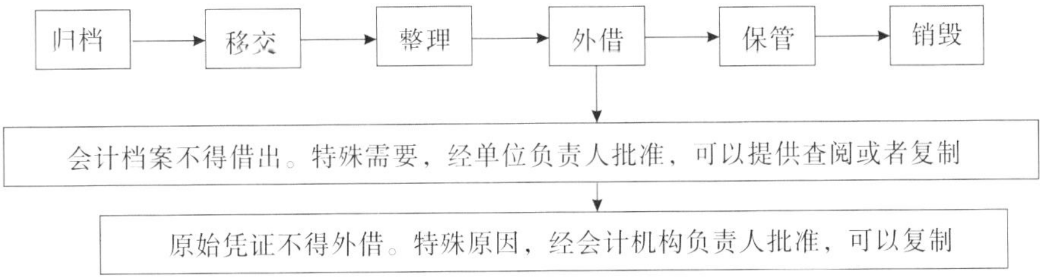

图 9-5　会计档案外借注意事项

（五）保管

会计档案的保管期限分为永久和定期两类。定期保管的会计档案期限分为 10 年、30 年两类。会计档案的保管期限，从会计年度终了后的第一天算起。具体保管期限如表 9-1 所示。

表 9-1　企业档案保管期限

会计档案名称		保管期限	备注
一、会计凭证	1. 原始凭证	30 年	
	2. 记账凭证	30 年	
二、会计账簿	1. 总账	30 年	
	2. 明细账	30 年	
	3. 现金和银行存款日记账	30 年	
	4. 固定资产卡片账		固定资产报废清理后保管 5 年
	5. 辅助账簿	30 年	
三、财务会计报告	1. 月、季度、半年度财务会计报告	10 年	包括文字分析
	2. 年度财务会计报告	永久	包括文字分析
四、其他会计资料	1. 银行存款余额调节表	10 年	
	2. 银行对账单	10 年	
	3. 纳税申报表	10 年	
	4. 会计档案移交清册	30 年	
	5. 会计档案保管清册	永久	
	6. 会计档案销毁清册	永久	
	7. 会计档案鉴定意见书	永久	

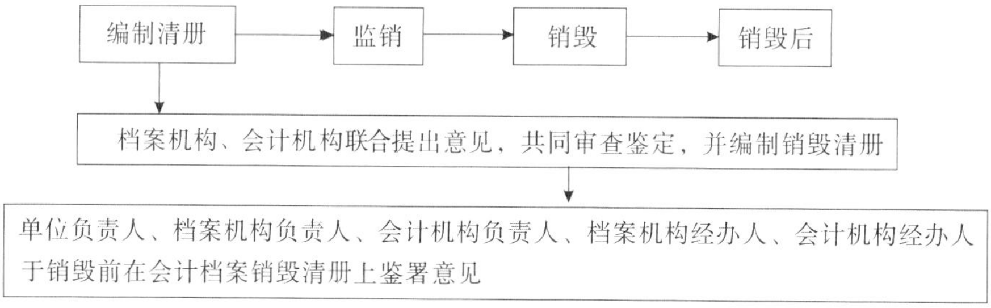

图 9-6　编制清册注意事项

2. 专人负责监销

会计档案销毁清册经批准后，由档案机构和会计机构共同派人员监督销毁。各级主管部门销毁会计档案时，还应由同级财政部门和审计部门派员监督销毁。各级财政部门销毁会计档案时，由同级审计机关派员监督销毁。在销毁会计档案之前，监销人应当认真清点核对。监销注意事项如图 9-7 所示。

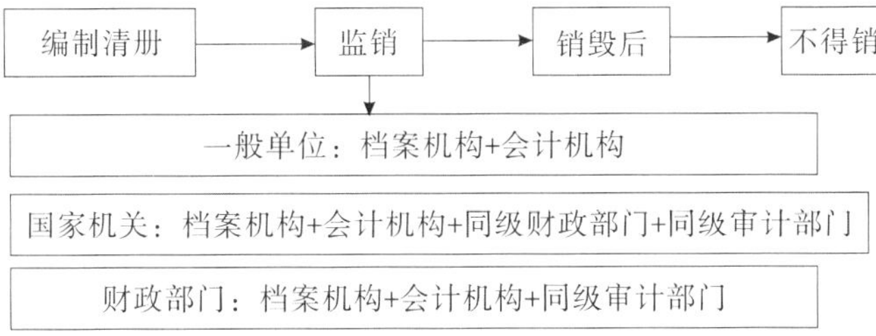

图 9-7　监销注意事项

3.销毁后

会计档案销毁后，监销人应当在会计档案销毁清册上签章，并将监销情况向本单位负责人报告。销毁后注意事项如图 9-8 所示。

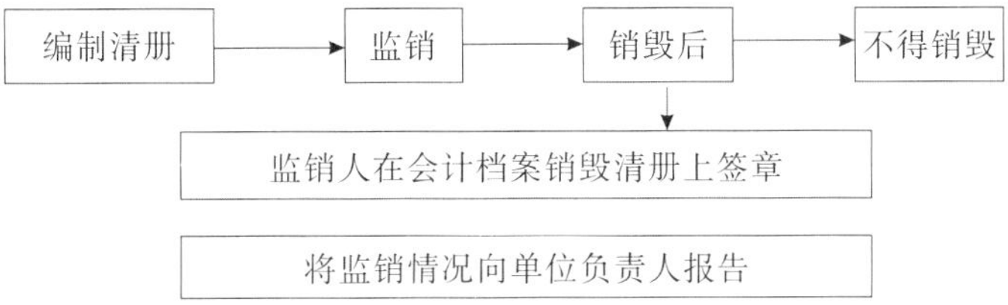

图 9-8　销毁后注意事项

4.不得销毁的会计档案

保管期满但未结清的债权债务原始凭证和涉及其他未了事项的原始凭证，不得销毁，应单独抽出立卷，由档案机构保管到未了事项完结时为止。单独抽出立卷的会计档案，应当在会计档案销毁清册和会计档案保管清册中列明。正处于项目建设期间的建设单位，其保管期满的会计档案不得销毁。不得销毁注意事项如图 9-9 所示。

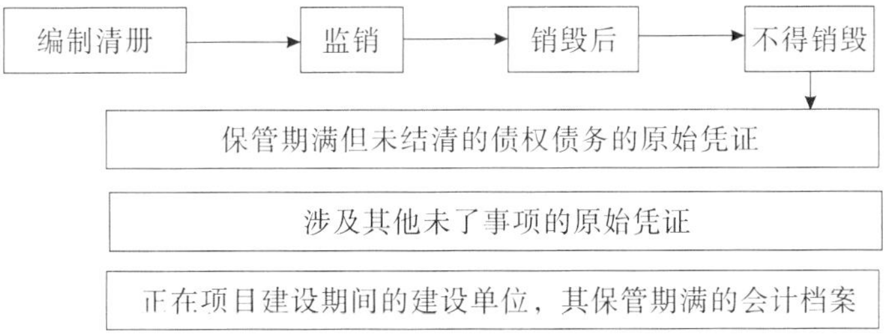

图 9-9　不得销毁注意事项

案例思考

资料

20×8年12月，凯瑞服装厂发生如下事项：

(1)7日，该厂会计人员王某脱产学习一个星期，会计科长指定出纳员李某临时兼管王某的债权债务账目的登记工作，未办理会计工作交接手续。

(2)10日，该厂档案科会同会计科销毁了一批保管期限已满的会计档案，未报经厂领导批准，也未编造会计档案销毁清册，销毁后未履行任何手续。

(3)20日，会计科长预计该厂20×8为亏损20万元，授意会计人员采取伪造会计凭证等手段调整企业的财务会计报告，将本年度亏损20万，调整为盈利5万元，并将调整后的财务报告经厂长及有关人员签名、盖章后向有关单位报送。

思考题

1.出纳员李某临时兼管王某的债权债务账目的登记工作是否符合规定？

2.会计人员王某脱产学习一个星期，是否需要办理会计工作交接手续？

3.凯瑞服装厂档案科会同会计科销毁保管期满的会计档案，在程序上是否符合规定？为什么？

4.凯瑞服装厂厂长对会计科长授意会计人员采取伪造会计凭证等手段调整企业财务会计报告的行为是否应承担法律责任？为什么？

5.会计职业道德规范是根据会计职业的特点提出的，要求会计人员在会计活动中应普遍遵循的职业道德要求，它贯穿于整个会计规范体系之中。基于上述资料，请大家谈谈会计人员在日常工作中应如何遵循会计职业道德规范。

第十章　智能会计基础

【本章学习目标】本章主要介绍了智能会计的含义、发展、理论框架、功能特征。本章的知识目标在于理解智能会计的含义以及其理论框架，了解智能会计的功能和特征，掌握智能会计业务流程的内容；本章的能力目标在于能够将智能会计相关理论应用到相应工作场景来解决财务问题，能够建立智能会计的相关思维，形成分析思路；本章的素养目标在于培养学生在技术变革的时代背景下，能够勇于接收和挑战新知识、新技术，能够遵守网络安全法，坚守会计职业道德。

第一节　智能会计概述

智能会计是一种利用人工智能和大数据技术来提高会计工作效率和准确性的方法。智能会计系统能够自动化处理日常的会计任务，例如数据录入、分类和分析。它能够自动识别和解读财务数据，并生成准确的财务报表。智能会计还可以通过机器学习和数据挖掘技术，提供财务分析和预测，帮助企业做出更明智的财务决策。这种技术的应用可以减少人工错误，提高会计工作的效率，并为企业提供更准确和及时的财务信息。同时，智能会计还可以与其他企业管理系统和金融系统进行集成，实现数据的共享和交互，提高数据的准确性和一致性。它可以帮助企业实现财务数据的实时更新和监控，提高财务管理的效率和精确度。

一、智能会计的内涵

智能会计的迅速发展和出现得益于新兴智能管理技术等理论的支持。这一新型会计模式的产生可以被视为会计领域由简单的核算型向更注重经营决策的转变中的重大突破。智能会计的兴起是对传统会计方式的一种革新，它利用新兴的智能管理技术，如人工智能和大数据分析等，来提高会计和财务管理的效率和准确性。这种转变使得会计不再仅仅是简单的数据记录和核算，而是更加注重对企业经营决策的支持和提供有价值的信息。智能会计的出现为企业提供了更准确、更及时的财务分析和决策支持，帮助企业更好地应对竞争和变化的市场环境。因此，智能会计的发展被视为会计领域的一次重大突破，为企业管理和经济发展带来了革命性的变化。

因此，本章将与传统会计对比，在阐述智能会计对象的基础上，对智能会计的内涵进行总结。

（一）智能会计的对象

传统会计的对象是指会计所要反映和监督的内容，是社会在生产过程中的资金及资金运动。会计对象是会计记录经济活动的依据，在这种理论下，无论是企业、政府或是其他形式组织，无论其规模大小，会计工作的对象就是原始单据。原始单据按其取得方式分为外部原始单据和内部自制原始单据，传统会计工作的核心是对所取得的原始单据进行审核、分类、序时记录的基础上展开记账、编制报告和分析的工作。

然而，在数字经济发展的大环境下，企业在日常运作中产生了大量的业务数据。尽管这些数据表面看起来杂乱无章，似乎没有关联，但实际上，这些数据内部隐藏着关于企业运作模式、经营状况和发展趋势的重要信息。传统的数据处理方法主要依赖人工分析和基于规则的模型，这种方法在处理大量数据时效率低下且容易出错，更重要的是，传统方法无法充分利用数据中隐藏和反映的信息来改善企业的经营状况和财务状况。数据挖掘技术是一种通过自动或半自动的方式，从大量数据中发现隐藏的模式、关联、趋势和知识的过程。它结合了统计学、机器学习、人工智能和数据库技术等多个领域的方法和算法，旨在从数据中提取有用的信息，以支持决策和洞察。通过数据挖掘技术，智能会计可以识别出数据中的模式、趋势和异常，从而帮助企业更好地理解业务运作的规律和特点。此外，智能会计还可以利用数据挖掘技术构建预测模型，对未来的业务发展趋势进行预测。通过分析历史数据和趋势，智能会计可以帮助企业做出更准确的预测，从而指导企业的战略规划和决策制定。

综上所述，智能会计的工作对象是企业的财务数据和业务数据，利用数据挖掘技术对企业的财务数据和业务数据进行聚类分析，将相似的数据点归为一类，从而帮助企业发现数据中的模式和规律。通过聚类分析，企业可以了解不同类别的数据之间的关联关系，发现潜在的业务机会或风险。智能会计系统还可以利用文本挖掘技术对会计报告和其他文本数据进行智能处理，自动地进行财务数据的关联性分析和财务指标逻辑判断。通过分析会计报告中的文本信息，智能会计系统可以识别出财务数据之间的关联性，并进行逻辑判断，帮助企业发现潜在的问题或机会。最后，智能会计系统将分析结果和意见通过人机交互界面呈现给用户，使用户能够直观地了解分析结果，并基于这些结果做出决策。

（二）智能会计的概念界定

“智能会计”这一名词虽然已诞生许久，但对此学术界并没有给出一个明确且具有权威性的定义。智能会计是以大数据、人工智能、区块链、云计算、自然语言处理等先进技术为支撑的业务结构流程化、账务处理自动化、信息提供精准化、管理决策智能化，可即时高效地实现各类市场主体业务、财务、税务、管理高度融合的数字经济时代的新型智能化会计系统（张玉明等，2021）。

在传统会计范畴中，一般会分为会计和财务两个分支，从实务看，会计与财务的职能划分、岗位设置是明晰的，有较为明显的区别。会计是负责记录、分类、汇总和报告企业的财务交易和经济活动的过程。会计的主要职责包括编制财务报表、进行账务处理、核算成本和利润、管理资产和负债等。会计的工作重点在于准确记录和报告企业的财务状况和经营情况，以满足内外部利益相关者的信息需求，这是人们对会计传统的、一般的看法和认识。财务则更加注重对企业财务状况和经营情况的分析和决策支持。财务的主要职责包括财务分析、预算编制、投资决策、融资策略、风险管理等。财务的工作重点在于利用会计数据和其他信息，为企业的经营决策提供支持和建议，帮助企业实现财务目标和增加股东价值。

在实际工作中，会计和财务往往有明确的职能划分和岗位设置。会计部门负责财务数据的记录、分类和报告，包括会计师、会计助理等岗位。财务部门负责财务分析、预算编制、投资决策等，包括财务经理、财务分析师等岗位。这种分工可以确保财务数据的准确性和及时性，同时也能够为企业的决策提供专业的支持和建议。然而，随着信息技术的发展和智能化的进步，会计和财务之间的界限逐渐模糊。智能会计系统的出现使得会计和财务的工作更加自动化和智能化，能够自动处理和分析大量的财务数据和会计信息，提供更准确和全面的财务分析和决策支持。因此，在现代企业中，会计和财务的职能和岗位设置可能会有一定的变化和调整，以适应智能化时代的需求。

二、智能会计的发展

1956 年的达特茅斯会议是人工智能领域的重要里程碑之一。在达特茅斯会议上，与会者提出了一个重要的目标，即利用计算机来模拟人类智能。他们认为，通过开发能够像人类一样思考、学习和解决问题的计算机程序，可以实现人工智能的目标。智能会计的发展历程可以追溯到人工智能和计算机技术应用于会计领域的初期阶段。以下是智能会计的发展历程的一些关键里程碑：

20 世纪 60 年代和 70 年代，计算机技术开始应用于会计领域，出现了早期的自动化会计系统。这些系统主要用于财务数据的处理和报表的生成，提高了会计工作的效率和准确性。20 世纪 80 年代和 90 年代，专家系统开始应用于会计领域。专家系统是一种基于知识库和推理机制的人工智能技术，能够模拟专家的知识和经验，提供决策支持和问题解决的能力。在会计领域，专家系统主要用于财务分析、风险评估和税务规划等方面。20 世纪 80 年代和 90 年代，财务共享发源于欧美大型跨国企业。21 世纪初，随着大数据技术和机器学习算法的发展，智能会计开始利用数据挖掘和机器学习技术进行财务数据的分析和预测。通过对大量的财务数据进行挖掘和分析，智能会计系统能够发现数据中的模式和规律，提供更准确和全面的财务分析和决策支持。近年来，自然语言处理技术在智能会计中的应用逐渐增多。自然语言处理技术可以帮助智能会计系统理解和处理会计报告等文本信息，提取关键信息，进行逻辑判断和风险识别。通过自然语言处理技术，智能会计系统能够更好地利用会计信息，提供更准确和全面的决策支持。目前，智能会计系统已经逐渐发展成为一种综合应用的会计系统。智能会计系统不仅能够处理和分析财务数据和会计信息，还能够与其他企业管理系统、财务软件等进行集成，实现数据的共享和交互。智能会计系统还可以通过 API 接口等方式，与第三方数据源和服务进行连接，拓展应用领域和功能。

第二节 智能会计的功能与特征

一、智能会计的功能

智能会计的基本职能是提供全面的数据服务，包括展现级（如：账簿报表）的数据收集和数据处理、分析级（如：经营分析）、控制级（如：风险预警）、决策级（如：智能定价）四个层级的数据服务。

（一）智能数据获取

随着科技的进步和现代信息技术的发展，智能会计系统可以从各种数据源中自动、高效地获取对企业经营和决策有力支持的数据和信息。

数据采集是数据分析和决策的基础，对于企业和组织来说，有效的数据可以提供准确、及时和全面的数据支持，帮助其做出更好的决策和实现业务目标。常用的数据智能获取方法包括：数据抓取和爬虫技术、数据流和实时数据采集、传感器和物联网技术、社交媒体和用户生成内容、开放数据和数据市场、人工智能和机器学习技术等。数据采集可以涉及多种类型的数据，包括结构化数据（如数据库中的表格数据）、半结构化数据（如XML 或 JSON 格式的数据）和非结构化数据（如文本、图像、音频等）。

智能会计系统可以利用大数据、互联网、物联网等信息技术从各种数据源中获取会计相关的数据，并将其整合和处理。包括财务数据采集，这些数据可以通过与财务系统的集成或 API 接口来实现；银行对账单导入，智能会计系统可以支持导入银行对账单数据，自动匹配和对账银行交易记录和企业账户的数据；发票和收据扫描，支持扫描和识别发票和收据的信息，并将其自动录入系统；电子支付数据导入，支持导入电子支付平台（如支付宝、微信支付等）的交易数据，自动记录和分类支付信息；采购和销售数据导入，支持导入采购和销售系统的数据，自动记录和分类采购和销售的信息，可以方便地跟踪和管理采购和销售的数据；其他数据源的集成，可以与其他系统进行集成，例如库存管理系统、人力资源系统等，获取相关的数据，可以实现数据的自动同步和更新。

（二）智能数据处理

智能会计系统将已获取的数据形成的数据库导入智能会计信息系统，对数据进行会计智能化处理，自动生成企业财务数据、预算数据和纳税数据等。智能会计系统对采集的数据进行处理包括但不限于以下几个方面：数据清洗和去重，自动对采集到的数据进行清洗和去重，去除重复的数据和无效的数据，确保数据的准确性和完整性；数据分类和归类，根据预设的规则和模型，对采集到的数据进行分类和归类；数据匹配和对账，自动匹配和对账不同数据源之间的数据；异常检测和预警，通过分析数据的模式和趋势，检测异常和异常情况，并及时发出预警；自动化流程和审计，可以实现会计流程和审计过程的自动化，减少手工操作和人工干预，例如，自动化记账、自动化报税等。

1. 智能生成企业财务数据

智能会计系统可以利用大数据和其他数据处理技术对采集的数据实施进一步的加工处理。根据特定的企业模型和设定的会计处理方法，智能会计系统可以对不同的业务进行会计处理，包括编制记账凭证。同时，能够根据银行流水等数据编制银行存款日记账，并自动进行银行对账。系统会比对企业的账户余额和银行的对账单，自动发现存在的未达账项，并生成银行存款余额调节表。如果银行存款余额调节表仍无法实现银企金额一致，系统会发出警示提醒，提醒企业注意可能存在的问题。这样，可以帮助企业及时发现和解决账目不一致的情况，提高财务管理的准确性和效率。

2. 智能预算编制

经营预算和财务预算是企业预算的两个重要方面。经营预算主要关注企业的运营活动，包括销售、生产、采购、人力资源等方面的预测和规划。智能会计系统可以利用存储的历年产销数据、资金规模、成本费用等信息，通过算法和模型进行分析和预测，帮助企业制定准确的经营预算，同时可以自动化地收集和整理数据，提高预算数据采集的效率和质量。财务预算主要关注企业的财务状况和财务目标，包括收入、成本、支出、投资、盈利等方面的预测和规划。智能会计系统可以利用存储的历年财务数据和其他相关数据，通过算法和模型进行分析和预测，帮助企业制定准确的财务预算，可以提供详细的财务报表和分析结果，帮助企业了解自身的财务状况和经营情况。

企业对自身情况、竞争对手情况和市场环境的了解对于预算管理非常重要。新一代信息技术和数据中台的智能管理平台可以为企业提供准确、实时的市场动态数据，从而帮助企业进行更精准的预算管理。数据中台作为一个集中管理和整合企业内外部数据的平台，可以将来自不同部门和系统的数据进行收集、治理、计算和分析。通过数据中台，企业可以获取全面、准确的内部数据，包括销售数据、生产数据、成本数据等，以及外部数据，包括市场数据、竞争对手数据等。这些数据可以帮助企业深入了解自身情况和市场环境，为预算管理提供重要的参考和依据。基于数据中台的智能管理平台可以利用先进的算法和模型，对收集到的数据进行分析和计算，帮助企业进行预算分析和预算制定。智能管理平台可以根据历史数据和市场趋势，进行预测和模拟，帮助企业制定更准确的预算目标和计划。同时，智能管理平台可以提供实时的数据更新和分析，帮助企业及时调整预算，应对市场变化和经营风险。

3. 智能税务处理

利用人工智能和其他新一代信息技术，推动税务处理过程实现自动化和智能化，帮助企业和个人更高效地管理和处理税务事务，提高税务合规性和准确性。

首先是自动化。智能会计系统可以根据企业发生的应税事项，智能开发票并进行相应的账务和税务处理，根据税务系统前提设置的基础信息和纳税相关数据等设置自动生成纳税申报，按照税法的有关规定在合理期限内进行纳税申报。税务信息化的发展使得国家对企业的税收管理变得更加全面和精细化。通过发票认证、抵扣全面网络化、电子发票全面推行等措施，税务部门可以更加准确和及时地获取企业的税务信息，实现对企业纳税行为的全面监管和管理。

其次是共享化。税务部门通过开放各纳税申报系统接口，以及对企业进行税务风险指标评估等举措，促进了税务信息的共享和协同。这使得企业可以更加方便地与税务部门进行数据交互和沟通，减少了重复性的数据收集和报送，提高了数据的一致性和准确性。

最后是智能化。语音识别、图像识别、语义识别、知识图谱、训练引擎、AI模型等人工智能技术的高速发展将推动税务管理模式的创新。在数据智能采集（OCR语音录入）、智能审核、智能凭证、自动纳税申报等方面，税务机器人将得到普遍应用，70%－80%的重复性、数据性、客观性、可计算的工作都将被人工智能取代。

（三）智能财务分析

随着信息化智能化在会计领域的应用，财务分析的内涵、方法和结构正在不断扩展和深化。传统的财务指标数据分析主要关注企业的财务状况和经营绩效，如利润、资产负债表、现金流量表等。然而，这些财务指标只能提供对企业过去经营情况的了解，对于企业的未来发展和风险管理有一定的局限性。因此，现代财务分析也开始关注企业的非财务指标，如市场份额、客户满意度、员工满意度等，以及政策环境等对企业的影响。同时，财务数据的可追溯性也为财务数据分析增添了更多的价值和意义。财务数据的可追溯性意味着可以将财务数据追溯到业务层面，从而更好地理解财务数据背后的业务活动和决策。

智能会计系统不仅可以进行传统的财务分析，如利用杜邦分析法、哈佛财务分析框架等方法，通过企业的资产负债表、利润表等财务数据来计算企业的资产负债比率、流动比率和资产收益率等指标，用来评估企业的营运能力、盈利能力和偿债能力等。除了传统的财务数据，企业还会产生大量的非财务数据，如销售数据、客户数据、供应链数据、生产数据等。这些非财务数据包含了企业的运营情况、市场趋势、客户需求等重要信息。智能会计系统可以将这些非财务数据进行信息化处理，将其转化为可分析的数据，并与财务数据进行关联。通过对这些数据进行分析和评估，智能会计系统可以帮助企业了解非财务因素对企业的影响程度，从而更全面地评估企业的综合风险和业绩表现。此外，智能会计系统还可以根据预设的预警值，对非财务数据进行监测和预警。当某项非财务指标超过预警值时，系统会向管理人员发出预警信息，提醒其关注相关的风险和问题。这样可以帮助企业及时发现潜在的风险，并采取相应的措施进行应对，从而降低企业的经营风险。

此外，智能会计系统结合了大数据与智能制造、工业互联网等技术，实现了企业的业财税一体化。通过将财务数据与原始业务数据进行关联，企业可以从财务数据追溯到原始业务数据，实现对财务信息的深层次分析。通过物联网和大数据分析技术，企业可以整合产品数据、制造设备数据、订单数据等，实现业务场景的交互和智能化升级。通过分析和整合这些数据，企业可以显著提升生产控制的准确性，提高生产制造的柔性化水平和协调度。这样可以提高资源配置效率，优化生产方式，增强企业的市场响应能力和应急保障能力，降低成本，提高产品质量，提供个性化产品和服务，提高企业的生产率和竞争力。同时，利用工业大数据技术，企业可以更准确地了解资源的使用情况和需求，从而优化资源配置，提高资源利用效率。例如，通过分析供应链数据，企业可以更好地管理库存，减少库存积压和缺货现象，提高供应链的效率和灵活性。通过分析生产过程中产生的大数据，企业可以了解生产效率、质量和成本等关键指标，从而优化生产方式，提高生产效率和产品质量。例如，通过分析生产设备的传感器数据，企业可以实现设备的智能化监控和维护，减少停机时间和故障率。此外，通过大数据分析，企业可以了解消费者的个性化需求和偏好，从而提供更加个性化的产品和服务，提高客户满意度和忠诚度。

（四）智能数据共享

智能会计系统中，智能数据共享可以发挥重要作用，帮助会计部门更好地利用数据，提高决策效率和财务管理水平。在企业内部，智能会计系统可以整合来自不同部门和业务系统的数据，包括财务数据、采购数据、销售数据等，实现数据的统一管理和共享。这有助于消除数据孤岛，提高数据的一致性和准确性。同时，智能会计系统需要确保共享的数据的隐私和安全，采取合适的数据加密、权限控制和审计机制，以保护敏感数据不被未授权访问。此外，智能会计系统可以通过数据可视化技术，将共享的数据以图表、报表等形式直观展现，帮助用户更好地理解数据，做出更明智的决策。

企业会计报表的外部使用者包括投资者、债权人、供应商、客户、政府监督机构等。智能数据共享可以帮助这些外部使用者更好地理解和利用会计报表数据，以支持他们的决策和评估。智能数据共享可以提高会计报表数据的透明度和可访问性，使外部使用者能够更方便地获取和理解报表数据。通过共享数据，外部使用者可以更快速地获取所需的信息，减少信息不对称的问题。智能数据共享可以利用数据分析和挖掘技术，从会计报表数据中发现潜在的趋势、关联和风险。外部使用者可以通过这些分析结果，更准确地评估企业的财务状况和未来发展趋势，做出更明智的投资或合作决策。同时，智能数据共享可以实现会计报表数据的实时更新和共享，使外部使用者能够及时获取最新的财务信息。

（五）智能风险管控

传统的风险控制方法主要是基于事后的检查和发现，很难在事前和事中阶段进行有效的风险控制。而智能技术可以提供更高效的工具和方法，从事前、事中和事后三个层次来防范财务操作风险。

在事前风险防范方面，智能技术可以通过机器学习和数据分析等方法，从大量的财务交易数据中发现新的构建关键风险指标的规则。相比传统的基于经验和分析的方法，智能技术可以更全面、准确地识别潜在的风险因素，提高对事前风险的防范能力。在事中风险控制方面，智能技术可以实时监测和分析财务数据，通过预警系统和智能算法，及时发现异常情况和潜在的风险事件。这可以帮助企业在风险发生之前采取措施进行干预和控制，降低风险的影响。

在事后风险检查方面，智能技术可以提供更高效的工具和方法，帮助企业对财务操作进行全面、准确的检查和审计。通过智能算法和数据分析，可以发现关联风险和异常模式，提高风险检查的效率和质量。例如通过构建员工、领导、供应商、客户多方的社会关系网络图谱，能够在网络中出现风险节点时，快速对网络中节点的周边节点实施预警、监控。还能够使用非监督学习的方法，对交易信息进行聚类分析，找到风险线索。

（六）智能决策分析

智能会计对传统财务工作的延伸具有深远的影响，它通过整合先进技术如大数据分析、区块链以及人工智能，为资金管理、资产管理、税务管理、预算管理、成本管理、投资管理和绩效管理等领域带来了精细化和前瞻性的变革。此外,智能会计在提高信息真实性和可靠性方面发挥了重要作用。例如,通过使用区块链技术,报表信息可以追溯到原始凭证数据,确保数据的不可篡改性和透明性。大数据分析能力则降低了企业财务分析的成本,同时提供了更加精准、及时的数据支持,帮助管理层做出更为明智的决策。同时,智能会计系统能够利用输入的模型和已有数据进行深度学习,对企业内外部数据进行综合分析,实现智能决策。这不仅改进了财务规划指导和规范管理的职能,也为企业的长期发展和市场竞争力提升提供了坚实的数据支撑。以下以融资和预算管理为例,进行详细介绍。

1.融资管理

智能决策可以通过多种方式对企业融资进行管理,提高融资效率和效果,降低融资成本和风险。

利用历史数据和预测模型,智能决策系统可以预测企业的资金需求,帮助企业提前规划融资活动,避免资金短缺或过度融资。分析不同融资渠道的成本、风险和条件,帮助企业选择最合适的融资渠道,比如银行贷款、债券发行、股权融资等。同时,利用机器学习和数据分析技术,智能决策系统可以评估企业的信用等级,预测贷款利率和债券收益率,帮助企业在最佳时机以最优条件获得融资。此外,智能系统可以分析企业的资本结构和现金流状况,提出优化融资结构的建议,平衡债务和股权比例,降低财务成本,增强财务稳健性。针对融资所面临的风险,智能决策系统可以评估融资活动的潜在风险,如利率风险、信用风险、流动性风险等,并提出风险管理策略,如对冲、保险、多元化融资等,在评估潜在风险的同时也会对合规性进行监控,为了应对市场波动和企业需求的变化,智能决策系统会实时监控市场变化和企业状况,及时调整融资计划和策略。通过智能会计系统企业可以更科学、更高效地进行融资管理,优化融资结构,降低融资成本,减少财务风险,从而支持企业的稳定发展和长期增长。

2.预算管理

预算管理是企业财务管理的重要组成部分,主要负责规划和控制企业的收入和支出,确保企业资源的有效分配和使用。在智能会计的背景下,预算管理得到了显著的提升和创新。新技术的加持为企业预算管理和整体业务决策带来了革命性的变革。自动化、智能技术与数据可视化技术的结合,不仅优化了数据处理流程,还提高了决策的准确性和效率。

数据的及时获取、完整性和高质量对于预算管理的精准性和有效性至关重要。在大数据技术发展之前,企业常面临数据口径不统一、数据不完整、不及时以及数据质量低等问题,这些问题严重影响了预算数据的准确度和对业务的有效指导。然而,随着内存多维数据库、敏捷BI、大数据等新技术的出现和发展,企业可以利用物联网、云平台存储设备、移动终端等多种渠道,全面获取内外部的海量数据,包括但不限于财务数据、业务数据和互联网数据。通过ETL(Extract, Transform, Load)、日志服务等技术,可以高效地完成数据的收集、清洗、转换和加载,保证数据的完整性和及时性。同时,将这些数据存储在支持高速读写的数据库中,如内存多维数据库,利用分布式计算和内存计算技术,可以加速数据的处理和分析,提高数据变现的速度。当进行预测分析时,基于高质量的数据基础,企业可以运用高级的数据分析技术和机器学习算法,进行更为深入和准确的预测分析。这不仅有助于预算管理,也能支持具体业务的决策。并且,区块链等技术能够提供数据不可篡改的特性,确保数据的真实性和可靠性。智能会计系统能够大幅度提升数据管理的效率和质量,为预算管理提供坚实的数据支持。这不仅提升了预算管理的精准性和有效性,也为企业的业务经营和管理决策提供了强大的数据支持,帮助企业在激烈的市场竞争中保持优势。

二、智能会计的特征

智能会计是传统财务会计与人工智能相结合的产物,智能会计借助物联网、区块链和大数据从数据的取得、生成、处理到出具报告的整个流程层面进行把控,以其及时性、高效性、智能性强化了会计信息质量特征。同时,随着会计智能化的深入发展,计算机技术的不断进步和互联网、物联网、区块链技术在企业购销等管理层面的应用进一步加深,智能会计呈现出包括但不限于去中心性、智能性、实时性、决策性等特征。

(一)去中心性

区块链技术具有高度透明、去中心化、开放性、信息不可篡改、匿名等主要特点。其中,去中心化和数据难以篡改是区块链的两大核心特点。区块链分布式去中心化的信任体系改变了传统互联网依托中心化机构建立和维护信任的机制。

传统的会计系统通常将财务数据存储在中心化的数据库中,这样存在数据被篡改或丢失的风险。而智能会计利用区块链技术,将财务数据以分布式的方式存储在多个节点上,每个节点都有完整的数据副本。这样,即使某个节点发生故障或被攻击,其他节点仍然可以保持数据的完整性和可用性。此外,智能会计利用区块链技术,将财务数据的处理过程分布在多个节点上,实现去中心化的数据处理。每个节点都可以参与数据的验证和处理,通过共识算法确保数据的一致性。这样可以减少对中心化系统的依赖,提高数据的安全性和可靠性。由于数据存储在多个节点上,并且通过密码学算法进行加密和验证,使得数据更加难以被篡改和伪造。同时,区块链的共识机制确保了数据的一致性,防止数据被恶意篡改或删除。此外,智能会计利用区块链技术,可以去除传统会计系统中的中间环节和中介机构。通过智能合约等技术,可以实现自动化的财务处理和结算,减少了人为的干预和中间环节的成本和风险。

(二)智能性

智能会计之所以被称为"智能"会计,不仅仅是因为它将人工智能应用到了会计领域,更重要的是它实现了会计全流程的智能化。在会计工作的各个环节中,智能会计通过应用人工智能技术,对数据的获取、处理、存储和输出等方面进行智能化处理,提高了会计工作的效率和准确性。

1. 信息获取的智能性

智能会计可以通过与其他系统(如 ERP 系统、POS 系统等)建立数据接口,实现自动化获取财务数据。通过数据接口,智能会计可以直接从其他系统中提取财务数据,例如,利用物联网技术,通过 RFID 读写器将电子标签所载的信息导入仓库库存系统,智能会计系统通过数据接口获取该信息，避免了手工录入和整理数据的烦琐过程。此外，智能会计可以利用EDI技术，实现与供应商和客户之间的电子数据交换。通过EDI，财务数据可以以结构化的方式自动传输和接收，避免了手工处理和录入数据的过程。

2.信息处理的智能性

智能会计信息系统可以提高数据处理的效率和准确性，减少了人工操作的烦琐和错误，提供了更可靠和及时的财务信息。利用机器学习和自然语言处理等技术，对财务数据进行清洗和预处理。例如，系统可以自动识别和纠正错误数据，填补缺失值，去除重复数据等，提高数据的准确性和一致性；利用机器学习算法，对财务数据进行分类和归类。系统可以自动识别不同类型的财务数据，如收入、支出、资产、负债等，将其归类到相应的类别中，方便后续的数据分析和报告生成；利用数据挖掘和统计分析等技术，对财务数据进行深入分析。系统可以自动发现数据中的模式、趋势和异常，提供对财务状况和业务运营的洞察，支持决策和管理。例如，在传统会计中由于瓶颈的存在较难实现的标准成本法，可以利用智能会计系统使其得到应用，利用数据分析和预测模型，根据历史数据和趋势，自动设定标准成本。系统可以考虑各种因素，如材料价格、人工成本、设备利用率等，制定合理的标准成本，通过与其他系统（如ERP系统、POS系统等）建立数据接口，从各个环节获取成本数据，如采购、生产、销售等，自动采集实际成本数据。利用机器学习和数据挖掘等技术，对实际成本与标准成本进行比较和分析，计算差异和偏差，并提供对成本差异的解释和分析，根据预设的规则和模型，自动发现成本中的异常情况，如异常材料损耗、异常人工费用等。这样可以及时发现和处理异常成本，避免对成本核算的影响。

3.信息存储的智能性

机器学习、深度学习、自然语言处理等，可以对存储的数据进行智能化处理和分析。通过训练模型和算法，系统可以自动学习和识别数据的模式、趋势和异常，提供智能化的数据管理和分析功能。云计算和分布式存储技术可以实现存储资源的智能化管理和利用。云计算平台和分布式存储系统，实现存储资源的弹性扩展、负载均衡等功能，提高存储的可靠性和性能，通过加密、权限控制、身份认证等技术，防止数据的非法访问和泄露，保护用户的隐私权益。自动化控制等技术通过预设的规则和策略，自动进行存储资源的分配、备份、压缩等操作，减少人工干预和提高存储效率。

4.信息输出的智能性

通过智能化技术，会计信息输出可以提高报表生成的效率和准确性，提供直观和可理解的可视化数据，提供智能化的数据分析和决策支持，满足不同用户的需求，提高报告的传递效率和可追溯性。

根据会计准则和财务规范，自动提取和计算财务数据，并按照预设的模板和规则，生成标准化的财务报表，如资产负债表、利润表、现金流量表等。这样可以减少手工编制报表的工作量和错误率，提高报表的准确性和一致性。根据用户的需求和偏好，自动选择合适的可视化方式，如柱状图、折线图、饼图等，以便用户更好地理解和分析财务数据。这样可以提高财务数据的可读性和可理解性，帮助用户做出更准确的决策。利用机器学习和数据挖掘算法，识别数据中的模式、趋势和关联规则，提供智能化的财务分析功能。例如，系统可以自动识别异常数据和风险点，提供风险预警和决策支持，帮助企业及时发现和解决财务问题。可以根据用户的角色和权限，提供个性化的报告内容和格式。例如，系统可以根据高管的需求，生成高层管理报告；根据投资者的需求，生成投资者关系报告。这样可以提高报告的针对性和实用性，满足不同用户的需求。通过智能报告交付技术，将报告以电子化或自动化的方式交付给用户，提供及时和便捷的报告交付方式，这样可以减少纸质报告的印制和传递成本，提高报告的传递效率和可追溯性。

（三）实时性

实时化是市场环境对管理会计提出的新要求，也是在新一代信息技术推动下智能会计应用创新的新发展。

在进入数据爆炸的移动互联网和大数据时代后，成熟企业的管理会计应用面临着数据量急剧增长的挑战。为了应对这一挑战，智能会计系统可以基于对内存计算技术的全面应用，提升数据处理、数据分析和数据响应的速度。智能会计系统利用内存计算技术，将数据完整保留于内存中，并通过优化的存储结构和算法处理海量数据和复杂逻辑，相比传统的磁盘存储，内存计算具有更高的读写速度和计算能力，能够快速响应用户的数据读写请求。通过将数据存储在内存中，智能会计系统可以实现实时的数据处理和分析。企业可以从原来被动的数据分析转变为主动的实时决策，基于实时数据进行业务模型的创建和预测。此外，智能会计系统还可以通过并行计算和分布式计算等技术，进一步提升系统的性能和扩展性。通过将计算任务分解为多个子任务，并在多个计算节点上并行执行，智能会计系统可以充分利用计算资源，提高数据处理和分析的效率。通过实时处理和分析技术，智能会计可以实现动态实时性，及时反映企业的财务状况和业务变化。其中包括了实时数据采集、实时数据处理、实时数据分析、实时报表生成。

（四）决策性

智能会计信息可以为企业的决策者提供准确、及时的财务分析和决策支持，帮助企业优化资源配置、降低风险、提高效益和竞争力。主要包括以下几个方面。

1. 财务分析和预测

智能会计系统可以通过数据分析和挖掘技术，对财务数据进行深入的分析和预测。系统可以利用机器学习和数据挖掘算法，识别数据中的模式、趋势和关联规则，提供准确的财务分析和预测结果。这样可以帮助企业了解财务状况、发现潜在的风险和机会，支持决策者做出准确的财务决策。

2. 风险评估和管理

智能会计系统可以通过风险评估模型和算法，对企业的财务风险进行评估和管理。系统可以自动识别和分析财务数据中的风险点，如异常交易、欺诈行为等，提供风险预警和决策支持。这样可以帮助企业及时发现和解决财务问题，降低风险和损失。

3. 成本控制和效益分析

智能会计系统可以通过成本控制模型和效益分析方法，对企业的成本和效益进行评估和分析。系统可以自动计算和比较不同成本项目的投入和产出，提供成本控制和效益优化的建议。这样可以帮助企业优化资源配置，提高效益和竞争力。

4. 经营决策支持

智能会计系统可以提供各类经营决策的支持。系统可以根据财务数据和业务规则，自动计算和分析各种指标和比率，如盈利能力、偿债能力、运营能力等，为决策者提供准确的经营评估和决策建议。这样可以帮助企业制定和调整经营策略，提高经营绩效和竞争力。

5. 投资决策分析

智能会计系统可以通过投资决策模型和分析方法，对企业的投资项目进行评估和分析。系统可以自动计算和比较不同投资项目的回报率、风险和收益，提供投资决策的建议。这样可以帮助企业选择和管理合适的投资项目，实现投资回报最大化。

第三节　智能会计业务流程

一、智能会计业务流程概述

会计业务流程在企业中起到了连接经营业务流程和管理流程的桥梁作用，通过对经营业务流程产生的业务信息进行采集、加工、存储和输出，为管理流程提供了必要的数据支持。随着管理实践的发展，传统的会计流程已经难以满足企业及时、多样化的管理需求。因此，对会计流程进行智能化的改造和升级是现代会计行业发展的必然趋势。通过运用新技术和新思维，可以提高企业会计信息处理的及时性和有效性，提升业务流程运行的效率。

智能化的会计流程改造需要以实现跨级目标为方向，以业务流程重组理念为指导。这意味着需要重新设计和优化会计流程，使其更加符合企业的实际需求和管理目标。同时，还需要引入智能技术，如人工智能、大数据分析等，来提高会计流程的自动化和智能化水平，实现更高效的数据处理和决策支持。通过智能化的会计流程改造，企业可以更好地实现经营业务流程和管理流程的衔接，提高管理活动的质量和效率，为企业的发展和参与市场竞争提供有力支持。

二、智能会计业务流程优化策略

数据的融合是构建智能会计系统的基础和核心，通过数据中台的建设，实现了对全数据的打通和共享，提升了数据的价值。这使得智能会计系统能够实现多维、实时、智能的数据应用，成为企业的智能助手。为了实现智能会计系统的有效运作，企业需要跳出传统的财务模式，建立基于业务驱动的业财税管一体化会计信息化处理流程。这意味着企业需要将财务管理与业务管理相结合，将会计信息化与业务流程相融合，实现财务数据的全面、准确、及时的采集和处理。

在这一过程中，数据的治理非常重要。企业需要建立完善的数据治理机制，包括数据质量管理、数据安全管理、数据隐私保护等，确保数据的准确性、完整性和安全性。同时，企业还需要运用数据挖掘技术，对财务数据进行深入的分析和挖掘，发现其中的模式、趋势和关联规则，提供准确的财务分析和预测结果。最后，智能会计系统需要能够将数据展现给用户，提供直观、易懂的财务报表和报告。通过数据的可视化展示，用户可以更加方便地理解和分析财务数据，做出准确的决策。通过建立基于业务驱动的业财税管一体化会计信息化处理流程，企业可以充分发挥智能会计系统的作用，提高财务管理的效率和准确性，为企业的发展和竞争提供有力支持。

三、智能会计业务流程应用场景

智能会计业务流程应用场景通过引入先进的信息技术和数据分析工具，将传统会计工作与智能化、自动化相结合，为企业提供更高效、准确的财务管理解决方案。以下以资产管理、费用报销、资金管理为例进行介绍。

1. 资产管理

随着物联网等技术的出现，企业资产管理出现了新的解决方案。智能化资产管理系统在信息技术、物联网技术、智能控制技术的基础上，采用条形码技术、RFID 等定位识别技术，能实现对企业的资产从预算管理、采购管理、入库管理至日常的修理维护、计提折旧、出库管理，再到处置管理进行全生命周期的动态管理。（雷亚敏等，2019）。特别是RFID 技术的应用，可以帮助企业实现自动化的资产信息采集和更新，快速构建完整的资产信息链条，解决资产实物清查的难题，提高清查效率，同时也增加了资产形态方面的管理，解决了企业资产管理的难题。RFID 技术是一种无线通信技术，通过将 RFID 标签或芯片嵌入资产中，可以实现对资产的追踪、定位和识别。通过 RFID 读写器和相关软件系统，可以实时获取资产的位置、状态和使用情况等信息，实现资产的动态管理和监控。相比传统的条形码技术，RFID 技术具有无须接触、批量读取、远距离识别等优势，可以提高资产管理的效率和准确性。

智能化资产管理系统基于 RFID 技术，可以实现资产信息自动采集和实时更新，通过 RFID 读写器，可以自动采集资产的信息，如资产编号、名称、规格、购买日期等，实现资产信息的自动化更新。在资产的日常管理中，通过 RFID 标签的定位功能，可以实时追踪和定位资产的位置，提高资产的安全性和管理效率。在资产清查和盘点过程中实现资产的快速清查和盘点，减少人工操作和错误，提高清查效率，此外，实时监测资产的运行状态和维护需求，提供智能化的维护和保养建议，延长资产的使用寿命。

2. 费用报销

费用报销是企业会计人员工作量最大的业务之一。费用报销涉及大量的费用明细和凭证的核对、审批和记录，需要会计人员进行详细的审核和处理。费用报销涉及员工的各种费用支出，如差旅费、交通费、餐费、办公用品费等，每个员工每月的报销单据数量可能很大，会计人员需要逐一核对和处理。同时，费用报销中的费用明细可能非常复杂，包括各种费用项目和费用类别，会计人员需要对每个明细进行仔细的核对和分类。此外，多级审批流程以及凭证核对和记录等工作会耗费大量的时间。智能会计下的费用报销引入了人脸识别技术、人脸识别、智能语音、OCR 识别、票据实时认证、商旅对接、移动报销渠道等新技术手段，通过自动化审批流程、数据集成和共享、实时报销进度查询、数据分析和统计功能等实现流程重构，智能会计下的费用报销可以实现业务自动化处理、高效精准的沟通和决策管控，提高业务处理效率，改善员工报销体验。在外部互联方面，智能会计下的费用报销不仅关注企业的内部互联，还深度整合了电商、商旅、交通、银行、税务局等第三方服务，打通了以财务为核心的企业内外生态链。这样的整合可以实现更加便捷的费用报销流程，提高了企业与外部服务机构的协同效率，同时也为企业提供了更多的选择和优惠。

员工出差时，将行程与住宿等申请信息与商旅服务链接，商旅服务聚合机票、酒店、出行(高铁动车、用车)等多方资源，实现企业员工商务出行从差旅申请、票务预订、报销的事前、事中、事后完整信息流。员工在出差申请过程中，通过内部报销系统直接链接TMC系统，完成商旅预订，在预订过程中，引用企业的差旅标准控制，对出差行程时间、交通工具与标准、住宿标准及其他消费标准进行控制，将管理重心前移，通过系统控制将差旅超标行为进行智能控制，杜绝不合理的超标支出。企业员工在报销过程中，最烦琐的事项之一就是贴票，整理票据。OCR图片识别、二维码提取技术、OFD、PDF等电子票据采集或导入技术，将发票类、票据类业务进行结构化采集与存储，在后台分别记录发票信息和票据明细，对非结构化单据(如住宿流水单、海外invoice)通过模板定义后，AI机器逐步学习后识别提取结构化发票，在采集后的存储校验过程中，以“发票号码＋发票代码”进行智能化唯一性校验，避免数据重复采集，重复报销。将采集的发票信息与税务局金税系统进行对接，完成票据的真伪验证。智能费用报销服务针对真伪、重复、连号等场景提供验证能力，同时结合进项税抵扣规则，将进项税转出，提供转出服务，财务人员在月底，对已验证的票据进行认证与抵扣。用户在采集完发票后，可以根据发票信息、票据明细与生成规则进行报销类数据的处理，如费用规则与账单规则、申请规则、抵扣规则、分摊规则、核销规则等，而对应的报销基本信息则由报销人、制单人关联数据智能获取，如报销人组织、入账组织、支付组织、收款人、收款账户等。智能审核是对业务的报销数据进行智能化的校验，在业务发起、业务审批、财务审核、出纳支付、质量稽核环节进行审核，在审核过程中，对系统数据、影像数据、附件数据、发票数据、关联数据可以通过智能引擎来判断，如开票信息与系统数据的一致性，火车、飞机票据明细，如姓名与系统数据报销人的一致性，住宿流水单姓名与系统数据的一致性等。同时，用户在报销过程中，如有预付款或借款未清理，系统会根据规则对未清款项进行提醒，可按企业管理模式灵活地配置核销方式，如强制核销、柔性提醒等。一旦费用报销申请获得批准，系统会自动进行费用支付。支付可以通过银行转账、电子支付等方式进行。系统会生成相应的支付凭证和记录，方便财务部门进行核对和管理。

3. 资金管理

资金管理是企业的核心管理之一，它涵盖了资金流入、流出的整个过程，以及如何合理地安排和调度资金，以确保企业的正常运营和可持续发展。在智能会计的背景下，智能化资金管理更是成为提升企业财务管理效率和准确性的关键。

智能资金管理利用先进的信息技术和数据分析工具，对企业的资金流进行全面、实时、智能的管理。通过智能资金管理，企业可以更好地掌握资金状况，优化资金配置，提高资金使用效率，降低财务风险，从而为企业的可持续发展提供有力支持。智能资金管理的核心在于数据分析和预测。通过对大量数据的挖掘和分析，企业可以更好地了解自身的资金状况和业务需求，预测未来的现金流情况，从而制定更加科学、合理的资金计划。同时，智能资金管理还可以实现自动化、智能化的资金结算和监控，例如 RPA 可以自动登录到各个银行的网银系统，下载流水并核对，节省了人工对账的时间和精力。同时，RPA 可以自动将银行流水和发票等凭证信息录入财务系统，提高结算效率和准确性，及时发现和解决潜在的财务风险。在资金监控方面，智能会计系统需要收集和整理企业的各类资金数据，包括现金流、交易明细、财务报表等。这些数据需要通过数据接口或其他方式从企业内部的业务系统、财务系统等获取，并进行清洗、分类、整理等操作，以便进行下一步的分析和处理。同时，对企业的资金流动进行实时监测和分析，及时发现异常和潜在风险。这需要利用大数据分析技术、机器学习算法等，对海量的资金数据进行深度挖掘和模式识别，以发现异常和风险的规律和特征。预警信息可以根据预设的规则和条件进行自动触发，也可以根据异常和风险的严重程度进行分级处理。报告则应该包括资金流动情况、风险评估结果、建议措施等内容。智能会计系统对资金的智能监控不仅是一个技术工具，更是一个管理工具。因此，在实施过程中，需要结合企业的实际情况，对资金管理流程进行全面的梳理和优化，提高资金的使用效率和管理水平。这可能涉及业务流程的改进、组织结构的调整、管理方式的变革等方面。

案例思考

资料：职业道德与工匠精神

党的十八大以来，习近平总书记在多个重要场合多次强调发扬工匠精神，培养更多高技能人才和大国工匠，为全面建设社会主义现代化国家提供有力人才保障。《新时代公民道德建设实施纲要》要求，推动践行以爱岗敬业、诚实守信、办事公道、热情服务、奉献社会为主要内容的职业道德。工匠精神与职业道德有各自特定的内涵，关注点也各有侧重，但二者在价值追求、规范要求以及作用功能方面有着内在的一致性、相融性与互促性。新时代应注重将职业道德教育与工匠精神培育相结合，推动高素质高技术技能人才培养。

数智化时代，财务工作者更应该发扬工匠精神，勇于学习新技能、新知识，面对复杂而海量的大数据财务信息，应如实反映会计信息，养成知敬畏、守底线的职业品质，尊重数据。

思考题

1. 请谈谈在会计工作中，我们应该发扬怎样的工匠精神。
2. 结合目前的专业发展，请谈谈数智时代会计人员所面临的挑战和机遇有哪些。